创新型普通高等院校精品教材

普通心理学

（第二版）

主编 张慧超 郭俊伟

航空工业出版社

北京

内 容 提 要

本书立足于心理学的基本框架，系统地介绍了心理学的理论知识。全书共分 12 章，主要包括总论、脑与心理、感觉、知觉、意识与注意、记忆、思维、语言、动机、情绪、智力和人格。

本书既可作为普通高等院校心理学课程的教材，也可作为广大心理学工作者和教育工作者的学习、参考用书，是适合各界人士阅读的一本心理学基础读物。

图书在版编目（CIP）数据

普通心理学 / 张慧超，郭俊伟主编. -- 2 版. -- 北京：航空工业出版社，2018.7（2022.5 重印）
ISBN 978-7-5165-1662-1

Ⅰ．①普… Ⅱ．①张… ②郭… Ⅲ．①普通心理学 Ⅳ．①B84

中国版本图书馆 CIP 数据核字(2018)第 167715 号

普通心理学（第二版）
Putong Xinlixue（Di er Ban）

航空工业出版社出版发行
（北京市朝阳区京顺路 5 号曙光大厦 C 座四层　100028）
发行部电话：010-85672663　　010-85672683

捷鹰印刷（天津）有限公司印刷	全国各地新华书店经售
2018 年 7 月第 1 版	2022 年 5 月第 5 次印刷
开本：787×1092　　1/16	字数：393 千字
印张：17	定价：48.00 元

前　言

普通心理学是心理学专业的入门课程，它对培养学生的心理素养有着非常重要的作用，是帮助学生构建专业知识结构、提高专业能力的基础和前提。通过学习普通心理学，学生可以一览心理学的概貌，为更深入地学习心理学的其他分支学科打下基础。

本书是在总结和分析多年以来心理学教学经验的基础上，通过借鉴同类教材的大量优点，围绕心理学的核心理论编写而成的。全书共分 12 章，主要包括总论、脑与心理、感觉、知觉、意识与注意、记忆、思维、语言、动机、情绪、智力和人格。

在编写过程中，我们力求使本书突出以下特点：

（1）体系完整，注重基础：本书在知识体系的构建方面，比较注重内容的全面性和系统性，期望通过本书的学习，使学生全面、系统地掌握心理学的理论知识，同时为学习其他专业知识奠定基础。此外，在内容方面，注意讲清心理学的基本概念、基本理论和基本规律，使学生对心理学有基础的认识。

（2）体例新颖，易教易学：本书在内容讲解之前设置了"内容提要"与"学习目标"，便于学生在学习之前了解本章的重难点知识，进而有针对性地开展学习；在内容讲解中适时插入了"提示""拓展阅读""课堂讨论"栏目，既有利于拓宽学生的知识面，帮助学生理解教学内容，又增加了本书的趣味性和可读性；在内容讲解之后设置了"思考与练习"，便于加深学生对所学知识的理解。

（3）内容丰富，知识更新：本书在保证知识连续性的基础上，引入了一些新出现的知识领域，使学生在掌握基础知识的同时，能了解心理学发展的新面貌。这样，学有余力的学生就可以更多地掌握一些新知识，以满足他们旺盛的求知欲。

（4）数字资源，平台辅助：本书配备了丰富的数字资源，为广大师生提供了一站式教学资源。读者可以登录文旌综合教育平台"文旌课堂"（www.wenjingketang.com）体验平台式教学及下载相关教学资源包。

此外，本书还提供了在线题库，支持"教学作业，一键发布"，教师只需通过微信或"文旌课堂"App 扫描二维码，即可迅速选题、一键发布、智能批改，并查看学生的作业分析报告，提高教学效率、提升教学体验。学生可在线完成作业，巩固所学知识，提高学习效率。

普通心理学（第二版）

本书由张慧超（内蒙古电子信息职业技术学院）和郭俊伟（陆军军医大学第一附属医院临床心理科）担任主编，由刘丽、苏涛（平顶山学院）、李蓓蕾、刘海侠和马磊担任副主编。其中张慧超负责编写第一章至第四章，郭俊伟负责编写第五章和第七章，刘丽负责编写第六章，苏涛负责编写第八章和第九章，李蓓蕾负责编写第十章，刘海侠负责编写第十一章，马磊负责编写第十二章。

在编写过程中，我们参考了大量的文献资料。在此，向相关文献的作者表示诚挚的谢意。

由于编写时间仓促，编者水平有限，书中疏漏与不当之处在所难免，敬请广大读者批评指正。

本书编委会

主　编　张慧超　郭俊伟
副主编　刘　丽　苏　涛　李蓓蕾
　　　　　刘海侠　马　磊

目 录

第一章 总论 …………………… 1
  第一节 心理学是研究心理
        现象的科学 …………… 2
    一、心理学的研究对象 ……… 2
    二、心理学的研究任务 ……… 4
    三、心理学的研究领域 ……… 5
  第二节 心理学的研究原则
        与研究方法 …………… 7
    一、心理学的研究原则 ……… 7
    二、心理学的研究方法 ……… 8
  第三节 心理学的发展 ………… 10
    一、心理学的诞生 …………… 10
    二、心理学发展过程中的主要流派 … 12
    三、现代心理学的研究领域 … 15
  思考与练习 …………………… 16

第二章 脑与心理 ……………… 17
  第一节 神经系统 ……………… 18
    一、周围神经系统 …………… 18
    二、中枢神经系统 …………… 19
  第二节 大脑的结构和功能 …… 21
    一、大脑的结构 ……………… 21
    二、大脑皮层的分区及机能 … 21
    三、大脑功能学说 …………… 26
  第三节 脑与心理活动 ………… 28
    一、脑与认知 ………………… 28
    二、脑与行为 ………………… 29
    三、脑与情绪 ………………… 30
    四、脑与人格 ………………… 31
  思考与练习 …………………… 32

第三章 感觉 …………………… 33
  第一节 感觉的概述 …………… 34
    一、感觉的定义 ……………… 34
    二、感觉的测量 ……………… 36
  第二节 感觉的种类 …………… 38
    一、视觉 ……………………… 38
    二、听觉 ……………………… 42
    三、其他感觉 ………………… 45
  第三节 感觉的基本规律 ……… 48
    一、感觉适应规律 …………… 48
    二、视觉后像与视觉融合规律 … 50
    三、感觉相互作用规律 ……… 50
    四、感觉补偿规律 …………… 52
  思考与练习 …………………… 52

第四章 知觉 …………………… 55
  第一节 知觉概述 ……………… 56
    一、知觉的定义 ……………… 56
    二、知觉的加工形式 ………… 57
    三、知觉的活动过程 ………… 57
  第二节 知觉的基本特性 ……… 58
    一、知觉的选择性 …………… 58
    二、知觉的整体性 …………… 60
    三、知觉的恒常性 …………… 60
    四、知觉的理解性 …………… 61
  第三节 知觉的种类 …………… 62
    一、空间知觉 ………………… 62
    二、时间知觉 ………………… 65
    三、运动知觉 ………………… 67
    四、错觉 ……………………… 67
  思考与练习 …………………… 69

第五章　意识与注意 ……………… 71
第一节　意识概述 ………………… 72
一、意识的概念和特性 ……………… 72
二、意识的水平和种类 ……………… 74
三、意识的局限性及能动性 ………… 75
四、生物节律的周期性与意识状态 … 75
第二节　几种不同的意识状态 …… 76
一、睡眠 ……………………………… 76
二、梦 ………………………………… 78
三、催眠 ……………………………… 81
第三节　注意 ………………………… 82
一、注意的概念及特性 ……………… 82
二、注意的功能 ……………………… 83
三、注意的分类 ……………………… 84
四、注意的品质 ……………………… 85
五、注意发生的心理机制 …………… 87
六、影响注意引起或保持的因素 …… 88
思考与练习 …………………………… 91

第六章　记忆 …………………………… 93
第一节　记忆概述 …………………… 94
一、记忆的概念 ……………………… 94
二、记忆的生理机制 ………………… 94
三、记忆的类型 ……………………… 95
第二节　感觉记忆和短时记忆 …… 97
一、感觉记忆 ………………………… 97
二、短时记忆 ………………………… 100
第三节　长时记忆 …………………… 104
一、长时记忆的特点 ………………… 105
二、长时记忆的习得 ………………… 105
三、对识记材料的组织加工 ………… 107
四、长时记忆的储存 ………………… 109
五、长时记忆的提取 ………………… 111
六、长时记忆的遗忘 ………………… 113
思考与练习 …………………………… 118

第七章　思维 …………………………… 119
第一节　思维概述 …………………… 120
一、思维的概念 ……………………… 120
二、思维的过程 ……………………… 120
三、思维的种类 ……………………… 122
第二节　表象与想象 ………………… 124
一、表象 ……………………………… 124
二、想象 ……………………………… 126
第三节　概念、推理与问题解决 … 129
一、概念 ……………………………… 129
二、推理 ……………………………… 130
三、问题解决 ………………………… 131
思考与练习 …………………………… 138

第八章　语言 …………………………… 139
第一节　语言概述 …………………… 140
一、语言的概念及其结构 …………… 140
二、语言的基本特征 ………………… 140
三、语言的分类 ……………………… 141
四、语言的表征及研究语言的意义 … 142
第二节　语言的生理机制 ………… 143
一、语言活动的发音机制 …………… 143
二、语言活动的中枢机制 …………… 145
第三节　语言的生成 ………………… 147
一、语言生成的概念 ………………… 147
二、口语生成的过程 ………………… 148
三、写作的过程及影响写作的
　　心理因素 ………………………… 149
第四节　语言的感知与理解 ……… 150
一、语言的感知 ……………………… 150
二、语言的理解 ……………………… 155
思考与练习 …………………………… 161

第九章　动机 …………………………… 163
第一节　动机概述 …………………… 164
一、动机的概念 ……………………… 164
二、动机的功能 ……………………… 164
三、动机形成的条件 ………………… 165
四、动机的分类 ……………………… 166
五、动机的相互作用 ………………… 168
第二节　动机理论 …………………… 169
一、本能理论 ………………………… 169

二、驱力理论 …………………… 170
　　三、诱因理论 …………………… 171
　　四、唤醒理论 …………………… 171
　　五、强化理论 …………………… 172
　　六、成就动机理论 ……………… 173
　　七、动机的认知理论 …………… 174
　　八、需要层次理论 ……………… 179
　第三节　动机与意志 ……………… 180
　　一、意志概述 …………………… 180
　　二、意志过程 …………………… 183
　　三、意志行为中的挫折 ………… 184
　思考与练习 ………………………… 187

第十章　情绪 ……………………… 189
　第一节　情绪概述 ………………… 190
　　一、情绪的概念 ………………… 190
　　二、情绪的状态 ………………… 190
　　三、情绪的功能 ………………… 191
　第二节　情绪与脑 ………………… 192
　　一、情绪的脑中枢机制 ………… 192
　　二、情绪的外周神经机制 ……… 194
　　三、情绪与唤醒模式 …………… 195
　第三节　情绪的外部表现
　　　　　——表情 ………………… 195
　　一、面部表情 …………………… 195
　　二、姿态表情 …………………… 196
　　三、语调表情 …………………… 197
　第四节　情绪的理论 ……………… 197
　　一、情绪的早期理论 …………… 197
　　二、情绪的认知理论 …………… 198
　　三、情绪的动机—分化理论 …… 200
　第五节　情绪的调控 ……………… 202
　　一、情感智商 …………………… 202
　　二、健康情绪所需要的条件 …… 203
　　三、不良情绪的控制 …………… 204
　思考与练习 ………………………… 208

第十一章　智力 …………………… 209
　第一节　智力概述 ………………… 210
　　一、智力的定义 ………………… 210
　　二、智力与相关因素 …………… 211
　第二节　智力理论 ………………… 213
　　一、二因素说 …………………… 213
　　二、流体智力与晶体智力 ……… 214
　　三、智力的三维结构模型 ……… 214
　　四、智力的层次结构模型 ……… 215
　　五、多元智力理论 ……………… 216
　　六、三元智力理论 ……………… 218
　　七、智力的PASS模型理论 …… 220
　第三节　智力的测量 ……………… 221
　　一、个别测验量表 ……………… 221
　　二、团体智力测验量表 ………… 225
　第四节　智力的发展 ……………… 228
　　一、智力发展的一般趋势 ……… 228
　　二、智力发展的个体差异 ……… 229
　　三、智力发展的影响因素 ……… 233
　思考与练习 ………………………… 235

第十二章　人格 …………………… 237
　第一节　人格概述 ………………… 238
　　一、人格的概念 ………………… 238
　　二、人格的特征 ………………… 238
　　三、人格的结构 ………………… 239
　　四、影响人格形成的因素 ……… 243
　第二节　人格理论 ………………… 246
　　一、人格特质理论 ……………… 246
　　二、人格类型理论 ……………… 249
　　三、弗洛伊德的精神分析人格理论 … 253
　　四、人格的自我理论 …………… 254
　第三节　人格的测验 ……………… 256
　　一、自陈量表式人格测验 ……… 256
　　二、人格投射测验 ……………… 257
　思考与练习 ………………………… 259

参考文献 ………………………… 261

第一章

总 论

内容提要

人类的心理世界被称为"第二宇宙",它是极其复杂、奇特多变的。当我们学习了心理学这门课程后,将会对人的心理现象的认识日益深入,并能进一步发现和掌握人类心理变化的规律。本章将简单介绍心理学的基本知识,使学生为后面的学习打好基础。

学习目标

知识目标

- 理解心理学的研究对象、研究任务和研究领域
- 熟悉心理学的研究原则与研究方法
- 了解心理学的发展

能力目标

- 能举例说明常用的心理学研究方法
- 能简述心理学各理论流派的基本观点

第一节　心理学是研究心理现象的科学

心理学是研究人的心理现象的发生、发展和变化的过程，并在此基础上揭示人的心理活动规律的一门科学。简言之，心理学就是一门研究心理现象、揭示心理规律的科学。

一、心理学的研究对象

自心理学诞生以来，各学派的心理学家对于心理学研究对象的理解与主张各不相同。20世纪50年代之后，各学派对心理学研究对象的看法趋于折中，认为心理学研究的是人的心理现象和心理动力。人的心理现象可以分为个体心理现象和社会（团体）心理现象。

（一）个体心理

个体心理是指个人所具有的心理现象。个体的心理现象多种多样，主要包括认知、情绪情感、意志、动机、个性心理特征等。

1. 认知

认知是人最基本的心理过程，是指人们获得知识或者应用知识或信息加工的过程，包括感觉、知觉、记忆、想象、思维和语言等心理活动。

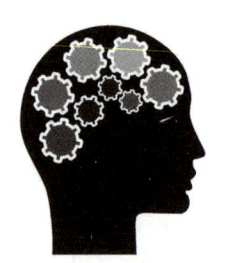

人在认识客观事物的过程中，为了弄清客观事物的性质和规律，就会使用感觉和知觉。感觉是对事物个别属性和特征的认识，如听到水的嘀嗒声，看到光亮和各种颜色，闻到各种气味，尝到各种味道，摸到物体的软硬、粗细和冷热等。在这些感觉的基础上，人能辨别出是下雨还是阳光灿烂，是布娃娃还是鲜艳的花朵等，这就是知觉。所以，知觉是对事物的整体及其联系与关系的认识。知觉是在感觉的基础上产生的，但不是简单的感觉相加。在知觉中，人的知识经验起着非常重要的作用。

人们通过知觉所获得的知识经验，在离开了刺激物（如听过的话、游览过的地方、看过的图形等）的作用之后，并没有马上消失，还保留在人们的头脑中，并在需要的时候能再现出来。即物象仍"历历在目""话犹在耳"，这种积累和保存个体经验的心理过程，就是记忆。

人运用头脑中已有的知识和经验，通过分析、综合、判断事物的本质及其内在联系和规律，形成对事物的概念，并解决面临的各种问题，这就是思维。例如，医生根据病人的体温、脉搏、舌苔、心电图、CT影像、血液或排泄物的化验结果，推断出病人某一内部器官发生了病变。人们解决生活中和工作中遇到的各种问题，都是利用思维活动来实现的。

与此同时，人们还能利用语言把思维活动的结果、认识活动的成果与其他人进行交流，并接受其他人的经验，这就是语言活动。

人不仅能通过记忆把经历的事物回想起来，而且还能想象出自己从未经历过的事物，如作家在小说里描写的人物形象和场景，科学家构思自己的理论模型，这都是想象。在这种情况下，想象是和在人脑中创造新形象的活动相联系的。

2. 情绪情感

人在加工外界输入的信息时，不仅能认识客观事物的属性、特征及其关系，还会产生对客观事物的某种态度的主观体验或感受，这就是情绪或情感。人在认识客观事物时，常常会产生满意或不满意、愉快或不愉快、喜爱或厌恶、欣慰或悲伤等态度体验。这里所说的满意、不满意、喜爱、厌恶、欣慰、悲伤等心理活动，在心理学上统称为情绪情感过程。情绪情感在认知的基础上产生，所谓"爱之深，恨之切"，深厚、真诚的情绪情感来源于对人、对事物的真切和深刻的了解。情绪情感又对认知产生巨大的影响，成为调节和控制认知活动的一种内在因素。积极的情绪情感能激发人们的积极性，而消极的情绪情感会使人消沉、沮丧等。

3. 意志

人不仅能认识世界，对客观事物产生积极或消极的情绪情感，而且能在自己的活动中有目的、有意识地克服内心障碍与外部困难，坚持不懈地实现自己的目标，有计划地改造属于自己的世界。这种自觉的能动性是人和动物的本质区别。心理学中把这种自觉地确定目标，并为实现目标而自觉支配和调节自己行为的心理过程称为意志。

认知、情绪情感和意志不是彼此独立的过程，而是有着密切联系的。情绪情感和意志有认知的成分，而情绪情感和意志又影响认知发展。同样，人对自己行为的自觉调节和控制，是根据自己的认知和情绪情感来实现的，意志反过来对人的认知和情绪情感产生巨大的影响。

4. 动机

人类的认知和行为不仅受情绪情感的影响，而且是在动机的支配下进行的。动机是指推动人的活动，并使活动朝着某一目标进行的内部驱动力。例如，一个成就动机强的学生，在课堂上认真听课，并主动地记忆和思考，勇于克服学习中的各种困难；相反，一个成就动机弱的学生，在课堂上就会容易分神，遇到困难就容易退缩。即使是像走路、开门、休息、睡眠这些简单的日常活动，也都是在一定动机的推动下进行的。

动机的基础是人类的各种需要，即个体在生理上和心理上的某种不平衡状态。人有生理需要，如困则睡、渴则饮、饥则食等，也有社会需要；人有物质需要，也有精神需要，如"仓廪实而知礼节，衣食足而知荣辱"。正是在各种需要的基础上，形成了不同的动机。动机不同，人们对现实的态度以及相应的行为方式也不一样。

5. 个性心理特征

人在获得和应用知识的过程中，会形成各种各样的心理特征，从而造成人与人之间的心理差异。人的心理特征有些是偶然出现的、暂时的，但有些是经常出现的、稳定的。这种在个体身上经常表现出来的本质的、稳定的心理特征称为个性心理特征，它包括能力、气质和性格。例如，有人记知识快，有人记知识慢；有人善于想象，有人善于思考，这是能力的差异。有人情绪稳定，有人脾气暴躁；有人思维反应敏捷，有人思维反应慢；有人坚强，有人懦弱等，这都是气质和性格的差异，也可以说是人格的差异。正是这些心理特性，使个体的心理活动能彼此区分开来。

总之，认知、情绪情感、意志、动机和个性心理特征是个体心理现象的重要方面，是心理学的主要研究对象。这些方面不是相互独立的，而是相互联系、相互依存的。

（二）社会心理

人是社会人，作为一个社会成员，总是生活在各种社会团体中，并与其他成员结成各种各样的社会关系，如亲属关系、师生关系、师徒关系、朋友关系、民族关系等。由于这些社会团体是客观存在的，每一个团体都会有自己的心理特征，于是便产生了社会（团体）心理。

社会心理与个体心理是共性与个性的关系。社会心理是在团体共同的生活条件和环境条件下产生的，它是该团体内个体心理特征的典型表现，而不是个体心理特征的简单相加。社会心理不能离开个体心理，反过来又会直接影响个体心理的形成与发展。因此，社会心理和个体心理的关系也应该成为心理学的研究对象。

二、心理学的研究任务

人的心理现象是非常复杂的，可以从不同的角度和方面进行研究。概括起来，心理学的主要研究任务有以下几个方面。

（一）研究人的心理过程

心理过程是指心理活动发生、发展的过程，也就是人脑对现实的反映过程，如认知过程、情感过程等。以知觉过程为例，看到一个物体，先要用眼睛接受来自物体的光刺激，然后经过神经系统的加工，把光刺激转化为神经冲动，从而察觉到物体，接着要将看到的物体从它的环境或背景中区分开来，最后要确认这个物体，并叫出它的名称。这个过程几乎是在瞬间完成的，但用科学的方法可以把它从时间进程中分离开来。分析心理现象的时间进程，对科学地揭示心理活动的规律是非常重要的。

（二）研究人的心理结构

人的心理现象很复杂，但并不是杂乱无章的，各种心理现象之间存在着一定的联系。人的大脑就像一座大图书馆，每天都会收进许多书，借出许多书。由于每本书都有自己的编号，都按图书馆的编目系统放在某个地方，管理员很容易找到它。而人的知识在人脑中保存的情况类似于图书馆，由于存在一定的结构，在需要时，就能很容易地提取出来，用来解决面临的问题。研究人的心理结构就是要揭示各种心理现象之间的联系，因此也是心理学的一项重要任务。

（三）研究人的心理的脑机制

心理是神经系统的机能，特别是脑的机能。一个健康发育的神经系统，是各种心理现象发生和发展的基础。人的视觉和听觉是与视觉和听觉系统的复杂功能相联系的。没有人眼和人耳的特殊结构和机能，就不能看到物体的颜色、明暗、大小、形状，也不能分辨声音的高低及强弱。

当神经系统尤其是脑组织的某些部位受到损伤时，心理活动就会出现异常情况。例如，颞叶脑损伤的失语症病人说话流利却毫无意义，虽有听觉，却不理解其语意。脑机能受到破坏，病人将产生不同形式的行为障碍。例如，前额皮质受损的病人将丧失计划与组织行动的能力，不能将行为的结果与原有计划、目的进行对照，也不能矫正自己的行为。心理学家深入研究心理的脑机制，就是要揭示心理现象与脑的关系。

（四）研究人的心理现象的发生和发展

人的心理现象是进化过程的产物。从物种进化的角度看，心理现象是在出现了神经系统之后才真正产生的。从个体发育的角度看，脑的发育为心理的发生和发展奠定了基础。人在不同的年龄阶段，心理活动有着不同的特点。例如，儿童语言的发展经历不同的阶段，首先发展单个字，然后发展双词，慢慢地是多个词，最后才是句法完整的语言。再如，儿童思维的发展以及儿童社会化的过程，都在不同的阶段出现不同特点。正因为这样，研究心理现象的发生和发展以及它与脑发育的关系，也是心理学的重要任务。

（五）研究人的心理与环境

人的心理系统及其物质载体——人脑是一个开放的系统，它和周围环境存在着复杂的交互作用。心理现象是由外界输入的信息引起的，客观世界是心理的源泉与内容。例如，人们的颜色视觉依赖于可见光谱的长度，声调听觉依赖于物体振动的频率；婴儿情绪的发展依赖于亲子之间的关系，语言的发展依赖于社会交往。总之，外界刺激作用于人脑，在人脑中产生各种心理现象，这些心理现象又会反过来通过人的行为作用于周围的环境，进而引起新的心理活动。可见，人的心理现象和外部环境之间存在着规律性的联系，揭示这种联系和关系也是心理学的重要任务。

三、心理学的研究领域

近百年来，心理学获得了迅速发展，形成了心理学的许多专门领域，也产生了心理学与其他学科的交叉。因此，心理学的研究领域日渐扩大。

（一）发展心理学

发展心理学是研究心理的种系发展和个体心理发展规律以及各年龄阶段心理特征的科学。发展心理学有广义和狭义之分。广义的发展心理学包括比较心理学、民族心理学和个体发展心理学；而狭义的发展心理学是指个体发展心理学，所研究的是个体从出生到成熟到衰老的生命全过程中各阶段的心理特点和规律。

个体发展心理学按照人生的不同阶段，分为婴幼儿心理学、儿童心理学、少年心理学、青年心理学、中年心理学和老年心理学。

(二)教育心理学

教育心理学作为心理学的一个重要分支，诞生于19世纪末20世纪初。教育心理学是研究教育过程中的各种心理现象及其发展、变化规律，揭示教育与心理发展的相互关系的科学。其研究的主要问题包括：受教育者道德品质的形成和发展的规律；学生掌握知识、技能的学习心理及其规律；受教育者在学习过程中能力的形成与发展；学生的个别差异及其测量与评定；教育者的心理品质及形成规律。

(三)社会心理学

社会心理学是系统研究社会相互作用背景中个体和群体的社会心理现象的心理学分支。个体社会心理现象是指受他人和群体制约的个人的思想、感情和行为，如人际知觉、人际吸引、社会促进和社会抑制、顺从等。群体社会心理现象是指群体本身特有的心理特征，如群体凝聚力、社会心理气氛、群体决策等。

社会心理学是心理学和社会学之间的一门边缘学科，受到来自两个学科的影响。在社会心理学内部一开始就存在着两个不同的研究方向，即社会学方向的社会心理学和心理学方向的社会心理学。在解释社会心理现象上的不同理论观点，并不妨碍社会心理学作为一门独立学科应具备的基本特点。社会心理学的理论价值在于提高人认识自身的能力，提高人的生活质量。

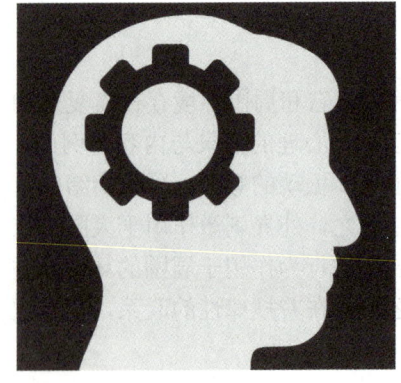

(四)生理心理学

生理心理学是研究心理现象和行为产生的生理过程的心理学分支。生理心理学以脑的形态和功能为研究对象，分析在不同生理状态下个体行为与活动的生理机制，探讨神经系统的结构和功能，感知觉、记忆、动机和情绪等心理活动的神经机制，以及内分泌系统对心理与行为的调节作用。

(五)工业心理学

工业心理学是应用于工业领域的心理学分支。它主要研究工作中人的行为规律及其心理学基础，其内容包括管理心理学、劳动心理学、工程心理学、人事心理学、消费者心理学等。工业心理学除了研究人际关系、人机关系、人与工作环境的关系外，还研究劳动作业的内容、方式、方法与人的工作效能的关系问题。

(六)临床心理学

临床心理学是运用心理学原理诊断和治疗心理异常的心理学分支。临床心理学对具有心理障碍的人进行评估诊断和治疗，同时也对轻度行为和情绪问题进行处理，主要工作方式包括与病人谈话、实施心理测验和提供集体或个人的心理治疗。

第二节 心理学的研究原则与研究方法

一、心理学的研究原则

心理现象是一种极其复杂的现象，在对各种心理现象进行研究时，必须以辩证唯物主义和历史唯物主义作为指导思想。具体而言，心理学研究应遵循以下基本原则。

（一）客观性原则

客观性原则是指对任何心理现象，必须按它的本来面貌加以研究和考察，不附加任何主观意愿。人的心理是客观现实的反映，一切心理活动都是由内外刺激引起的，并通过一系列的生理变化，在人的外部活动中表现出来。研究人的心理，就是要从这些可以观察到的、可以进行检查的活动中去研究。人的心理活动无论如何复杂或作出何种假象与掩饰，都会在行动中表现出来或在内部的神经生理过程中反映出来。因此，在心理学的研究中切忌采取主观臆测和单纯内省的方法，应根据客观事实来探讨人的心理活动规律。客观性原则必须具备两个条件：一是所研究的心理或行为是可以观察的；二是所研究的心理或行为是可以测量的。

（二）发展性原则

世界上的一切事物都是运动、变化和发展的，心理现象也是如此。人的心理的发展是矛盾运动的结果。研究者应将人的心理活动看成是一个变化发展的过程，在发展中研究个体在不同年龄阶段上心理的发生和发展规律。在研究心理活动时，不仅要阐明已经形成的心理品质，还要阐明那些刚刚产生、处于形成状态的新的心理品质。后者对研究人的个性具有特别重要的意义，因为新的心理品质的出现展示了进一步发展的前景，预示着未来可能出现的心理特点。

（三）系统性原则

系统性原则要求把人的心理现象看作一个相互联系的系统，必须研究各个心理过程、心理特征之间的相互联系、相互制约的关系，而不应把任何心理现象看作是孤立的、静止的非系统状态。系统性原则包括两层意思：一是心理、意识虽然是很复杂的现象，但可以通过剖析将其分解为各种形式进行专门的考察研究，而后通过综合将其看成是有机联系的整体加以理解；二是在研究某一种心理形式与现实条件的依存关系时，也可以分别考察某一条件在其中所起的作用，而后将其揭示的各种规律加以综合运用。

（四）教育性原则

在进行心理学研究时，研究的选题、使用的方法和程序不应损害被试（即被研究者）

的身心发展。特别是当被试是儿童时，由于他们的身心正处在发展阶段，认识能力较差，而且善于模仿，研究者更要注意这个问题。所以，以人为对象进行心理研究时，不能只考虑对所需研究的问题是否有利，还要考虑所用的方法对被试的身心是否产生不良影响。

二、心理学的研究方法

在心理学研究原则的指导下，心理学的具体研究方法可以有多种。下面介绍几种常用方法。

（一）观察法

观察法是在自然条件或一定控制条件下，由研究者有目的、有计划地详尽记录个体或团体的外部活动，从而分析判断心理现象产生和发展规律的方法。例如，观察学生在课堂上的表现，可以了解学生的情绪状态，注意的指向性、集中性和稳定性，以及学生人格的某种特征。又如，观察婴儿的语言发展情况，可以选择特定的婴儿团体，每日详细观察他（她）的发声，并记录当时的客观情况。一定时期后，就可以对观察记录材料进行分析，找出婴儿语言发展的规律。

观察法从时间上可以分为长期系统观察和定期观察；从观察内容上可以分为全面观察和重点观察；从观察方式上可以分为直接观察和间接观察（通过摄像、照相、录音等方式进行记录，然后进行观察）；从观察者的身份上可以分为参与观察和非参与观察。

观察法是在日常生活条件下使用的，因而简便易行，所得的材料也比较真实。但由于它不能严格控制条件，因此不易对观察的材料做出比较精确的量化分析和判断，这也是观察法的局限性。在使用观察法时，应注意以下问题：① 每次只观察一种行为；② 必须事先界定要观察的行为特征，并事先做好记录表格，以便随时记下观察到的具体事实；③ 观察记录时，除笔记外，应尽量采用精密工具，如录音机、摄像机、照相机等，以便获得更客观的资料。

（二）实验法

实验法是指按研究目的控制或创设条件，以主动引起或改变被试的心理活动，从而进行研究的方法。研究者可以积极干预被试的活动，创造某种条件使某种心理现象得以产生或重复出现。一般来说，实验法包括实验室实验法和自然实验法两种。

1. 实验室实验法

实验室实验法通常是借助专门的实验设备，在对实验条件进行严格控制的情况下进行实验的方法。这里主要控制四个方面：一是严格控制实验情境，尽可能排除无关变量；二是严格控制被试，事先随机取样和随机安排；三是严格控制实验刺激，使之不同水平、性质、条件，按规定的方式、时间、顺序呈现；四是严格控制被试反应，用指导语引导反应方向和范围。因此，这一方法的实质就是在一系列严格控制的空间下探究自变量和反应变量之间的关系。

该方法不仅能主动地获取所需要的心理事实，并能探究其发生的原因，而且所获取的信息也比较精确。但其也带有很大的人为性质，被试处在特定的情境中，同时意识到自己正在接受实验，就有可能降低实验结果的客观性质，并影响将实验结果应用于日常活动之中。为了尽可能克服这一缺点，演变出另一种实验法，即自然实验法。

2. 自然实验法

自然实验法也称现场实验法，是指在日常生活条件下，对某些条件加以适当控制或改变来研究心理的方法。该方法的实质是把实验研究和日常活动结合起来，一方面仍对实验条件有所控制，使之能继续保持实验室试验法的某些优点，即能主动获取、探究原因；另一方面，又适当放松控制，使之在自然状态下进行，能体现观察法的某些优点，即减少人为性，提高真实性。

例如，在一项"发展学生创造性思维的实验研究"中，选择条件大致相同的三个平行班。甲班每周开设一节思维训练课，并一学期开展四次创造性活动；乙班只开设与甲班类似的四次创造性活动；丙班为对照班，一切照旧。学期初，三个班学生进行创造性思维测试，成绩接近。学期末复试，甲班最好，乙班次之，丙班最差。实验证明，开展创造性活动有利于学生创造性思维的发展；既开展创造性活动，又开设思维训练课，可加速创造性思维的发展。

当然，自然实验法也正是由于实验控制不很严格，容易受到各种无关变量的干扰，从而影响研究结果的有效性。

（三）心理测验法

心理测验法是指运用一套预先经过标准化的问卷（或量表）对人的某种心理特征或心理品质进行测量和评定的方法。心理测验法按内容可分为智力测验、成就测验、态度测验和人格测验；按规模可分为个别测验和团体测验；按形式可分为文字测验和非文字测验等。

采用心理测验法时要注意测验的信度和效度。信度是指测验的可靠程度，例如对智力测验来说，如果这个测验的信度较高，那么某人在一个月内两次接受同一个智力测验，得分就应该相等或大致相等。效度是指测验的有效程度，即是否有效地测量了所需要的心理特征或心理品质。为了保证心理测验的信度和效度，一方面，要对某种心理特征或心理品质进行深入研究；另一方面，在编制心理量表时，要注意量表的严谨性和科学性。只有按科学程序严谨地编制出来的心理量表，才可能有效地测量出人们的心理特征或心理品质。

心理测验法的最大优点是能数量化地反映人的心理发展水平和特点，它不仅作为一种研究方法，使研究更趋精确、科学，而且能为因材施教、人才选拔、职业指导、心理诊断和咨询等提供客观资料。但心理测验法的有效性在很大程度上取决于测验量表的可靠性，而各种测验量表尚在完善之中，对其结果不能视之绝对。同时，它要求主持者必须受过专门训练，且解释结果要谨慎、全面，不可偏颇、妄断。

 课堂讨论

你有没有做过心理测验？你认为心理测验的结果可靠吗？

(四)个案研究法

个案研究法是指对个人或由个人组成的团体(一个家庭)在较长的时间里连续进行深入而详尽的观察与研究,以便发现影响其某种行为和心理发展变化的原因。个案研究法有时也和其他研究方法(如观察法、心理测验法等)配合使用,这样可以收集更丰富的个人资料。但由于个案研究法研究的是一个或几个对象,所以,研究结果可能只适合于个别情况。在运用这些结果或作出更概括的结论时,必须持谨慎的态度。

以上介绍了心理学中比较常用的研究方法,它们各有自己的优缺点。由于人的心理现象的复杂性,在实际研究中应采用多种方法,使之相互补充和验证,使研究结果更科学。

第三节 心理学的发展

一、心理学的诞生

(一)心理学诞生的历史背景

心理学是一门渊源数千载而历史却只有百年的学科,因此,心理学又被称为一门古老而年轻的科学。在心理学成为独立的科学以前,有关"知识""观念""心""心灵""意识""欲望"和"人性"等心理问题,一直是古代哲学家、教育家、文学艺术家和医生们共同关注的问题。19世纪末,心理学成为一门独立的科学。心理学的发展受两大源头的影响:一是自古流传的哲学;二是兴起于18世纪的生物学和生理学。

1. 心理学的哲学源头

在西方哲学家中,对心理学发展影响最大的有三个,其中首推古希腊先哲亚里士多德。亚里士多德(Aristotle)是一位学问渊博的哲学家,对灵魂的实质、灵魂与身体的关系、灵魂的种类与功能等问题从理论上进行了探讨。他的著作《论灵魂》是历史上第一部论述各种心理现象的著作。亚里士多德把心理功能分为认知功能和动求功能。其中,认知功能包括感觉、意象、记忆和思维等;动求功能包括情感、欲望、意志和动作等。亚里士多德的这些思想对后来心理学的发展,以及当代心理学思潮产生了重要的影响。

影响心理学发展的第二位哲学家是法国著名哲学家、杰出的自然科学家笛卡尔(Rene Descartes)。笛卡尔提出了身心关系二元论,他倡导先天观念,认为人类生而具备足以产生感官经验的心理功能,即人的某种观念不是由经验产生的,而是人的先天组织所赋予的。按笛卡尔的解释,心为身之主,即身体的一切活动由生而具有理性的心所控制。笛卡尔关于身心关系的思想推动了人类对动物和人体做解剖学和生理学的研究,这对现代心理学的诞生有直接的影响。另外,笛卡尔只相信理性的真实性,认为只有理性才是真理的唯一尺度。在身心关系的问题上,他承认灵魂与身体有密切的关系,认为某些心理现象如想象、某些情绪活动、感知觉都离不开身体的活动。笛卡尔对理性和天赋观念的重视也影响到现代心理学的理论发展。

影响心理学发展的第三位哲学家是英国哲学家洛克（John Loke）。洛克倡导经验主义，强调人类的一切知识均来自后天经验。洛克反对笛卡尔的"天赋观念"说。在洛克看来，人类本性有如蜡板，纯然无色，不分善恶，没有任何观念，一切知识和观念都是从经验中后天获得的。洛克把经验分成外部经验和内部经验两种。物质世界的属性和特性作用于外部感官，因而产生外部经验；而人们对自己的内部活动（思维、意愿、爱憎等）的反省进而产生内部经验。

2. 心理学的生物学和生理学源头

近代哲学为西方心理学的诞生提供了理论基础，而心理学的实验方法则直接来源于生物学和实验生理学。

19世纪英国生物学家达尔文对开展生物学研究做出了巨大的贡献。达尔文在《物种起源》中提出了进化论观点，主要观点如下：① 世界上现存的一切生物的状态和面貌特征都是经过数百万年长期进化演变而成的；② 不同种类的生物之间的显著差异是由遗传决定的；③ 同一种类生物间的个体差异主要是由个体对生存环境的适应能力决定的。显然，达尔文的进化论中的诸多观点，如遗传、环境、个体差异、适应等，都成了心理学研究的部分主题。

19世纪中叶，生理学已经成为一门独立的实验科学，生理学的发展影响到了心理学，如神经系统生理学和感官生理学的发展，对心理学走上独立发展的道路产生了重要的影响。德国三位生理学家缪勒（Johannes Muller）、赫姆霍茨（Hermann Von Helmholtz）、费希奈（Gustav Theodor Fechner）的研究奠定了生理心理学的基础，因此，后人也将他们视为心理学的先驱。

从1811年英国人柏尔和法国人马戎弟首次发现脊髓运动神经与感觉神经的区别开始，到后来的法国医生布洛卡从尸体解剖中发现严重的失语症与左侧额叶部分组织的病变有关，从而确定了语言运动区的位置等一系列研究，不仅加深了人们对大脑机能分区的认识，而且为研究心理现象和行为的生理机制开辟了广阔的前景。这个时期生理学家在感官生理学方面的一系列重要发现，也为心理学用实验方法研究感知觉等问题奠定了基础。

（二）心理学诞生的过程

曾有人比喻，在心理学的发展中，哲学是父亲，生理学是母亲，而生物学是媒人。经生物学为媒介，哲学与生理学相结合，孕育了独立门户的心理学。因为心理学是采用科学方法研究问题，所以，有时候称它为科学心理学。

心理学的正式诞生，一般认为开始于德国人冯特（Wilhelm Wundt）的实验工作。冯特在德国的莱比锡大学创建了世界上第一个心理学实验室，他把人的直接经验作为心理学的研究对象，开始对心理现象进行系统的实验室研究。在心理学史上，人们把这个实验室的建立看成是心理学脱离哲学的怀抱、走上独立发展道路的标志，冯特也因此被誉为实验心理学之父。冯特指出："心理实验就是被试系统地进行自我观察，而一切实验手段都是自我观察的辅助手段。"在冯特及其弟子看来，心理学的研究对象就是通过自我观察而直接感觉到自我"经验"，也就是人的"直接经验"。

冯特的著作《生理心理原理》被心理学和生理学两界推崇为不朽之作。受当时以实验为基础的物理和化学的影响,冯特及其弟子主张研究意识的结构,并由此诞生了心理学的第一个学派——构造主义学派。但该学派不久就遭到反对,这种反对逐渐演进为百家争鸣、学派林立的局面,形成了一系列心理学经典流派。

拓展阅读

冯特个人简介

冯特,德国心理学家、哲学家,现代实验心理学的著名创始人之一。冯特出生在德国巴登的一位牧师家庭,早年习医。1856年在海德堡大学获得博士学位,1857—1874年在该校任教,曾开设生理心理学课程,并出版《生理学原理》一书。1875年改任莱比锡大学哲学教授,1879年创立了世界上第一个心理学实验室。冯特是构造主义心理学的奠基人,他主张心理学研究直接经验,心理学的研究方法只能是实验性的自我观察或内省。冯特用这种方法研究了感觉、知觉、注意、联想等过程,提出了统觉学说,还根据内省观察提出了情感三维说。他还主张用民族心理学的方法研究高级心理现象,这对社会心理学的产生和发展有重要影响。冯特的哲学思想是混乱的,在身心管理的问题上,他主张精神和肉体是彼此独立的序列和过程,因此陷入了二元论。他一生的著作很多,代表作有《生理学原理》《民族心理学》《对感官直觉学说的贡献》《心理学大纲》等。

二、心理学发展过程中的主要流派

(一)构造主义心理学派

构造主义心理学派是由冯特的学生铁钦纳(E. B. Titchener)在美国建立的。该学派认为,心理学的研究对象是意识和意识经验,主张心理学应该采用实验内省法来分析意识的内容、组成部分或结构原理,找出各组成部分如何连接成各种复杂心理过程的规律。按铁钦纳的解释,经过内省可以知道人的经验,经验构成意识,而意识则包括三种元素性的状态:一是感觉性的知觉元素;二是想象性的观念元素;三是情感性的情绪元素。所有复杂的心理现象都是由这些元素构成的。

构造主义学派是心理学史上第一个应用实验方法系统研究心理问题的派别。在他们的示范和倡导下,当时西方心理学实验研究得到了迅速传播和发展。但是,构造主义心理学派把心理学看成一门纯科学,只研究心理内容本身,强调心理学的基本任务是理解正常成人的一般心理规律,不重视心理学的实际应用,不去讨论其意义和功能,不关心个别差异、儿童心理、教育心理等心理学领域,也不关心其他一切不可能通过内省法研究的行为问题,所以显得非常狭隘。

（二）机能主义心理学派

机能主义心理学派是由美国心理学家詹姆斯（William James）与杜威（John Dewey）在 20 世纪初创立的，其代表人物还有安吉尔、卡尔等人。机能主义心理学派主张研究个体适应环境时的心理或意识的功能。该学派反对构造主义把心理现象分解为各种元素，提出了意识流的概念。在他们看来，心理活动是一个连续的整合的活动，意识的作用就是使有机体适应环境。因此，他们认为，心理学在研究对象上不仅包括成人，还应扩大到儿童和动物；在研究方法上，除了内省法之外，还可以采用观察、测验及问卷调查等方法。在机能主义心理学派的影响下，个别差异心理学、学习心理学及知觉心理学等在美国有了明显的发展和进步。

（三）格式塔心理学派

格式塔心理学派于 20 世纪初产生于德国，主要代表人物有韦特海默（Max Wertheimer）、科夫卡（Kurt Koffka）和柯勒（Wolfgang Kohler）。"格式塔"这一古怪的名称是对形状、外形、完形、整体等意思的德文译音，它代表了这个学派的基本主张和宗旨。

格式塔心理学派强调经验和行为的整体性，反对美国构造主义心理学派的元素主义；重视各部分之间的综合联系，认为整体不是简单地等于部分之和，而是大于部分之和，因为在集知觉而成意识时，多加了一层心理组织。以三条直线构成等边三角形为例，看到的不是等长的三条线之合，而是一个完整的等边三角形，在三条直线之外，另加了一层"完形"的意义。格式塔心理学派在知觉、学习和思维等方面的研究，为后来认知心理学的发展奠定了基础。

（四）精神分析学派

精神分析是由奥地利维也纳精神病医生弗洛伊德（Sigmund Freud）开创的，其理论主要来源于治疗精神病的临床经验。精神分析的内容极为复杂，其最大的特点就是强调人的本能、自然性和情欲，认为人类的一切个体和社会的行为，都根源于心灵深处的某种欲望或动机，特别是性欲的冲动。当人的欲望或动机受到压抑时，就可能导致精神病。精神分析学派注重精神分析和治疗，并由此提出了人的心理和人格的新的独特解释。精神分析学派重视异常行为的分析，并且强调心理学应该研究无意识现象。该学派首次阐述了无意识的作用，肯定了非理性因素在行为中的作用，开辟了潜意识研究的新领域。

精神分析是一种临床技术，通过释梦和自由联想等手段，发现病人潜在的动机，使其精神宣泄，从而达到治疗疾病的目的。但精神分析学派过分强调无意识的作用，并且把它与意识的作用对立起来，以及其早期理论的泛性欲主义，把性欲夸大为支配一切人类行为的动机，这些理论都是错误的。

拓展阅读

弗洛伊德个人简介

弗洛伊德是奥地利精神病医师、心理学家、精神分析学派创始人。1873年入维也纳大学医学院学习，1881年获医学博士学位。1882—1885年在维也纳综合医院担任医师，从事脑解剖和病理学研究。1895年正式提出精神分析的概念。1899年出版的《梦的解析》，被认为是精神分析心理学正式形成的标志。1919年成立国际精神分析学会，标志着精神分析学派最终形成。1930年被授予歌德奖，1936年成为英国皇家学会会员。1938年奥地利被德国侵占，赴英国避难，次年于伦敦逝世。他开创了潜意识研究的新领域，促进了动力心理学、人格心理学和变态心理学的发展，奠定了现代医学模式的新基础，为20世纪西方人文学科提供了重要的理论支柱。

（五）行为主义心理学派

行为主义心理学派是美国现代心理学的主要流派之一，同时也是对西方心理学影响最大的主要流派之一。1913年，美国心理学家华生（John Watson）发表了《从一个行为主义者眼光中所看的心理学》，从而宣告行为主义心理学派的诞生。

行为主义心理学派的主张中，最重要的有以下几点：① 心理学不应该研究意识，而只应该研究行为；② 构成行为基础的是个体的反应，集中多个反应就可以知道行为的整体；③ 个体行为不是与生俱来的，不是遗传决定的，而是受环境因素的影响而被动学习的，这种影响是通过条件反射实现的；④ 反对内省，主张用实验方法。

行为主义心理学派产生后，在世界各国心理学界产生了很大的反响。行为主义心理学强调符合科学的标准、刻意限定为外显行为的研究，将传统心理学中一切有关"心"的成分完全排除，致使心理学内涵窄化，因而限制了心理学的健康发展。但是，它提倡严格的科学取向，对心理学走上客观研究的道路有积极的作用。

（六）人本主义心理学派

人本主义心理学派是由美国心理学家马斯洛与罗杰斯在20世纪50年代创立的。由于它兴起比精神分析学派和行为主义学派晚，而且影响力比这两个学派小，因此又被称为现代心理学上的第三势力。

人本主义心理学派主张，心理学应当以正常人为研究对象，并且研究人类异于动物的一些复杂的经验，如动机、欲望、快乐、幽默、价值、爱情、生活的责任、生命的意义等。同时，人本主义心理学派对人性持乐观看法，认为人类本身是善的，而且人类本性中蕴藏着无限的潜力，因而主张改善环境以利于"善"的人性的充分展现与发展，以达到自我实现的最高境界。

人本主义心理学派反对将人的心理低俗化、动物化，反对仅仅以病态人作为研究对象，既反对把人看作本能牺牲品的精神分析学派，也反对把人看作物理的、化学的客体的行为主义心理学派。人本主义心理学派主张研究对人类的进步富有意义的问题，关心人的价值与尊严，但在某种程度上忽视了时代条件和具体的社会环境对人的先天潜能的制约和影响。

三、现代心理学的研究领域

心理学成为独立的学科后，在反结构主义浪潮下，产生了很多的不同学派。各学派间经过多年的争论之后，从20世纪50年代起，心理学的发展由相互敌对演变成了不同理论多元容纳的新局面。

（一）精神分析论研究领域

早期的精神分析理论如弗洛伊德的理论，就像行为主义理论一样，遭到了来自各方面的批评。但是，精神分析的研究仍存在于心理学的某些研究领域中。20世纪30年代以后，一批后弗洛伊德主义者主要偏重于身心发展、动机与遗忘、人格发展、行为异常及心理治疗等方面的研究与应用。与弗洛伊德不同的是，后弗洛伊德主义者更关心儿童和青少年人格的正常发展，强调意识和自我的重要性。同时，他们把青年期看成是力比多（即性能力）活动的高潮时期。

（二）人本主义论研究领域

在现代心理学研究领域中，人本主义心理学者主要偏重于学习、动机、人格发展、心理咨询及心理治疗等方面的研究与应用。人本主义心理学者认为，人有自由意志，有自我实现的需要。因此，只要有合适的环境，人们就会力争达到某些积极的社会目标。同时，人本主义心理学者还认为，由于人们的思想、欲望和情感不同，从而出现了各种不同的人。所以，人都是单独存在的，心理学家应该对人进行单个的测量，而不是把他们合并在不同的范畴之内。

（三）认知论研究领域

认知心理学出现在20世纪初，在20世纪50年代得到迅速发展。早期的认知心理学以皮亚杰为代表。皮亚杰重视智力问题，注意分析智力发展的结构，他通过一系列精心设计的实验，揭示了儿童思维发展的规律。在现代心理学研究领域中，认知论主要偏重于学习、智力发展、情绪、心理治疗等方面的研究与应用。20世纪40年代末，信息论、控制论和系统论的诞生，对认知心理学产生了深远的影响。美国心理学家耐塞尔发表了《认知心理学》一书。书中指出，认知是指感觉输入到转换、简约、加工、储存、提取和使用的全部过程，这本书的出版标志着现代认知心理学的诞生。

（四）生理科学观研究领域

生理科学观研究主要是指以生理心理学与神经心理学的知识为基础，对个体行为与心理历程所做的解释。在现代心理学的研究中，主要偏重于身心发展、学习、感觉、动机、情绪、行为异常等方面的研究与应用。

（五）行为主义论研究领域

20世纪50年代以后，行为主义作为一个学派已接近销声匿迹，但是，作为一种研究取向，它仍然活跃在心理学的某些应用研究领域中。行为主义论认为，个体一切行为的产生与改变，都是刺激与反应之间的联结关系。它强调，人是在和环境的交互作用中形成的，正是学习和经验决定了一个人成为什么样的人。所以，在现代心理学研究领域，行为主义论主要偏重于学习、动机、社会行为及行为异常等方面的研究与应用。行为主义探索的主要问题有：在什么条件下某种行为能发生，不同刺激对行为可能有什么作用，行为的结果又怎样影响随后的行为等。

20世纪50年代以后，行为主义在程序学习、行为治疗和生物反馈等方面的应用研究，对某些应用领域产生了较大的影响。例如，程序学习思想和计算机教学结合成为个体学习的一种有效途径，系统脱敏疗法在行为治疗中应用非常广泛。

思考与练习

一、名词解释

1. 个体心理
2. 心理过程
3. 心理测验法

二、单项选择题

1. （　　）是运用心理学原理诊断和治疗心理异常的心理学分支。
   A．教育心理学　　　B．社会心理学　　　C．生理心理学　　　D．临床心理学
2. （　　）的著作《论灵魂》是历史上第一部论述各种心理现象的著作。
   A．亚里士多德　　　B．笛卡尔　　　　　C．洛克　　　　　　D．达尔文
3. 心理学的正式诞生，一般认为开始于（　　）的实验工作。
   A．柏尔　　　　　　B．马戌弟　　　　　C．冯特　　　　　　D．铁钦纳

三、简答题

1. 简述心理学的研究原则。
2. 在使用观察法时，应注意哪些问题？
3. 简述行为主义心理学派的主要观点。

脑与心理

内容提要

心理是人脑对客观现实的反映,是脑的机能,脑是心理活动赖以产生的物质基础。只有了解影响人的心理活动和行为方式的生理基础,才能更好地理解心理活动的基本过程和规律。

学习目标

知识目标

- 理解神经系统的结构
- 熟悉大脑的结构和机能定位,了解大脑功能学说
- 掌握脑与心理活动的关系

能力目标

- 能准确区分中枢神经系统与周围神经系统
- 明确大脑两半球的机能优势分工
- 真正领悟心理的实质

第一节 神经系统

神经系统是心理活动的主要物质基础。人的一切心理活动，如感觉、知觉、记忆、思维、想象等，都是通过神经系统的活动来实现的。神经系统分为周围神经系统和中枢神经系统。

一、周围神经系统

周围神经系统包括脊神经、脑神经和植物性神经，它们分布于全身，负责将神经冲动从感觉神经传到神经中枢系统，再将神经冲动传到效应器（肌肉、腺体等）。

（一）脊神经

脊神经由脊髓发出，共有 31 对，主要分布于人体的躯干和四肢。按照脊柱走向，分为 8 对颈神经，12 对胸神经，5 对腰神经，5 对骶神经和 1 对尾神经。

脊神经中的神经细胞有两种，即感觉神经元和运动神经元。脊神经由脊髓前根和后根的神经纤维混合组成，脊髓前根的纤维是运动纤维，后根的纤维是感觉纤维。

脊神经具有四种不同的机能成分：① 分布于皮肤、骨骼肌、腱和关节的一般躯体感觉纤维；② 分布于内脏、心血管和腺体的一般内脏感觉纤维；③ 支配骨骼肌运动的一般躯体运动纤维；④ 支配平滑肌、心肌、腺体的一般内脏运动纤维。

（二）脑神经

脑神经由脑部发出，共有 12 对，按顺序分别为：① 嗅神经；② 视神经；③ 动眼神经；④ 滑车神经；⑤ 三叉神经；⑥ 外展神经；⑦ 面神经；⑧ 听神经；⑨ 舌咽神经；⑩ 迷走神经；⑪ 副神经；⑫ 舌下神经，如图 2-1 所示。

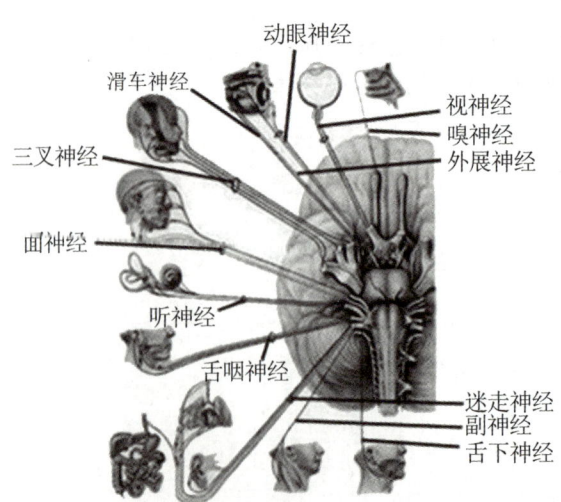

图 2-1　脑神经

其中，第①对、第②对和第⑧对是感觉神经，分别传递嗅觉、视觉和平衡觉的感觉信息；第③对、第④对、第⑥对、第⑪对和第⑫对是运动神经，分别支配眼球、颈部、面部及舌的肌肉活动；第⑤对、第⑦对、第⑨对和第⑩对为混合神经，第⑤对三叉神经负责面部感觉和咀嚼肌的运动，第⑦对面部神经支配面部表情、舌下腺、泪腺及鼻黏膜的分泌，同时也接受味觉的部分信息，第⑨对舌咽神经负责味觉和唾腺分泌等，第⑩对迷走神经支配颈部、躯体脏器的活动，包括咽喉肌肉、内脏平滑肌及心肌的运动，还负责一般内脏感觉的输入。

（三）植物性神经

植物性神经也称为"自主神经"，它们不受中枢神经系统的支配，因此，人们不能随意地控制内脏的活动。"植物性神经系统"这个词最早是19世纪德国学者莱尔提出来的，英国科学家兰格莱后来将其分为交感神经和副交感神经两部分。植物性神经系统的交感神经系统发自脊髓的全部胸髓和上三节腰髓的灰质侧角，支配胸腹部的脏器和血管的活动。副交感神经系统从中脑、桥脑、延脑及脊髓的骶部发出，一般位于脏器附近或脏器壁内。

交感神经和副交感神经在机能上具有拮抗性质。交感神经的主要功能是在机体遇到紧急情况时产生兴奋，以适应环境的变化。当人们挣扎、搏斗、愤怒或者恐惧的时候，交感神经马上发生作用，它会加速心脏的跳动，使肝脏释放更多的血糖，供肌肉利用；暂时减缓或停止消化器官的活动，从而动员全身的力量应付危机。副交感神经具有保持安静时的生理平衡的作用，如协助营养消化的进行、保存机体的能量、协助生殖活动等。

二、中枢神经系统

中枢神经系统是整个神经系统的主干，由脊髓和脑组成。脑在颅腔内，脊髓在脊柱中。大脑和脊髓通常以椎体交叉的最下端和第一颈神经的最上端为区分点。

（一）脊髓

脊髓是中枢神经系统的低级部位，略呈圆柱形，前后稍扁。它上接延髓，下端终止于一根细长的终丝，整个脊髓分为31节，与脊椎相对应。脊髓从横切面来看，中间是"H"型的灰质，主要成分是神经元的胞体。灰质外面是白质，主要成分是聚集的神经纤维。脊髓的活动受高级神经中枢的调节，它的功能主要有两种：一是传导神经冲动，是脑和周围神经的桥梁；二是完成一些简单的反射活动，如膝跳反射、跟腱反射等。

（二）脑

脑是中枢神经系统前端膨大的部分，位于颅腔内，包括大脑、脑干、间脑和小脑，如图2-2所示。

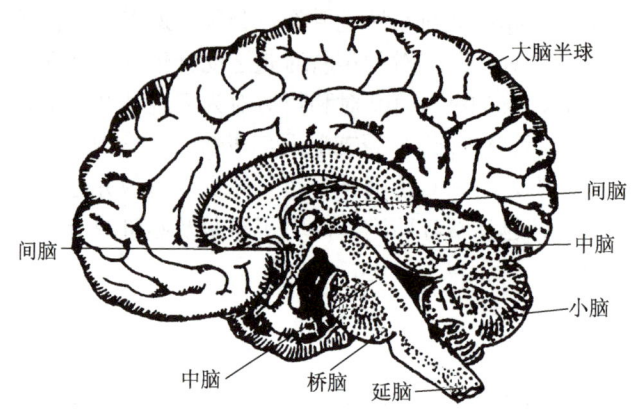

图 2-2　人脑纵切结构

1．大脑

大脑是中枢神经系统最高级的部分，也是脑的主要部分。大脑分为左右两个半球，二者由神经纤维构成的胼胝体相连。

2．脑干

脑干包括延脑、桥脑和中脑三部分，它是深藏在大脑下面的一个奇特而复杂的结构。延脑在脑的最下方，与脊髓相连，它支配着呼吸、心跳、吞咽、肠胃等活动，被称为"生命中枢"。桥脑在延脑上方，是周围神经系统向大脑传递信息的必经之路，它调节和控制人的睡眠。中脑位于丘脑底部，小脑与桥脑之间。从横切面看，中脑可以分为中央灰质、中脑四叠体和大脑脚三个部分。

网状系统分布在脑干各段的广大区域，它由白质与灰质交织混杂组成，主要包括延髓的中央部位、桥脑的被盖、中脑部分。上行系统和下行系统是网状结构按功能划分的两部分，上行网状结构控制着机体的觉醒或者意识状态，它与保持大脑皮层的兴奋性和维持注意状态有密切的关系。若上行网状结构受到破坏，机体将陷入持续昏迷状态，对刺激没有反应。下行网状结构对机体肌肉紧张有易化和抑制两种作用，即加强或减弱肌肉的活动状态。

3．间脑

间脑包括丘脑和下丘脑。

丘脑是中继站，其后部有内、外侧膝状体，分别接受听神经和视神经传入的信息。所有来自外界感官的输入信息，除嗅觉外，均通过丘脑再传向大脑皮层，从而产生视觉、听觉、触觉、味觉等感觉。丘脑也是网状结构的一部分，对控制睡眠和觉醒也具有重要的意义。

下丘脑与机体维持体内平衡、控制内分泌腺的活动具有密切的关系。下丘脑可以调节机体的情绪，控制机体的体温、摄食、饮水、内分泌等，是内脏活动的调节中心。

下丘脑、一部分丘脑和大脑内侧的一些皮质结构组成机体的边缘系统，包括杏仁核、海马、边缘皮层等，与机体的记忆、动机、行为、情绪等有关。

拓展阅读

边缘系统

边缘系统由下丘脑、一部分丘脑和大脑内侧的一些皮质结构所组成，包括杏仁核、海马、边缘皮层等。边缘系统与记忆、动机、行为、情绪等有关。在进化中，边缘系统是前脑中发育较早的部分。低等动物的边缘系统起着组织饮食、搏斗、逃跑、生殖等行为的作用；人类的这些功能逐渐集中到新皮质，边缘系统退居次要地位。但是，其中有些组织如海马（位于额叶内侧）对记忆保存极为重要，电刺激海马可以使人产生回忆或梦样体验。

4．小脑

小脑位于脑干背面，分左右两半球。小脑与延脑、桥脑、中脑均有复杂的纤维联系。小脑的主要功能是维持身体的平衡与协调。若小脑损伤，机体将会出现痉挛、运动失调，丧失简单的运动能力。

第二节　大脑的结构和功能

一、大脑的结构

大脑半球的表面布满深浅不同的沟或裂，沟裂间隆起的部分称为脑回。大脑中有三条大的沟裂，即中央沟、外侧裂、顶枕裂，这些沟裂将大脑半球分为额叶、顶叶、枕叶和颞叶几个区域，如图 2-3 所示。

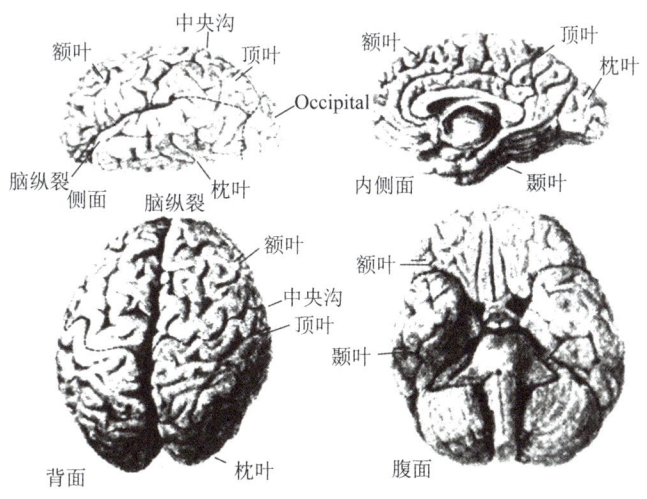

图 2-3　大脑的结构

大脑半球的表面由大量神经细胞和无髓鞘神经纤维覆盖，称为灰质，即大脑皮层。皮层从外到内分为分子层、外颗粒层、锥体细胞层、内颗粒层、节细胞层、多形细胞层。其中，颗粒细胞接受感觉信号，锥体细胞传递运动信息。大脑半球内面由大量神经纤维的髓质构成，称为白质，其功能是负责大脑回间、叶间、两半球及皮层与皮下组织的联系。胼胝体是非常重要的横行联络纤维，位于大脑半球底部，负责两半球的协同活动。

二、大脑皮层的分区及机能

（一）大脑皮层的分区

大脑皮层的不同区域有不同的功能，总体可划分为感觉区、运动区、言语区和联合区。1909 年，勃路德曼（Brodmann）曾根据皮层细胞类型及纤维的疏密对大脑进行区分，他的大脑皮层区分图（见图2-4）为大家所公认。

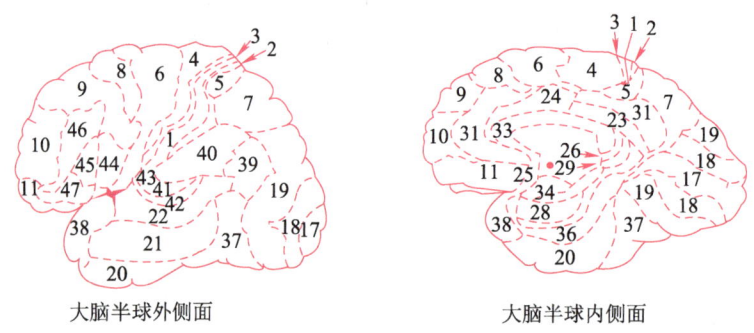

图 2-4　勃路德曼的大脑皮层区分图

1. 感觉区

感觉区包括躯体感觉中枢、视觉中枢、听觉中枢、嗅觉中枢和味觉中枢，如图 2-5 所示。感觉区接受来自各种感觉器官的神经冲动，并对这些信息进行加工整合。

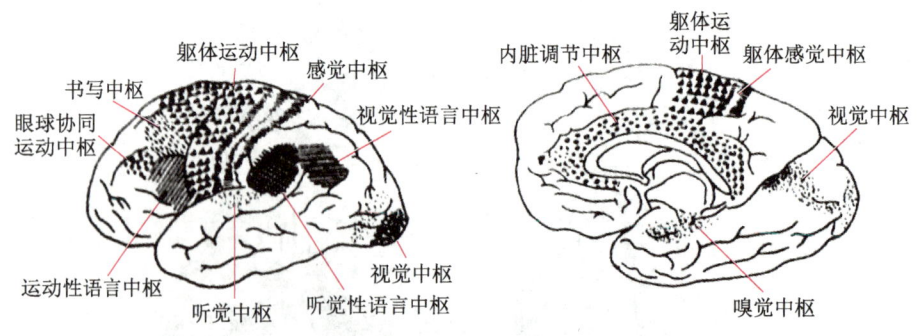

图 2-5　感觉区

躯体感觉中枢位于中央后回，勃路德曼第 3 区，产生触压感、温度感和痛觉等。躯干、四肢皮肤的传入神经在脊髓内交叉至对侧，头面部皮肤的传入神经在脑干内非完全交叉，在皮层产生的感觉是双侧性的。整个躯体感觉区呈倒置分布，按下肢、上肢、头面部的顺序排列；头面部在感觉区的投射是正立分布。身体各部位的重要程度决定了它们在感觉区的投射面积，手、舌、唇的投射面积最大，如图 2-6 所示。

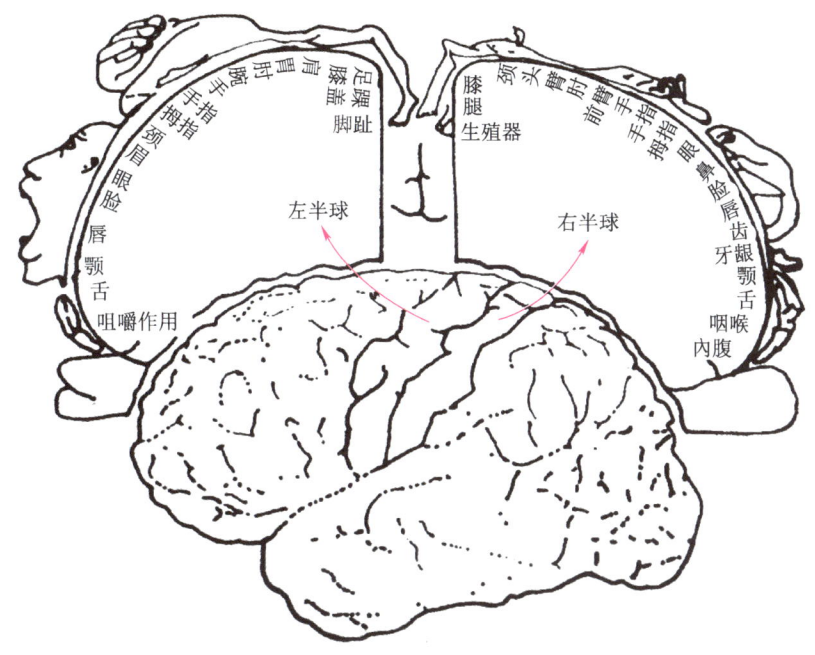

图 2-6　身体各部位在感觉区的投射

视觉区位于顶枕裂后面的枕叶内，属勃路德曼第 17 区。若大脑两半球的视觉区遭到破坏，即使眼睛的功能正常，人也将完全丧失视觉。

听觉区在颞叶的颞横回处，属勃路德曼第 41、42 区。若破坏了大脑两半球的听觉区，即使双耳的功能正常，人也将完全丧失听觉。

2．运动区

运动区位于中央前回和旁中央小叶的前部，即勃路德曼第 4 区。其主要功能是发出动作指令，支配和调节身体在空间的位置、姿势及身体各部分的运动。运动区与躯干、四肢运动的关系也是左右交叉、上下倒置的。同样，身体各部位在运动区的投射面积不取决于各部位的实际大小，而取决于它们在机能方面的重要程度，如图 2-7 所示。

3．言语区

言语区主要位于大脑左半球，它由较广大的脑区组成。在左半球额叶的后下方，靠近外侧裂处，有一个言语运动区，勃路德曼第 44、45 区，也称布洛卡区，它通过邻近的运动区控制说话时的舌头和颚的运动。这个区域受损，就会发生运动性失语症。在额叶上方，靠近枕叶处，有一个言语听觉中枢，它与理解口头语有关，称为威尔尼克区。这个区域受损，会引起听觉性失语症。在顶、枕叶交界处，还有言语视觉中枢，这个区域受损，将出现理解书面语言的障碍。

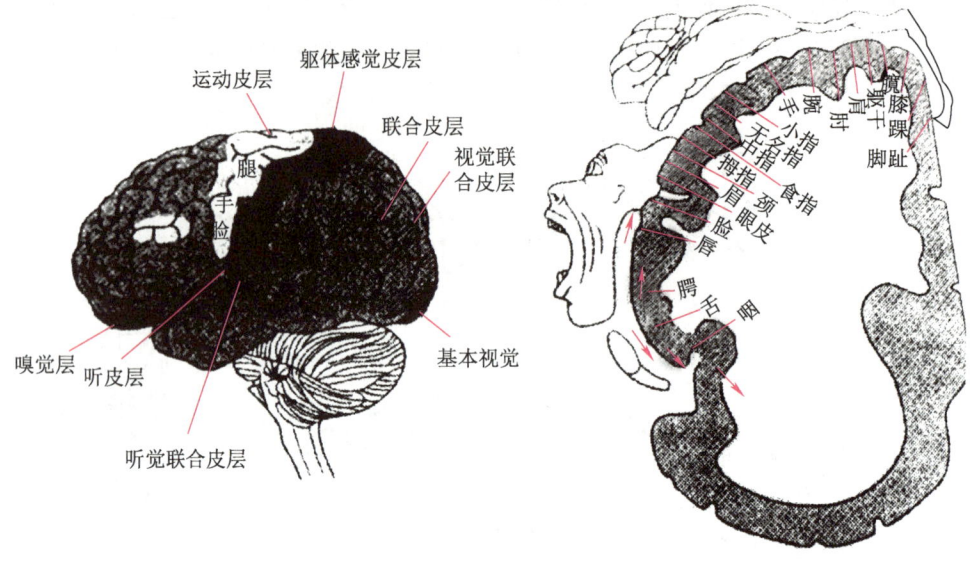

图 2-7 身体各部位在运动区的投射

4. 联合区

联合区是指在大脑皮层范围更广的具有整合或联合功能的一些区域。联合区不接受任何信息的直接输入，也很少直接支配身体的运动，其主要功能是信息的整合加工。联合区可分为感觉联合区、运动联合区和前额联合区。感觉联合区位于感觉区附近的广大区域，它从感觉区接受信息，并进行高水平的知觉组织，与记忆有关；运动联合区位于运动区前方，负责精细活动的协调；前额联合区位于运动区和运动联合区前方，它与注意、记忆、问题解决等有密切的联系。

（二）大脑两半球的机能优势分工

大脑的左右半球从表面上看非常相似，但实际上，左右两半球在结构和功能上都有明显的差异。从结构上看，右半球略大和重于左半球，但左半球的灰质多于右半球；左右半球的颞叶具有明显的不对称性，这和丘脑的不对称性有关。此外，各种神经递质在左右半球的分布也是不平衡的。

从功能上看，正常情况下，两半球协调活动，进入任何半球的信息会迅速地经过胼胝体传到另一侧，做出统一的反应。但近几十年的大量研究发现，左右半球的功能绝非完全一样，在言语功能、空间想象、思维类型等方面存在不对称性，这种不对称性使得一个半球在某些方面成为优势半球。例如，语言功能主要定位于左半球，该半球主要负责言语、阅读、书写、数学运算和逻辑推理等；而知觉物体的空间关系、情绪、欣赏音乐和艺术等则定位于右半球，如图2-8所示。

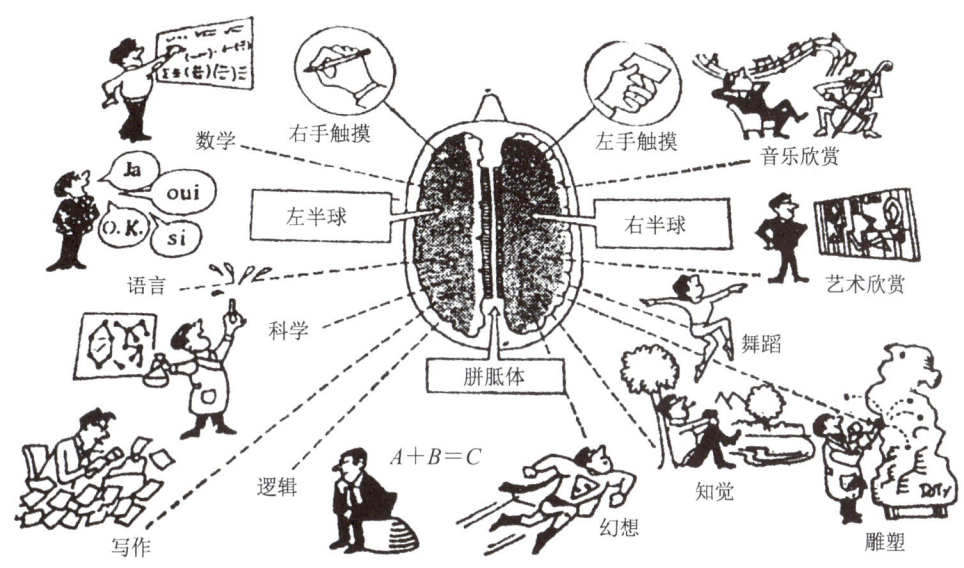

图 2-8　大脑两半球的机能优势分工

知识链接

用活化右脑法开发大脑左右半球功能

活化右脑法是日本学者品川嘉也提出的。他认为，日本人由于接受过统一的、规范的学校教育，导致使用大脑左半球过度，而大脑右半球使用不足。因此，他提出了一套针对大脑右半球使用不足的锻炼方法。

品川嘉也提出活化右脑法的原理：人体的神经系统在进入大脑之前是左右交叉的。也就是说，大脑左半球支配身体的右半侧，大脑右半球支配身体的左半侧。因此，要想刺激大脑右半球，就应当有意识地使用人的左手、左脚。活动左侧肢体，只是为活化人的大脑右半球创造了条件。长期坚持，就能促进大脑右半球功能的增强。

品川嘉也据此提出了9种方法：

（1）刺激左半身的感官和神经。即要求人们在日常生活中，经常用左手抓握扶手，多使用左脚，多使用左侧视觉和左侧听觉。

（2）锻炼类型识别能力，即人脑记忆和识别物体形象的能力。通过锻炼人对物体形象启发、识别的能力，可以锻炼大脑右半球。其活动包括记住棋类布局、用左眼观察颜色、记住人的面孔等。

（3）锻炼图形识别能力。养成用图形而不是语言表达和记忆的能力。其活动包括：做笔记时不用文字而用图形、多做迷宫游戏等。

（4）锻炼绘画意识。通过欣赏图画和风景，可以加强右脑功能。因此，日常活动包括：有意识地眺望自然风景；有意识地找出自己喜欢的绘画、摄影作品；多到室外练习写生；观察他人的舞蹈动作，并记在心中。

(5) 锻炼形象思维能力。通过下列活动，可以促进人的形象思维能力的发展：读体育报道时联想其具体的场面；读剧本时联想具体的场景；用珠算法练习心算能力。

(6) 锻炼空间认识能力。通过下列活动，可以促进人的空间认知能力发展：改变上下班（或上学、放学）的回家路线；仰望天空中的浮云，并在大脑中想象它们的立体形象；玩折纸游戏。

(7) 锻炼五种感觉。视觉和听觉是左右交叉，而嗅觉、味觉和触觉则主要是大脑右半球负责。因此，应多让自己辨别各种气味，多品尝各种食物的味道，多接触各种触觉刺激，以提高大脑右半球的功能。

(8) 多听右脑音乐。研究证实，听日本古典音乐时，能激活大脑左半球的功能；而听西方古典音乐则能激活大脑右半球的功能。因此，多听西方古典音乐，可以促进大脑右半球功能的发展。此外，听各种动物如鸟和虫子的叫声，也可以提高大脑右半球的功能。

(9) 想象力训练。研究表明，想象是先由大脑右半球产生，然后由大脑左半球引导而在大脑右半球出现的，能直接转换为创造力。因此，让自己的想象力天马行空、自由自在地进行，有利于大脑右半球功能的改善和提高。

三、大脑功能学说

心理是脑的功能，脑如何产生心理，心理的脑机制又是怎样的，围绕这些问题，从20世纪以来产生了关于脑功能的各种学说。

（一）定位说

加尔和施普茨海姆提出的颅相说拉开了脑功能定位研究的序幕。加尔专门从事头盖骨和脑的研究，他认为，颅骨的外部特征与内部脑的结构相关，并坚信心理特征与颅骨形成有一定的关系。加尔研究认为，颅骨突出表示下面的皮层发育完好，颅骨凹陷表示下面的皮层发育不足。加尔通过观察周围熟悉人的心理特征及颅骨外形特征，提出了27种重要的功能区，并绘制成图。后来施普茨海姆加以修订，增补为35个功能区，如聪明、破坏性、忠实、自爱、好色等都有对应的颅骨特征和位置。

颅相说仅仅是一种主观的判断，没有获得科学家的认同，但是，颅相说把人的心理官能与颅骨的外形特征联系起来，企图揭示它们之间的对应关系，推动了脑功能定位的研究，具有积极的意义。

对失语症病人的研究，开始了真正的定位说。18~19世纪，布洛卡区、威尔尼克区、运动中枢与感觉中枢等相继被发现，表明大脑的不同部位或区域有其特定的功能。20世纪四五十年代，加拿大神经学家潘非尔德用电刺激方法研究颞叶时发现，微弱的电刺激可使病人回忆起童年时的一些事情，这说明记忆定位于颞叶。同时，美国脑科学家斯佩里等的大脑两半球功能一侧化理论是大脑皮层定位说的延续和扩展。随着科学技术的不断进步，人们清楚地认识到海马与记忆有关，杏仁核与情绪有关，下丘脑与进食和饮水有关，这些发现进一步发展了脑功能定位说。

(二) 整体说

一些学者在定位说风行之际，提出了脑功能的整体说，法国医生弗卢龙是最重要的代表。19 世纪中叶，弗卢龙用鸡和鸽子做了一系列的实验，实验采用局部毁除法对动物大脑的分布进行切除，然后观察其行为表现。实验结果表明，在切除小部分皮层后，动物开始很少活动，不吃不喝，但是随着时间的推移，动物能恢复到接近正常的状态。在此基础上，他又进行了多次类似的实验，结果都是动物可以恢复到正常的状态。弗卢龙的实验结果对加尔的颅相说提出了批评，但是，他所用的实验对象没有新皮层，而且动物智能和人的智能是完全不同的。

20 世纪初，整体说再次引起研究学者的注意，最著名的代表人物是美国研究者拉什利。拉什利采用脑毁损技术对白鼠进行了一系列走迷宫的实验，实验结果发现，白鼠大脑损伤后，其行为习惯出现很大的障碍，这种障碍与脑损伤的部位无关，而与损伤的面积有关（平均相关为 0.75）。在此基础上，他提出了两条重要的原理：均势原理和总体活动原理。按照均势原理，大脑皮层各个部分几乎以均等的程度对动物活动发生作用；按照总体活动原理，脑是以整体发生作用的，活动的效率与受损伤的部位无关，而与受损伤的面积大小成反比。

(三) 机能系统说

第二次世界大战期间，苏联著名的神经心理学家鲁里亚及其同事，对在战争中造成大脑损伤的病人进行了机能恢复的相关研究。根据他们的临床经验以及对病人的相关训练，鲁里亚批评了大脑机能定位的错误理论。他从脑损伤病人的案例中发现，脑的一定部位的损伤，会引起某种综合征，即一系列过程的障碍，而不是导致某一孤立的心理机能的丧失。鲁里亚认为，脑是一个复杂的动态机能系统，他把脑分成三个紧密相连的机能系统：

第一机能系统是调节激活与维持机体觉醒状态的系统，也称为动力系统，由脑干网状结构和边缘系统等组成。其基本功能是维持大脑皮层的一般觉醒状态，提高它的兴奋性和感受性，并实现对行为的自我调节。

第二机能系统是信息接受、加工和存储的系统，位于大脑皮层的后部，包括皮层的枕叶、颞叶和顶叶以及相应的皮层下组织。它的基本功能是接受来自机体内、外的各种刺激（包括听觉、视觉、一般机体感觉），对信息进行空间和时间的整合，并保存这些整合后的信息。

第三机能系统也称为行为调节系统，负责编制行为程序，调节和控制行为，包括额叶的广大脑区。它的基本功能是产生活动意图，形成行为程序，实现对负责行为形式的调节与控制。这区一脑分为三个不同的等级：一级区是皮层运动区，位于中央前回内，大脑发出的动作指令通过此区直接调节身体各部位的动作反应；二级区是运动前区，位于运动区的前方，主要功能是实现对行为的组织以及制定运动程序；三级区位于额叶的前面，主要功能是产生活动意图，形成运动程序，从而实现对复杂行为的调节与控制。

鲁里亚认为，人的各种行为和心理活动是三个机能系统相互作用、协调活动的结果。

其中，每个机能系统又起着不同的作用。他的研究丰富和发展了脑功能的理论，引起了各国相关研究者的重视。

（四）模块说

20 世纪 80 年代中期，美国生理学家加查尼加在认知科学和认知神经科学中提出了一种重要的理论，即模块说。这种学说认为，在结构和功能上，人脑由高度专门化、相对独立的模块组成。这些模块复杂而巧妙地结合，是实现复杂而精细的认知功能的基础。该理论认为，脑所形成的功能模块是一种快速的信息过程。认知神经科学的相关研究成果都支持模块说。

第三节　脑与心理活动

一、脑与认知

（一）脑与记忆

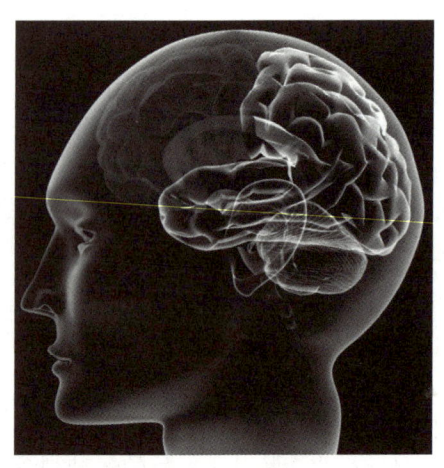

许多科学研究证明，大脑的容量是无限的，甚至可以与地球上的海洋相媲美，"脑海"一词是对大脑最恰当的说明，而脑海中储存的信息是大脑记忆的结果。国内外的研究表明，大脑能够储存 1 000 万个信息单位，相当于 5 亿本书的知识量。

记忆是在头脑中积累和保存个体经验的心理过程。信息加工的观点认为，记忆是人脑对外界输入的信息进行编码、存储和提取的过程。人脑感知过的事情、思考过的问题、体验过的感情等，都会在人脑中留下不同程度的印象，其中，有一部分在一定条件下还能恢复，这就是人们所说的记忆。

1. 编码

编码是将外界接收到的信息，转化为大脑可以接受和处理的信息。在感受到的信息中，只有很少一部分能被大脑真正获得，并进一步地加工处理。注意对外界信息的获得，起着十分重要的作用。在某种意义上，没有注意对外界对象的指向和集中，便没有大脑的记忆。如果目标和对象没有引起人脑的注意，听觉、视觉、触觉和味觉等感觉器官的信息将无法在大脑中留下印象，也无法产生记忆，古人所说的"心不在焉，视而不见，听而不闻，食而不知其味"就是这个道理。所以，注意在记忆的编码过程中起着重要作用。

2. 存储

存储是指获得的信息在大脑中保存的阶段。不同类型的信息有不同的脑内加工存储方式和不同的神经环路结构基础。大脑皮层的脑叶在信息的加工、存储和提取过程中所起的所用是不同的，额叶是一个广泛的皮质区，它包含一些功能不同的次级区域，这些次级区域在信息编码、提取、工作记忆等认知过程中起着重要的作用。顶叶、枕叶和颞叶的某些特定区域，对长时记忆的不同方面或不同特征的存储有着重要的作用。

3. 提取

提取是指存储于大脑中的信息，在必要时再现于意识之中的过程，即通常所说的回忆过程。某些信号来自于大脑皮层整合区，它们触动了那些已经发生联系的感觉信息片段，使它们处于活跃状态，形成一次回忆活动。

（二）脑与想象

想象能预见活动的结果，拓宽大脑的空间，表现在以下几个方面：一是再造想象帮助人们拓宽了思维空间，使人们超越时空的限制，形象地掌握无法看到的事物；二是创造想象帮助人们超越了现有事物的限制，使人们可以充分利用大脑的潜能进行创造和发明；三是幻想可以引导个人开发潜能，促进自我实现。借助于想象，我们就能制造新奇的产品，从而拓宽大脑的空间。

二、脑与行为

（一）脑的性别差异

男女两性在大脑综合智力方面并没有什么不同，但是，在特定的认知任务上表现出一些差异。这些差异广泛存在于大脑结构、大脑的内容物和大脑的功能等诸多方面。

男女两性在脑结构和脑功能上存在着不同，是性别差异的基础。首先，在成熟的时间上存在差异，科学界公认女性比男性成熟得更早，女性胚胎发育比男性胚胎快了两周，出生时，女婴比男婴发育快一个月左右，在学会说话、走路方面，女性儿童比男性儿童学得更快。女孩比男孩提前两到三年进入青春期，达到成长的高峰。

其次，男女两性在脑结构上也存在着差异。胼胝体是连接大脑两半球的神经纤维束，是大脑两个半球进行信息交流的桥梁，它不是两侧大脑半球之间的唯一联系，但却是最重要的联系，起着沟通和协调两侧大脑半球的作用。在进化史上，胼胝体成熟比较晚。早在1982年6月，美国有研究者解剖了14个"正常的"大脑（5个是女性，9个是男性），并且对胼胝体的形态结构进行了比较。研究发现，女性胼胝体尾部呈球状，与体部相比，显著增宽。相反，男性胼胝体尾部大致呈圆柱形，其宽度和体部相差无几。也就是说，女性的胼胝体较男性的大。男女两性在胼胝体上的不同，导致功能上也存在不同，女性的语言功能在胼胝体还未发育完善时，已经开始发展。在进化史上，女性尚未出现极端天才的人物，在世界级哲学家、自然科学家、艺术家中，女性所占比例非常低，可能是因为女性的大脑一侧化程度比较低。在解决高水平和高创造性的问题方面，男性明显比女性要具有优势。女性解决通常问题时，在速度、流畅性和精确性方面占有一定的优势。

再次，男女两性在智力方面各有优势和不足。研究表明，男性在空间能力、抽象记忆和数学逻辑推理方面占有明显的优势；女性在语言能力、形象记忆、感知觉的速度、算术计算和精细的动作等方面具有优势。

（二）脑与智力

大脑是智力的物质基础，智力的产生离不开大脑。同时，智力也会促进大脑的发展。

爱因斯坦的智商非常高，他有许多惊人的发现和研究，因此，有人怀疑他的大脑与常人存在差别。为此，心理学家曾经系统研究过爱因斯坦的大脑。研究发现，他的大脑在某些方面确实与常人不同。例如，他的脑左侧后下顶叶的神经胶质细胞比常人多，神经细胞与神经胶质细胞的比率比常人要低。

研究发现，由于后天训练或学习，智商高的人与常人的脑存在差异。脑的先天结构为智商高的人提供了基本的前提和基础，离开了这一前提，天才的智商就成了无本之木，而后天的学习和训练又塑造了天才独特的脑结构，是其智力形成的直接物质基础。人们普遍认为头越大的人可能越聪明，但是，没有一项研究能支持这一观点。人脑的大小、轻重与智力之间并不存在简单的正比关系。

（三）脑与身心健康

心理活动的物质基础是脑，脑结构与功能正常与否影响到人的身心活动能否正常运行，如果大脑某些部位损伤，人的心理活动就会遭到严重破坏。

大脑在发育过程中受到各种物理因素、化学因素及生物因素的影响，如果这些影响对机体来说是不良的影响，很有可能导致脑畸形，如脑小畸形（脑特别小）、裂脑空洞畸形（分裂脑）、平脑畸形（大脑表面平滑，缺乏脑沟和脑回）、巨脑畸形（脑回特别大）、小脑回畸形（脑回小而多）等。

脑畸形引起的相关疾病很多，严重影响机体的正常发展。例如，婴儿孤独症是一种特殊的行为异常综合征，常常在2岁左右发病，患儿的语言和认知功能异常。但是，检查发现，患儿大脑皮质神经元体积比较小，树突分支也减少。另外，有10%~20%的小儿智力低下者，其脑内神经元树突发育异常。

脑损伤或脑发育异常所导致的负面作用十分明显：注意缺陷及多动障碍者的前额皮层、尾状核及小脑蚓部区较小，致使患者注意分散、协调运动与控制冲动的能力下降；老年性痴呆患者的脑组织有一定程度的萎缩，尤其是额叶和颞叶最为明显。

三、脑与情绪

心理学与生理学的研究表明，中枢神经系统的许多部分都会影响情绪。例如，背侧丘脑和下丘脑，中脑的中央灰质，延髓、桥脑中的植物神经中枢，脊髓的植物神经等，都会影响情绪。以海马为中心的神经环路是负责情绪的神经框架，以后扩展为边缘系统，称为内脏脑；以杏仁核为中心的杏仁复合体则与攻击行为、恐惧感情紧密相连。

人的大脑调控着情绪活动，但是，强烈的情绪活动会对身体起着制约作用，使大脑处于空白状态，有时甚至会引起大脑的死亡。在极端情绪状态下，人们会出现大脑空白现象，即在短暂、强烈的情绪状态下，脑活动受到抑制而引起的一种思维停滞、精神衰竭的现象，这就是情绪对脑的反作用现象。最明显的例子是，在过马路时迎面冲来一辆车，有人可能会呆立在马路中间，一动不能动；听到亲人或者最心爱的人去世后，有些人会刹那间精神崩溃、发呆、伤心欲绝、晕倒等，这些现象都与人体自主神经系统和皮层神经活动有关。

四、脑与人格

巴甫洛夫用高级神经活动类型学说解释气质的生理基础。他依据神经过程的基本特性，即兴奋过程和抑制过程的强度、平衡性和灵活性，划分了四种气质类型。强度是指神经细胞的工作能力，如神经细胞在工作时是否可以经得起比较强的刺激；平衡性是指神经细胞兴奋和抑制力量的对比，如果兴奋和抑制力量相当，那么就是平衡状态，否则就是不平衡状态；灵活性是指神经细胞由兴奋到抑制，或由抑制到兴奋的转换速度，如果速度快，说明灵活性好，否则就是不灵活的。

人的四种气质类型正是建立在神经活动过程的基础之上。神经活动强而不平衡是胆汁质常有的神经类型；神经活动强、平衡是多血质常有的神经类型；神经活动强、平衡而不灵活是黏液质常有的神经类型；神经活动弱而不平衡是抑郁质常有的神经类型。

人的脾气、秉性可以用脑的活动特点来说明，这一观点得到了一些研究学者的支持。但是，也有一些学者认为，人的气质类型与神经活动类型的关系并不是一一对应这样简单的关系，人的神经类型并非只是简单的四种，它们之间的关系有待进一步探讨。

随着科学技术的不断发展，研究者逐渐将注意力投向人体中最神秘、解释人格真正物质根源的地方——大脑。许多研究发现，无论儿童还是成人，面临不同类型的刺激时，额叶的脑电活动表现出不同的特点。研究者推测，害羞、焦虑的人与活泼、开朗的人在额叶电活动的特点上是不同的。还有研究者发现，罪犯的大脑皮层及皮质下的某些部位的葡萄糖代谢比正常人低，说明在某些脑区，其活动水平低于常人，这些部位包括双侧前额叶、顶叶后部、胼胝体。另外，还发现罪犯的左半球杏仁核、丘脑和海马的活动水平低于右半球。具有上述脑活动特点的人情感体验比较迟钝，缺乏同情心，自制力不足，富于攻击性，较容易出现犯罪行为。

历史上一个著名的案例是盖奇事件，盖奇在经历了脑损伤后，他的脾气、秉性、为人处世的风格等都发生了巨大的变化，与从前判若两人。从这个案例中，科学家们掌握了一些有关人格与脑功能之间关系的知识。相关研究发现，大脑内与人格最为密切的部位是额叶，额叶受到损伤，人的感知能力虽不会发生多大的变化，但是人的脾气、秉性、待人接物方式、看待周围事物的态度等都会发生巨大的变化，即性格会发生大的变化。额叶受到损伤后，病人一般无法对将来做出计划和安排，很难完成有组织、有目的的复杂任务，难以对自己做出正确的评价，常常表现为固执己见和行为不合时宜，有时候饮食结构也会发生变化。额叶损伤的病人通常表现为两类极端人格：一类是情绪多变、易怒、异常兴奋、难以控制自己的冲动，表现为极强的攻击性；另一类则表现为极度的冷漠，对什么事都漠不关心，毫无兴趣，不在乎自己的衣着、举止，做事马马虎虎，生活自理能力比较差。

拓展阅读

盖奇事件

盖奇原来是铁路建筑工程队的一名领班,他的工作是在铁路沿途炸掉阻塞通道的障碍物。1848 年 9 月 13 日,正当盖奇用一根铁橇把甘油炸药填塞到孔中时,一颗火星意外地点燃了炸药。当时他的头正歪向一边,提前引爆的甘油将他手中的铁橇从他的左颧骨下方穿入头部,然后从头顶飞出,落在身后二十几米的地方。

发生事故的那一年,盖奇只有 25 岁。他被铁橇击倒后,尽管颅骨的左前部几乎完全被损坏了,但他并未失去知觉。在一位年轻的外科医生的精心治疗下,盖奇在十周后出院了。此后,他的体力逐渐恢复,又可以工作了。

盖奇的幸存是一个奇迹,他仍然可以说话、走路,严重的脑损伤似乎对他没有什么影响。但不久之后,人们发现盖奇的脾气与从前大不相同了。他原本是一个非常有能力的领班,思维机敏、灵活,对人和气、彬彬有礼。但这次事故后,他变得粗俗无礼,对事情缺乏耐心,既顽固任性,又反复无常、优柔寡断。他似乎总是无法计划和安排自己将要做的事情。正如他的朋友所说,"他不再是盖奇了"。

思考与练习

一、单项选择题

1. 以下选项中,(   )属于感觉神经。
   A. 视神经　　　　B. 动眼神经　　　　C. 滑车神经　　　　D. 三叉神经
2. (   )是中枢神经系统最高级的部分。
   A. 脑干　　　　　B. 大脑　　　　　　C. 间脑　　　　　　D. 小脑
3. 某人丧失了简单的运动能力,可以判断其(   )受到了损伤。
   A. 大脑　　　　　B. 脑干　　　　　　C. 间脑　　　　　　D. 小脑
4. 运动区位于中央前回和旁中央小叶的前部,即勃路德曼第(   )区。
   A. 2　　　　　　　B. 3　　　　　　　　C. 4　　　　　　　　D. 5
5. 加尔和施普茨海姆提出的(   )拉开了脑功能定位研究的序幕。
   A. 颅相说　　　　B. 整体说　　　　　C. 机能系统说　　　D. 模块说

二、简答题

1. 脊神经有哪些机能成分?
2. 简述鲁里亚的机能系统说。
3. 简述脑与想象的关系。

三、分析题

做一个小实验:举起你的双手,手指伸直,十指交叉。如果左拇指在上,说明你属于"艺术型"的人;如果右拇指在上,说明你属于"思想型"的人。请分析这个小实验的理论依据。

第三章

感 觉

内容提要

感觉是人类认识世界的开始，是人类最简单的心理现象，是一切较高级、较复杂的心理现象的基础。人们能随着气候的不停变换而选择不同的服饰，能看到五彩缤纷的色彩，能听到美妙悦耳的声音，能产生知觉、记忆、思维、想象等复杂的心理过程，都是因为有感觉存在。

学习目标

知识目标

- 理解感觉的定义和测量方法
- 熟悉感觉的种类
- 熟悉感觉的基本规律

能力目标

- 能正确区分各种感觉类型
- 能用感觉的基本规律解释日常生活现象

第一节 感觉的概述

一、感觉的定义

感觉是人脑对直接作用于感觉器官的客观事物的个别属性的反映。要正确理解这一概念，需把握以下几个方面：第一，感觉强调的是对客观事物的个别属性的认识，此个别属性就是物体单一的物理、化学属性或有机体本身的生理特征。例如，物体的大小、颜色、形状、气味、硬度；有机体的冷热、饥渴、疼痛等。第二，感觉的产生必须具备三个条件，即客观事物、正常的感觉器官（眼、耳、鼻、舌等）和正常的脑功能。例如，视觉的产生离不开相应的客观刺激物、正常的眼球与视神经以及健全的视觉中枢。第三，感觉是人类不可缺少的心理现象，是人类认识世界的源泉。对于任何一个正常人，没有感觉是不可忍受的，感觉剥夺实验便证明了这一点。

感觉剥夺实验

> 感觉剥夺实验（Experiment of Sensory Deprivation）是指试图控制或去除对人的感觉刺激的一种实验。人们在生活和工作中，由于特殊的原因，会陷入与世隔绝的处境，过后，他们报告了非常特殊的体验。例如，船只失事，水手们在辽阔的海洋里垂死挣扎，曾产生过荒诞离奇的幻觉。飞行员驾驶飞机，离地面几千米，在连续巡航几小时以后，有时会产生与世隔绝的感觉，身冒冷汗，不相信自己的眼睛或飞行仪器，总觉得有一些陌生的物体在自己周围飞来飞去，严重的会导致坠机。
>
> 为了探究这种"与世隔绝效应"，1950 年，加拿大政府委托心理学家 D. O. Heron 研究隔离的心理反应。1954 年，心理学家 Heron 和他的同事 Bexton、Scott 在加拿大麦克吉尔大学首先进行了"感觉剥夺"实验。
>
> Heron 和他的同事设计了一个小的隔离室（愿意在隔离室里生活的被试每天有 20 美元的收入，而当时大学生兼职打工每小时只能获得 0.5 美元）。在隔离室中，被试戴上半透明的护目镜，使其难以产生视觉；用空气调节器发出的单调声音限制其听觉；手臂戴上纸筒套袖和手套，腿脚用夹板固定，限制其触觉（见图3-1）。隔离室内置有特定器械，被试需要的话，随时可以通过操作器械获得食物和饮料。实验者要求被试安静地躺在小床上，不要随意跑动。在感觉剥夺期间，实验者还通过话筒向被试提出一些问题，同时向被试呈现一系列令人厌烦的阅读材料。这些阅读材料的内容均是一些超自然的东西，如心灵感应、幽灵和鬼魅等。

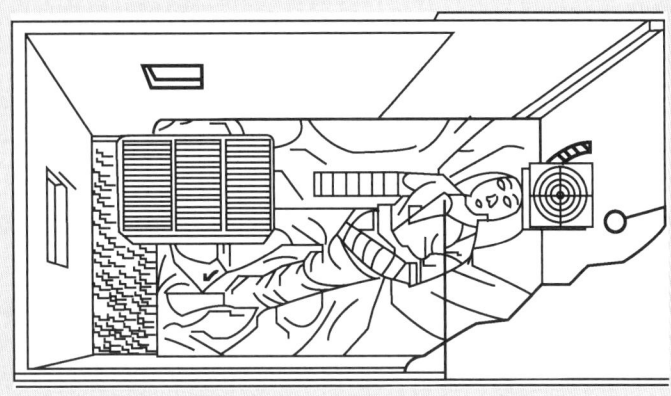

图 3-1　感觉剥夺模拟图

为了保证被试的任何一种态度或行为变化是隔离的结果，而不是呈现阅读材料的结果，Heron 及其同事另外选择了一组被试，让他们坐在一个安静的房间里，通过耳机听录好的谈话声。

起先，Heron 和他的同事认为，被试起码能在隔离室待上几天，谁知有一半被试还不到 48 小时就放弃了实验。进入隔离室的被试，在感觉剥夺期间，表现出明显的理智紊乱。他们无法解决非常简单的问题，动作协调发生困难。而且，同样是单调枯燥的阅读材料，隔离室的被试要比听录音的被试更容易受到阅读材料的暗示。

隔离室的被试在实验期间报告了一些奇怪的体验。刚进入隔离室时，被试的思维运转良好，能够解决一系列问题。随着时间的推移，他们的思维越来越无法集中在某一问题上，而是表现出涣散或漫无边际的联想。大多数被试进入"茫然阶段"，无法集中思考任何一个问题。Heron 等人发现，被试是有意识的，但这种意识仅仅表明他们没有睡着，而不是表明他们能够积极地思考。有些被试甚至说不清他们究竟是睡着了还是醒着。他们的情绪很容易波动，几乎所有的被试在感觉剥夺期间，都表现出严重的压抑和明显的恐惧。

Heron 等人还发现，进入隔离室的被试，大约有 80%报告有幻觉的体验。幻觉症状表现在下述三个方面：

（1）被试总觉得身边有很多线条或圆点闪现。他们仿佛"看到"一些像糊墙纸上的图案一样的几何形状，图像清晰，如同迪士尼的动画片。实验结果发现，幻觉的内容远远超过被试的控制程度，也就是说，被试尽管戴着半透明的镜片，看不清东西，但他们能够想象，由此产生幻觉。Heron 认为，关于这类幻觉究竟是怎么回事还知之不多，也许被试头脑里的无意识部分创造了这些"逼真的感觉"。由于无意识的缘故，被试的"视野"是十分紊乱的。有的被试放弃了实验，因为他们无法忍受幻觉带来的痛苦。

（2）幻觉表现在"躯体想象"上，被试常常把自己的身体看作两部分。有的被试说，他总觉得有两个身体躺在床上，而这两个身体的有些部位是重叠的。还有的被试说，他的灵魂仿佛离开了他的身体，沿着房间的四周在漫游。有时，这个"自由的灵魂"看着躺在床上的"身体"。有的被试报告说，在感觉剥夺期间，他们总觉得自己的身体好像失去重心，半悬在空中，有飘浮的感觉。

（3）在实验期间和实验之后，被试判断距离的能力和审视三维空间的能力，都明显变得紊乱。有关大学生感觉剥夺的实验报告指出，被试在离开隔离室之后，车祸事故屡有发生。一般说来，这些事故常见于停车场。当被试把车开进停车场时，他们常常不能恰当地判断自己的车和别人的车之间的距离，因而出现撞车现象。有一个被试是飞行员，实验之后，他坚决要求返回机场驾驶飞机。使他感到惊愕的是，他无法精确地估计飞机与地面的距离，几次降落都未成功，幸好控制塔通过无线电告诉了他的距离，引导他安全地返回地面。

在 Heron 等人的实验之后，美国许多实验室的心理学家也开始进行此类实验。他们的研究发现，感觉剥夺的被试在隔离室里的表现是不一样的，这种差异随被试的个性而转移。例如，正常和健康的被试在隔离期间，对时间的长度倾向于低估。正如一个被试所说："我想我在这里大概已经待了 36 小时，但我说只待了 24 小时。不论待了多少时间，我也不至于感到失望。"另一个被试进入隔离室，一遍接一遍地哼贝多芬的第五交响曲，借以估计时间。因为他知道，每哼一次乐曲，需要 37 分钟。还有一个被试是一个医学院的学生，他根据呼吸的次数来粗略地估计时间。

相反，心理紊乱的被试在隔离期间，对时间的长度倾向于高估，而且很容易中途放弃实验，要求离开隔离室。这些被试一旦放弃实验，通常会粗暴地谴责实验者，说实验者用欺骗手段强迫他们进入隔离室。

一般说来，感觉剥夺的时间越长，被试的忍耐力越差。如果被试能在隔离室里自由活动，则他们逗留的天数较长。如果被试被迫躺在床上，则持续的时间较短。持续时间最短的要算"铁肺"实验。铁肺又称人工呼吸器，形状像只铁罐，专供小儿麻痹症患者呼吸之用。实验者让被试躺在铁肺里，使被试处在与世隔离的状态。结果发现，大多数被试不超过 2 小时就要求出来。

二、感觉的测量

并不是所有的刺激物作用于感官都能产生相应的感觉，例如，人耳能听见的声音频率范围是 16～20 000 赫兹，即低于 16 次/秒的次声波和高于 20 000 次/秒的超声波，人耳是听不见的。所以，只有当刺激物的刺激达到一定的强度或量时，才能引起人体的感觉。那么，究竟多大的刺激才能引起人体感觉的产生，刺激发生多大的变化才能使人产生差异感，外在的物理刺激量与内在的心理感觉量之间有着怎样的关系？这就是心理物理学所探讨的问题。心理物理学是对物理刺激及其引起的感觉进行数量化研究的心理学领域。该研究涉及两对重要概念：绝对感觉阈限与绝对感受性，差别感觉阈限与差别感受性。

（一）绝对感觉阈限与绝对感受性

感受性是指感觉系统对刺激物的感觉能力。它是感觉系统功能的基本指标，其大小用感觉阈限来衡量。刚刚能引起感觉的最小刺激量称为绝对感觉阈限，与之相应的感觉能力称为绝对感受性。绝对感觉阈限是感觉系统的敏感性指标,绝对感觉阈限越大,即能够引起感觉所需的最小刺激量越大,感觉系统越迟钝,即感受性越低。二者在数值上成反比关系,即:$E=1/I$(E 为感受性;I 为绝对感觉阈限)。

那么,人类几种基本感觉器官的绝对感觉阈限是多少呢?表 3-1 所示列出了五种基本感觉的绝对阈限。

表 3-1 五种基本感觉的绝对阈限

感觉类型	绝对感觉阈限
视觉	能看见晴朗的黑夜中,50 km 处的一支烛光
听觉	安静的状态下,能听到 6 m 处手表的嘀嗒声
味觉	尝出 7.5 L 水中,加一茶匙蔗糖的甜味
嗅觉	可闻到在三居室中洒一滴香水的气味
触觉	觉察出一片蜜蜂翅膀从 1 cm 处落在脸颊上的压力

提 示

人的感受性不是一成不变的,它们受内外条件的影响。例如,适应、对比、感官之间的相互作用、生活需要和训练等都能导致感受性的变化。

(二)差别感觉阈限与差别感受性

并不是刺激物的强度发生了变化,人们就一定能产生差异感。例如,教室原有 10 个 100 瓦的灯泡,现在又增加 1 个 10 瓦的灯泡,此时,坐在教室的同学们就不难发现其亮度发生了变化。要引起差别感觉,刺激就必须增加或减少到一定的数量。刚刚能引起差别感觉的刺激物间的最小差异量,称为差别感觉阈限或最小可觉差(简称 JND),对这一最小差异量的感觉能力,称为差别感受性。在数值上,差别阈限与差别感受性也成反比例关系,差别阈限越小,差别感受性越高。

差别感受性不仅受到刺激物增加或减少的绝对量的影响,还受到原有刺激量大小的影响。如前面的例子,教室原有 10 个 100 瓦的灯泡照明,增加 1 个 10 瓦的灯泡,其亮度变化难以察觉,但是,如果原来教室只有 1 个 10 瓦的灯泡照明,现增加 1 个 10 瓦的灯泡,那么教室亮度的增加便极易被察觉。

德国生物学家韦伯(E. H. Weber)是最早对差别阈限进行系统研究的学者。韦伯发现,感觉的差别阈限会随原有刺激量的变化而变化,且呈现出一定规律,即刺激的增加量与原有刺激量之间存在特定关系,用公式表示为:ΔI(差别阈限)$/I$(原有刺激量或标准刺激强度)$=K$(常数,即韦伯分数),这就是韦伯定律。

韦伯定律提供了一个比较不同感觉灵敏度的指标,韦伯分数越小,该感觉就越灵敏。表 3-2 所示列举了不同感觉的韦伯分数。

表 3-2 不同感觉的韦伯分数（中等强度范围）

感觉类型	韦伯分数（$\Delta I/I$）
视觉（日光亮度）	1/60
运动觉（提重物）	1/50
痛觉（皮肤上的热刺激）	1/30
听觉（中等音高和中等响度）	1/10
压觉（皮肤压点）	1/7
嗅觉（印度橡胶的气味）	1/4
味觉（食盐）	1/3

尽管韦伯定律揭示了引起差别感觉的一些定律，但是，它只适用于中等强度的刺激。在刺激过强或过弱时，韦伯定律就不再适用，其 K 值就会发生变化。

继韦伯之后，费希纳和斯蒂文斯分别于 19 世纪 60 年代和 20 世纪 50 年代对刺激强度和感觉大小的关系做了进一步研究，分别得出了费希纳对数定律（$S=K\log R$，其中，S 是感觉强度，R 是刺激强度，K 是常数）和斯蒂文斯幂定律（$P=KI^n$，其中，P 是感觉强度，I 是刺激强度，K、n 是常数）。

第二节 感觉的种类

不同属性的物体作用于不同的感受器，通过分析器的活动，便产生了不同的感觉。依据分析器的差异及其所反映的最适宜刺激物的不同，人体的主要感觉可分为五种，即视觉、听觉、嗅觉、味觉和皮肤觉。此外，还有机体觉、平衡觉和动觉等。

一、视觉

视觉是人体最重要的一种感觉。有人认为，在人类获得的外界信息中，有 80% 是来自视觉，正常人的大部分活动是在视觉控制下完成的。

（一）引起视觉的适宜刺激

视觉是可见光波作用于视觉分析器而产生的。宇宙中充满着各种电磁波，长波有红外线、无线电波等，短波有紫外线、γ 射线等，这些电磁波肉眼均看不见。能引起视觉的最适宜刺激是电磁光谱中波长为 380～780 纳米的光波，即可见光波，见图 3-2。

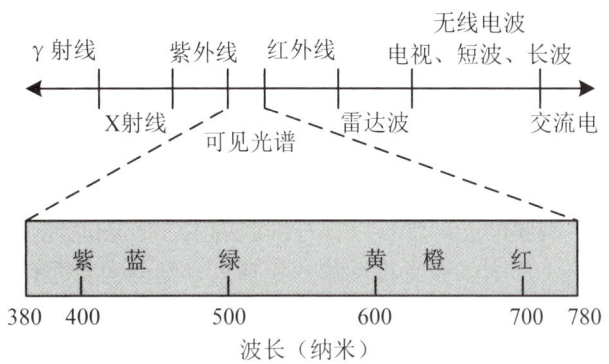

图 3-2 电磁波与可见光谱

进入人眼的光，少部分是直接来源于光源，大多是由物体反射而来。因而，所见物体的明暗度不仅受制于光源，同时也受到物体的反射系数和该物体所处环境等的影响。光波有三个物理属性，即波长、波幅和纯度，在光波作用于视觉分析器后，将引起相应的三个心理属性，即色彩、明度和饱和度。

（二）视觉的生理机制

1. 眼的结构与功能

眼是人体感受光刺激的器官，由眼球及其附属结构组成。眼球是眼的主要构成部分，其主要结构包括角膜、虹膜、晶状体、瞳孔、玻璃体和视网膜等，如图3-3所示。其基本功能是将外部世界千变万化的视觉刺激（光刺激）转换为视觉信息（视神经冲动）。

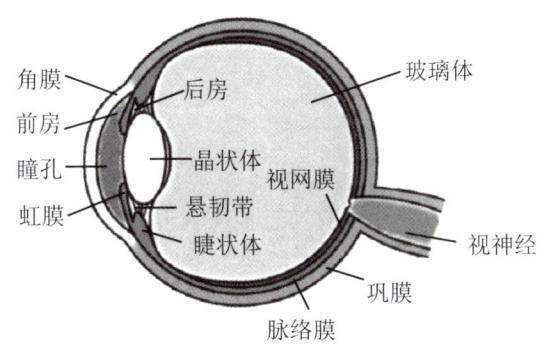

图 3-3 眼球的结构

眼的外形呈球形，称为眼球，由巩膜所包围。巩膜在前方与透明的角膜相接续。角膜之后为晶体，相当于照相机的镜头，是眼睛的主要屈光系统。晶状体和角膜间的前房和后房包含房水，晶状体后的整个眼球充满胶状的玻璃体，可向眼的各种组织提供营养，也有助于保持眼球的形状。

眼球的内面紧贴着一层厚度仅为 0.3 mm 的视网膜，这是视觉神经系统的周边部分。视网膜是一层包含上亿个神经细胞的神经组织，按这些细胞的形态、位置的特征可分为六类，即光感受器、水平细胞、双极细胞、无长突细胞、神经节细胞，以及近年新发现的网间细胞。其中，只有光感受器才是对光敏感的，光感受器按其形状又可分为两大类，即视杆细胞和视锥细胞。在人的视网膜中，视锥细胞有600万～800万个，视杆细胞总数达1亿以上。视杆细胞在光线较暗时活动，有较高的光敏度，但不能做精细的空间分辨，且不参与色觉。在较明亮的环境中以视锥细胞为主，它能提供色觉及精细视觉。例如，夜间活动的动物（如鼠）视网膜的光感受器以视杆细胞为主，而昼间活动的动物（如鸡、松鼠等）则以视锥细胞为主。但大多数脊椎动物（包括人）则两者兼而有之。

在角膜与晶状体之间，有瞳孔起着光阑的作用。瞳孔在光照时缩小，在暗处扩大，调节进入眼的光量，也有助于提高屈光系统的成像质量。瞳孔及视觉调节均受自主神经系统控制。

眼球的运动由六块眼外肌来实现，这些肌肉的协调动作保证了眼球在各个方向上随意运动，使视线按需要改变。两眼的眼外肌的活动必须协调，否则会造成视网膜双像（复视）或斜视。

2. 视觉信息的产生

视觉信息的产生是由眼的折光机制和感光机制将外界光刺激转换为视神经冲动信息的过程。眼的折光系统（角膜、房水、晶状体、玻璃体及瞳孔）将外界光刺激折至视网膜上，其中，瞳孔的光反射和调节反射是实现折光成像的生理基础。眼的感光系统是视网膜，视网膜是眼球的光敏感层，有三层。感光细胞（视杆细胞和视锥细胞）是最外层，第二层含有双极细胞和其他细胞，最内层含有神经节细胞。由于感光细胞组成视网膜的最外层，因此离光源最远。光线达到感光细胞前，必须穿过视神经纤维的神经节细胞和双极细胞。

视觉信息的产生过程大致是：光线透过眼的折光系统到达视网膜，并在视网膜上形成物像，同时使视网膜的感光细胞兴奋，然后冲动沿视神经传导到大脑皮层的视觉中枢，产生视觉。

（三）视觉现象

1. 视敏度

视敏度是指视觉系统（视网膜）能够分辨物体细节的能力，即医学上所说的视力。在一定条件下，眼睛能分辨的物体细节越小，视敏度越大；反之，视敏度越小。视敏度取决于外物在视网膜上成像的大小，而视网膜成像的大小又取决于视角的大小（视角是指物体反射的光线进入人眼后，交叉地通过眼睛节点而形成的夹角），视角越大，视网膜成像就大。物体与眼睛的距离相同时，物体的大小与视角成反比关系。对于特定物体而言，物体距离眼睛的远近与视角成反比。

影响视敏度的因素主要有：① 物理因素，包括亮度、物体与背景之间的对比度、光的波长等；② 生理因素，包括视网膜不同部位、视感受细胞的数目、视网膜适应状态、年龄和瞳孔大小等；③ 心理因素，包括疲劳适应和练习等作用。研究发现，视网膜上的视锥细胞是分辨物体细节的主要感受器，视锥细胞集中分布于视网膜的中央，光线偏离中央凹越远，视敏度越小。如果光线正好落在中央凹，则视敏度最大。

课堂讨论

根据以上影响视敏度的主要因素,讨论我们在日常生活中应如何保护视力。

2. 颜色视觉

颜色是光波作用于人眼而引起的视觉经验。人眼大约能分辨 150 多种光波,因而产生多种多样的颜色感,这些颜色包括彩色和非彩色。常见的彩色有红色、橙色、黄色、绿色、青(靛)色、蓝色和紫色;非彩色包括白色、黑色和各种不同程度的灰色。

(1) 颜色的特性

颜色有三个基本特性:色调、明度和饱和度。色调主要取决于光的波长,对于光源来说,占优势的波长不同,则色调不一样;对于物体表面而言,色调取决于物体表面对不同波长光线的选择性反射,反射出来的波长不同,色调就不一样。明度取决于物体表面的反射系数和照明强度,物体表面的反射系数越高,光源强度越大,物体看上去就越明亮。饱和度是指颜色的纯杂程度,高度饱和的颜色是绝对纯正的颜色,如鲜绿、鲜红等;不饱和的颜色是掺杂了其他色调的颜色,如粉红色、墨绿色等。

(2) 颜色混合

依据颜色混合所遵循的规则不同,分为色光混合和颜料混合。色光混合是指将不同波长的光混合在一起,然后同时作用于眼睛,在视觉系统中实现的混合,遵循加法原则。

色光混合遵循三条规律:一是补色律,即两个以适当比例混合产生白色的颜色光是互补色。例如,红色和浅青绿色、橙黄色和青色、黄色和蓝色、绿色和紫色等,都是互补色。二是间色律。在混合两种非补色时,会产生一种新的介于它们之间的中间色。例如,红与黄混合产生橙色,蓝与红混合产生紫色。中间色的色调偏于较多的一色,饱和度取决于两色在光谱轨迹中的位置,越近则越饱和。三是代替律。如果颜色 A+颜色 B=颜色 C,若没有颜色 B,而颜色 X+颜色 Y=颜色 B,那么,A+(X+Y)=C。这说明每一种被混合的颜色本身也可以由其他颜色混合而获得。例如,黄和蓝混合时,黄色可以由红加绿来代替,因为"红+绿=黄"。

颜料混合是指颜料在调色板上的混合或油漆、油墨的混合,某些波长的光在混合的时候被吸收了,被反射出来的色调才能被看见。它是在各种颜料混合之后才作用于视觉系统,遵循的是减法原则,如在白纸中涂上红色颜料,白光照在红纸上,纸表面的红颜料会把白光中的蓝色光、绿色光都吸收掉,只剩下蓝色光以及一些与蓝色相近的光反射出来,所以纸看起来是红色。

(3) 色觉缺陷

常见的色觉缺陷包括色弱、局部色盲和全色盲。其中,色弱是指辨别颜色的能力较一般人差。在男性中,色弱患者约占 6%,而女性色弱患者占 3%~4%。

局部色盲大致可分为红绿色盲和蓝黄色盲,前者较常见,后者较少见。在红绿色盲的人群中,男性多于女性,这是因为红绿色盲是 X 染色体隐性遗传病,即控制红绿色觉的感受器的基因位于 X 染色体上,并遵循伴性遗传规律,因男性性染色体为 XY,仅有一条 X

染色体，所以，只需一个色盲基因就表现出色盲；而女性性染色体为 XX，所以，那一对控制色盲与否的等位基因必须同时是隐性的，才会表现出色盲。

全色盲患者的视野中只有灰色和白色，丧失了对颜色的感受性。一般认为全色盲患者的病因是缺少视锥细胞，无论是白天还是黑夜，都仅能依靠眼球中的视杆细胞来感受视觉影像光线的强弱。他们的眼睛对亮度非常敏感，在白天的室外需戴上深色的太阳眼镜保护眼睛。

拓展阅读

红绿色盲的遗传

控制红绿色盲的基因位于 X 染色体上，且为隐性基因，通常用 Xb 表示。Y 染色体由于过于短小，缺少与 X 染色体相应的同源区段，因而没有控制色盲的基因。

如果一个色觉正常的女性和一个男性红绿色盲患者结婚，在他们的后代中，儿子的色觉都正常；女儿虽表现正常，但由于从父亲那里得到了一个红绿色盲基因，因此都是红绿色盲基因的携带者。

如果女性红绿色盲基因的携带者和一个色觉正常的男性结婚，在他们的后代中，儿子有 1/2 正常，1/2 为红绿色盲；女儿都不是色盲，但有 1/2 是色盲基因的携带者。在这种情况下，儿子的色盲症是从母亲那里遗传来的。

如果一个女性红绿色盲基因的携带者和一个男性红绿色盲患者结婚，在他们的后代中，儿子有 1/2 正常，1/2 为红绿色盲；女儿有 1/2 为红绿色盲，1/2 是色盲基因的携带者。

如果一个女性红绿色盲患者和一个色觉正常的男性结婚，在他们的后代中，儿子都是红绿色盲；女儿虽表现正常，但由于从母亲那里得到了一个红绿色盲基因，因此都是红绿色盲基因的携带者。

通过对以上四种婚配方式的分析可以看出，男性红绿色盲基因只能从母亲那里遗传，以后只能遗传给女儿，这种遗传特点在遗传学上称为交叉遗传。

二、听觉

听觉是仅次于视觉的重要感觉类型，它在人的生活中起着重大的作用。

（一）听觉的适宜刺激与特性

物体振动引起空气分子周期性的压缩和稀疏变化，进而产生声波，声波再作用于听分析器，便引起了听觉。听觉的适宜刺激是频率为 16～20 000 次/秒（赫兹）的声波，以 1 000～4 000 赫兹最为敏感，而高于 20 000 赫兹或低于 16 赫兹的声音，一般人均不能产生听觉。但是，对于特殊年龄的人群，其听觉的适宜刺激有所不同，如幼儿能听见 30 000～40 000 赫兹的高音，而 50 岁以上的人则只能听到不超过 13 000 赫兹的高音。听觉的差别感受性较高，人类能觉察出几赫兹的声波差异。但是，对于不同频率的声波，其差别阈限是不一样的。

声波有三个物理特性，即频率、振幅和波形，分别影响着听觉的三个心理特性，即音调（音高）、响度和音色（音质）。

1. 声波的频率

声波的频率是指声波每秒所振动的次数，以赫兹（Hz）为单位。音调是指人们所听到的声音的高低，它主要由声波的频率所决定，当然，也与声波的振幅有关。一般而言，声波的频率越高，音调也越高；反之，音调越低。女性的音调一般比男性高，因为女性的声带较薄短，每秒振动的次数多，即频率高，而男性的声带较厚长，每秒振动的次数少，即频率低。

2. 声波的振幅

声波的振幅是指声波的压力强度，即波形的高度，它主要决定听觉的响度。一般而言，声波越强，振幅越大，声音就越响。声音的响度与声波的振幅成对数关系，响度用声压级来表示，单位是分贝（dB）。人类听觉的绝对阈限是 0 dB，普通的人际交谈一般为 60 dB，繁忙的车道约为 80 dB，地铁火车约为 100 dB，而响雷一般可达 120 dB。当声音的响度达到 120~130 dB 时，人耳会感觉极不舒服。如果长时间处于高响度的声音环境中，将会损伤听觉器官。

3. 声波的波形

声波的波形即声波的振动形式，它决定着声音的音色。波形不同，人们听见的音色就不一样。每种声音都有其不同的波形，大致可分为纯音和复合音两种。单一频率的正弦波引起的声音是纯音，但日常生活中的大多数声音是复合音，它由许多不同频率与振幅的波形融合而成。

音色是将基本频率和强度相同，但附加振动成分不同的声音彼此区分开来的特殊品质。音色是由构成复合音的各个部分声波的相互作用所决定的。各种声波的基本频率相同，但其音色却不一样，是因为它们的配音数目、频率和振幅不同所引起的。复合音可按其是否有周期性的振动分为乐音和噪声。呈周期性振动的复合音称为乐音；呈非周期性振动的复合音称为噪声。长时间处于噪声超过 85 dB 的环境中，将会影响人的学习工作效率，甚至损害健康。

（二）听觉的生理机制

1. 听觉器官的生理结构

人的听觉器官是耳，它由外耳、中耳和内耳三部分组成，如图 3-4 所示。

外耳由耳廓和外耳道构成。耳廓主要起收集、传递声音和保护鼓膜的作用。

中耳主要由鼓膜、三块听小骨（锤骨、砧骨和镫骨）、鼓室和咽鼓管构成。鼓膜将声波转化为振动信号，它和听小骨起振动、传递作用，咽鼓管保护鼓膜。

内耳的构造较复杂，主要由耳蜗、前庭和半规管构成。内耳对接收后的声音进行分析加工，将物理性的声音转变为神经冲动，传递声音信息，然后将信息从蜗后传入到大脑皮层（听神经）的听觉中枢。前庭和半规管起维持身体平衡的作用。

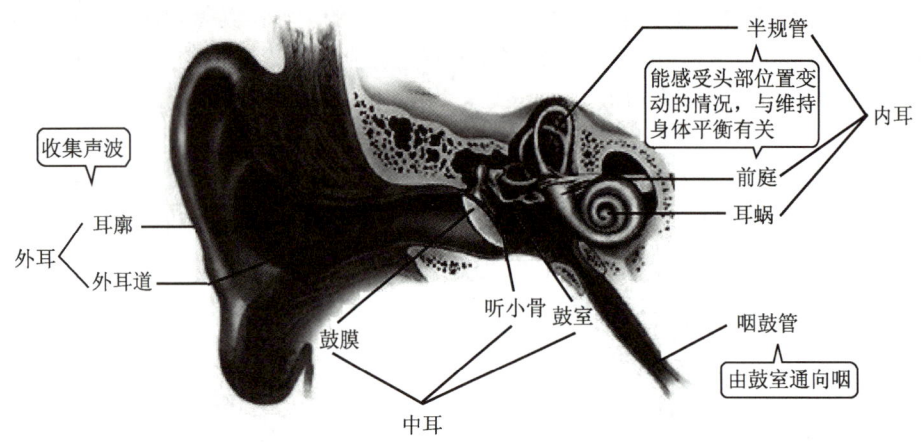

图 3-4 耳的生理结构

内耳由半规管、前庭和耳蜗构成。耳蜗是内耳中最重要的器官，为一个骨质的蜗形盘曲管道，内中充满液体。耳蜗的底部是基底膜，该膜由 24 000 条长短不等的神经纤维所构成。在耳蜗的起始一端，其纤维较短，愈往远端，其纤维愈长。声波经中耳的听小骨传入后，其波动先到达卵圆窗，卵圆窗与耳蜗管相接。因此，卵圆窗的振动传入耳蜗后，随着液体的波动，并沿基底膜继续进行，从而振动膜上的神经纤维。基底膜上的毛细胞和支持细胞与耳蜗神经纤维统称为柯蒂氏器。柯蒂氏器的毛细胞与通往大脑的听觉神经纤维相连，声音传至此处，即能引起神经冲动，继而传入大脑的听觉中枢。

2. 声音的形成过程

声音的形成过程大致如下：声波→耳廓（收集声波）→外耳道（使声波通过）→鼓膜（将声波转换成振动）→耳蜗（将振动转换成神经冲动）→听神经（传递冲动）→大脑听觉中枢（形成听觉）。

（三）听觉理论

人耳是如何对声波频率进行分析以至于识别不同音调的声音的呢？自 19 世纪以来，不同学者提出了不同的理论，比较有影响的有以下几种理论。

1. 频率理论

频率理论是物理学家罗·费尔在 1886 年提出来的。该理论认为，内耳的基底膜是和镫骨按相同的频率运动的，振动的次数与声音的原有频率相适应。如果听到一种频率低的声音，连接卵圆窗的镫骨每次振动的次数较少，因而基底膜的振动次数也少；反之，镫骨和基底膜都发生较快的振动。

后来人们发现，频率理论难以解释人耳对声音频率的分析。人耳的基底膜不能做每秒 1 000 次以上的快速运动，而这与人耳能听见 1 000 Hz 以上的声音相矛盾。

2. 共鸣理论

1857 年，赫尔姆霍茨提出共鸣理论。该理论认为，由于基底膜的横纤维长短不同，靠近蜗底较窄，靠近蜗顶较宽，因而就像一部竖琴的琴弦一样，能对不同频率的声音产生共鸣。位于耳蜗基底部的短纤维对高频发生反应，而在耳蜗顶部的长纤维则对低频发生反应。基底膜的纤维由短到长连续排列，与其相对应的频率也由高到低连续变化。当受到某一音调刺激时，基底膜相应区域的共鸣器便发生共振，与其相联系的神经纤维因而也发生兴奋。音调的频率不同，它所刺激的基底膜上的共鸣器和相应的神经元也不同。因此，每一种音调在基底膜上都有其特定的位置和神经代表。

此后，新的科学发现使赫尔姆霍茨的共鸣理论不断受到冲击。例如，研究发现，基底膜是由相互交织在一起的纤维组成的。因此，每一根横纤维作为一种共鸣器，对不同的频率单独发生反应是不可能的。另外，横纤维的长短之比与频率的高低之比并不对应，人耳能听见的高低频率之比大约为 1 000∶1（20 000∶16），而长短纤维之比仅为 10∶1。

3．行波理论

20 世纪 40 年代，冯·贝克西发展了赫尔姆霍茨的共鸣理论中的合理部分，提出了行波理论。该理论认为，声波传到人耳，将引起整个基底膜的振动。振动从耳蜗底部开始，逐渐向蜗顶推进，振动的幅度也随着逐渐增高。随着外来声音频率的不同，基底膜最大振幅所在的部位也不同。声音频率低，最大振幅接近蜗顶；频率高，最大振幅接近蜗底。

行波理论正确描述了 500 Hz 以上的声音引起的基底膜的运动，但难以解释 500 Hz 以下的声音对基底膜的影响，因为，当声音低于 500 Hz 时，它在基底膜各个部位引起相同的振动。

4．神经齐射理论

1949 年，韦弗尔提出了神经齐射理论。该理论认为，当声音低于 400 Hz 时，听神经个别纤维的发放频率是和声音频率对应的。当声音频率提高，个别神经纤维无法单独对其做出反应时，神经纤维将按齐射原则发生作用，从而可反应频率较高的声音。但是，当声波频率超过 5 000 Hz 时，听神经就不再产生同步放电。因此，神经齐射理论只能对 5 000 Hz 以下声音的听觉进行解释。

三、其他感觉

人的感觉除视觉、听觉之外，还有嗅觉、味觉、皮肤觉、机体觉、平衡觉、动觉等。人通过这些感觉，不断获得有机体内外环境的信息，以适应环境。

（一）嗅觉

引起嗅觉的适宜刺激是能溶解的、有气味的气体分子。这些气体分子靠空气扩散，不必直接与刺激源相接触，即可产生嗅觉，因此，嗅觉是距离性感觉。

1．嗅觉感受器

嗅觉感受器是鼻腔内的一些线形体。线形体从脑部的嗅球处下垂，止于鼻腔顶部。线形体的末端有毛状皮层，称为嗅觉皮膜，皮膜内的嗅觉细胞即为嗅觉的感受器。

2．嗅觉的特征

嗅觉具有极大的适应性，嗅觉的绝对阈限随刺激时间的不同，会发生很大的变化。某种气味初度出现时，即使该刺激强度甚为微弱，也能闻到；但如果气味持久存在，嗅觉也将因适应而变得迟钝。"入芝兰之室，久而不闻其香；入鲍鱼之肆，久而不闻其臭"，就是对嗅觉这一特性的最好诠释。

嗅觉的个别差异甚大，有嗅觉敏锐者和嗅觉迟钝者，甚至有些人缺乏嗅觉。人的身体状况也对嗅觉器官有直接的影响。例如，人在感冒、身体疲倦或营养不良时，都会引起嗅觉功能降低；女性在月经期、妊娠期及更年期，都会发生嗅觉缺失的现象。

（二）味觉

味觉的适宜刺激是能溶解于水的化学物质。

1. 味觉感受器

味觉感受器是分布在舌表面、咽后部及软腭的味蕾，其中舌面分布的味蕾最多。人类的基本味觉至少有酸、甜、苦、咸四种。舌的不同部位对这些味的敏感性不同，舌尖对甜最敏感，对酸和苦也较敏感；舌中对咸最敏感；舌两侧对酸最敏感；舌后根对苦最敏感。

2. 味觉的影响因素

一般而言，人味觉的敏感性随年龄而下降，儿童的味觉比成人敏感，老年人由于味蕾的萎缩，其味觉敏感性大减。刺激物的温度也会影响味觉的敏感性，最适宜味觉产生的温度是 10～40℃，尤其是 30℃最敏感，高于或低于此温度，味觉都将变得迟钝。另外，人血液中某些化学成分的变化也会影响味觉，如肾上腺皮质功能低下的病人，由于其氯化钠排出量比常人多，其血液中的钠离子含量随之减少，病人会喜好含盐量较多的食物。

（三）皮肤觉

皮肤内有丰富的神经末梢，它是人体最大的感觉器官。皮肤觉是物体的机械和温度等特性作用于皮肤表面而产生的感觉，包括触觉、痛觉、温度觉等。

1. 触觉

触觉也称压觉，是皮肤表面承受某物体压力或触及某物体时所产生的一种感觉。引起触觉的刺激强度，因身体各部位敏感度的不同，会有很大的差异。舌尖、嘴唇、指尖等部位，远比肩、背、臀、腿等部位敏锐。因此，皮肤上产生触觉的感受器，并非平均分布于皮肤的表面，而是呈很多小点的方式散布。

2. 痛觉

痛觉是有机体对具有伤害性的刺激的反应，痛觉的感受器是广泛分布在皮肤中的自由神经末梢。身体不同部位对痛觉的感受性不同，背部和颊感受性最高，而指尖端和手掌的痛觉感受性较低。

和其他感觉相比，痛觉有其特殊的属性。它的出现总是伴随着其他一种或多种感觉，换句话说，痛觉是和其他感觉糅和在一起而组成的复合感觉，如刺痛、灼痛、胀痛、撕裂痛、绞痛等。痛觉往往伴有强烈的情绪反应，如恐怖、紧张不安等。此外，痛觉还具有"经验"的属性。同样一个伤害性刺激，对不同的人可以产生在程度上甚至性质上差别很大的痛觉。这是由于各个人的生活经验不同所造成的。例如，有人观察到，前线的伤员对于伤口并不感到疼痛难忍，而当注射针刺入他们的皮肤时却大声呼痛；而另一些久病的人，则对于针刺注射不太敏感。

3. 温度觉

温度觉是由冷觉与热觉两种感受不同温度范围的感受器，感受外界环境中的温度变化所引起的感觉。温度觉感受器在面部、手背、前臂掌侧面、足背、胸部、腹部及生殖器官的皮肤比较密集。对热刺激敏感的称为热感受器；对冷刺激敏感的称为冷感受器。两种感受器在皮肤表层中均呈点状分布，称为热点和冷点。冷点多于热点，面部皮肤每平方厘米有16~19个冷点，是热点的4~10倍。当外在温度高于皮肤温度0.4℃时，即产生温觉；外在温度低于皮肤温度0.15℃时，即产生冷觉，这说明皮肤对冷的刺激比较敏感。

温度觉对恒温动物极为重要。在外界温度或体内温度（如血液的温度）发生变动时，通过温度感受器接受刺激，传入性冲动到达大脑的同时，也传向下丘脑的体温调节中枢，从这里发出传出性冲动，以调节产热器官（如骨骼肌等）或散热结构（如皮下血管等），维持体温的恒定。

（四）机体觉

机体觉又称内脏觉，是机体内脏各器官受到刺激而产生的感觉，如饥饿、口渴、饱胀、恶心、疼痛等。内脏觉的感受器分布在内脏壁上的神经末梢。内脏觉的特点是定位不精确，分辨力差，因此，被称为"黑暗"感觉。

当各种内脏器官工作正常时，各种感觉融合为一种感觉，称为自我感觉。在内脏器官工作异常或发生病变时，个别器官就能产生痛觉或其他感觉。内感受器的神经末梢比较稀疏，一般强度的刺激信号在从内感受器到达大脑时常被外感受器的信号所掩盖，因而无法引起机体觉。只有在强烈的或经常不断的刺激作用下，机体觉才较明显。机体觉在调节内脏器官的活动中起着重要作用，它能及时报告体内环境的变化和内脏器官的工作状态，使机体能更好地适应环境，维持生命。

（五）平衡觉

平衡觉又称静觉，是由于人体位置重力方向发生变化，刺激前庭器官而产生的感觉。前庭器官是平衡觉的感受器，位于人的内耳，包括椭圆囊、球囊和三个半规管。半规管位于三个相互垂直的平面上，是反映身体（或头部）旋转运动的感受器。半规管的感受器是按照惰性规律发生作用的，在加速旋转运动时，半规管内的液体（内淋巴）推动感觉纤毛，使其产生兴奋。椭圆囊和球囊内部有耳石器官，其感受器位于膜质小囊里，由感觉细胞和支持细胞构成。耳石（含有极微小的晶体）位于上述两种细胞之上，在发生直线的位移、圆形运动或头部及身体的移动时，晶体的位置发生变化而引起前庭内感受器的兴奋。

前庭器官是与小脑密切联系的。刺激前庭器官所产生的感觉在重新分配身体肌肉紧张度、保持身体自动平衡等方面起着重要的作用。前庭感觉也与视觉有联系，当前庭器官受刺激时，可能会使人看见物体发生位移的现象。前庭器官也与内脏器官密切联系，当前庭器官受到较强烈的刺激时，会产生恶心、呕吐等现象，如晕船或晕车等。

平衡觉的研究在航空、航海方面有着重要意义。研究发现，前庭器官过于敏感的人会发生眩晕和其他不良反应，难以适应航空和航海活动；而前庭器官过于迟钝的人，也不可能在航空和航海活动中准确判断方位和做出敏捷的反应。

（六）动觉

动觉是对身体各部位的位置和运动状况的感觉，也就是肌肉、腱和关节的感觉，即本体感觉。动觉感受器分布在人体肌肉、肌腱、韧带和关节中，如肌梭、腱梭、关节小体等。当关节伸屈或肌肉弛缩时，就会刺激这些感受器，产生神经冲动，沿脊髓上行传导，到大脑皮层的中央前回而产生动觉。动觉能使人感知到自己身体的空间位置、姿势和身体各部分的运动情况。

动觉是一切行为和言语的基础。动觉和皮肤觉结合产生触摸觉。在排除视觉的条件下，通过手的触摸运动可以正确地知觉物体的大小、形状和弹性。在视觉器官的工作中，由于有眼肌的动觉参与，才能有关于物体的大小、远近的视知觉。在言语活动中，声带、舌与唇的精确协调运动，是语音知觉的重要条件。在随意运动中，由于肌肉运动的速度和强度等信号不断传入大脑，形成反馈信息，才能实现大脑对肌肉运动的神经调节，使随意运动成为可能。如果没有精确的动觉反馈信息，就会造成运动失调。动觉在各种感觉的相互协调中起着重要的作用，如果没有动觉和其他感觉的结合，人的知觉能力就不能得到正常的发展。

第三节　感觉的基本规律

在同一类感觉中，相同或不同刺激对同一感受器的作用，会使感觉呈现出某些特殊的规律，如感觉的适应、对比、融合等。不同的感觉在特定时候也会表现出相互作用的规律，如感觉叠加和感觉相抵。

一、感觉适应规律

感觉适应是指刺激物持续作用于感受器而使其感受性发生变化的现象。这种变化可能表现为感受性提高，也可能表现为感受性降低。人的各种感觉大多都会呈现出适应的现象，只是表现形式不同。

（一）视觉适应

视觉适应可分为明适应和暗适应。明适应是人刚从暗处转到亮处，视觉器官对强光的感受性下降的过程。具体表现为最初的一瞬间会感到强光耀眼，什么都看不清楚，几秒钟后恢复正常。例如，在明亮的白天，刚从电影院走出，开始感觉强光刺眼，难以将眼睛睁开，但很快就能看清眼前的一切。明适应的过程一般比较迅速，在最初半分钟内感受性下降很快，以后适应的速度有所减慢，2～3 分钟内即可达到稳定水平。在明适应过程中，生理上发生三种并行的生理作用：一是瞳孔缩小，以减少强光进入；二是视网膜上视锥细胞的感光敏度缓慢减低；三是视网膜上视杆细胞的感光敏度迅速减低。

暗适应是人刚从亮处走进暗处时，视觉器官的感受性提高的过程。例如，刚从明亮的室外进入电影院时，开始眼前一片漆黑，几分钟之后，开始能够慢慢看到人群和座位，几十分钟后，眼睛恢复正常。相对于明适应，暗适应的时间要长得多，完成整个暗适应大约需要半个小时。在暗适应过程中，生理上发生与明适应相反的三种生理作用：一是瞳孔放大，以收入较多的光；二是视网膜上视锥细胞的感光敏度增加，以暂时维持视觉功能；三是视网膜上的视杆细胞的感光敏度迅速增高，取代视锥细胞的作用。

（二）听觉适应

听觉适应是指持续的声音刺激引起听觉感受性下降的现象。听觉系统一般对一个稳定声源的感受性在最初 1～2 分钟内有所下降，而后很快稳定在一个水平上。听觉适应有选择性，即仅对作用于耳的那一频率的声音发生适应，对其他未作用的声音并不产生适应现象。

如果声音较长时间（如数小时）连续作用，引起听觉感受性的显著降低，称为听觉疲劳。听觉疲劳和听觉适应不同，它在声音停止作用后还需很长一段时间才能恢复。如果听觉疲劳经常性地发生，会造成听力减退甚至耳聋。

（三）嗅觉适应

嗅觉适应是气味持续作用于嗅觉感受器，使嗅觉感受性下降的过程。嗅细胞容易产生疲劳，而且当嗅球等中枢系统由于气味的刺激陷入负反馈状态时，感觉受到抑制，气味感消失，这便是对气味产生了适应性。

嗅觉的适应比较迅速，但有一定的选择性。对有些气味适应较快，如碘酒 4 分钟就可以完全适应，而大蒜则要 40～45 分钟才能完全适应。特别强烈的气味（带有痛刺激的气味）会令人厌恶，难以适应甚至完全不能适应。嗅觉除自我适应（对同一种物质的适应）外，还表现出交叉适应，即对一种物质的适应会影响对其他物质的适应。如对樟脑、桉树和丁子香酚这三种物质中的一种物质适应，会影响到另两种物质的阈限，这是一种交叉适应的效应，但并非普遍适应。

课堂讨论

在日常生活中，嗅觉适应是利大于弊还是弊大于利？请举例说明。

（四）其他感觉的适应

味觉适应也较明显，如厨师由于连续地品尝菜肴，以至于菜做得越来越咸。味觉适应的时间是溶液浓度的函数，溶液浓度越低，适应时间越短；溶液浓度越高，适应时间越长。但不同的有味物质的味觉适应时间和恢复速度不同，如对蔗糖的适应和恢复较慢，对食盐的适应和恢复则较快。味觉有交叉适应现象，即对一种物质的适应会影响对其他同类物质的适应。

皮肤觉中的触压觉和温度觉适应同样较明显。例如，刚带上眼镜时觉得很不自在，过一会儿就感觉很自然。研究发现，触压觉的适应性发生得很快，在经过 3 秒钟左右，一般人的触压觉感受性就大约下降到原来的 25%。温度觉的适应在生活中也很常见。例如，洗冷水澡时，开始觉得水很冷，过一会就觉得水不再那么凉了。研究发现，温度觉的适应需要 3~4 分钟，但是，对于温度特别高和特别低的刺激物，适应很难发生或不能发生。

二、视觉后像与视觉融合规律

（一）视觉后像

视觉后像是指当外界物体的视觉刺激作用停止以后，在眼睛视网膜上的影像感觉并不会立刻消失的现象。

视觉后像分为正后像和负后像。正后像是指后像的品质与刺激物相同。例如，在电灯前闭眼三分钟后突然睁开眼注视电灯两三秒钟，然后再闭上眼睛，那么在暗的背景上将出现电灯光的影像。负后像是指后像的品质与刺激物相反。例如，如果目不转睛地盯着一盏白色荧光灯，然后把视线转向一堵白墙，会感到有一个黑色的灯的形象。

无论是正后像还是负后像，均是发生在眼睛视觉过程中的感觉，都不是客观存在的真实景象。后像的持续时间受刺激的强度、作用时间、接受刺激的视网膜部位及疲劳等因素的影响。

（二）视觉融合

如果用重复的闪光刺激人眼，当闪光频率较低时，主观上常能分辨出一次又一次的闪光。当闪光频率增加到一定程度时，重复的闪光刺激可引起主观上的连续光感，这一现象称为视觉融合。视觉融合是由于闪光的间隙时间比视觉后像的时间更短而产生的。能引起视觉融合的最低频率，称为临界融合频率。在中等光照强度下，临界融合频率约为 25 次/秒。电影和电视每秒钟播放的画面一般都高于此临界融合频率，因此，观看电影和电视时，感觉其画面是连续的。临界融合频率与光的强度有关。光线较暗时，临界融合频率低至 6 次/秒即可产生融合现象；而光线较强时，临界融合频率则高达 60 次/秒。

三、感觉相互作用规律

（一）同类感觉的相互作用

同类感觉的相互作用是指同一感受器中一种刺激影响着另一种刺激的感受性的现象。例如，当人们在黑暗中需要看到一个微弱的小光点时，如果在视野范围内同时存在着其他微弱的小光点，那么，就比较容易看到那个微弱的小光点，而其他微弱的小光点起着增强对那个小光点的感受性的作用；如果在视野范围内存在着一个强光刺激，就难以看到那个微弱的小光点，强光刺激对感受那个小光点起着削弱作用。"月明星稀"的现象就是这个道理。

同类感觉相互作用最显著的表现，就是感觉对比。感觉对比又可分为同时对比和继时对比。

1. 同时对比

同时对比是指几个刺激物同时作用于感受器而使其感受性发生变化的现象。同时对比又分为颜色对比和明暗对比。颜色对比是指一个物体的颜色会受到它周围物体颜色的影响而发生色调的变化,而且对比使物体的颜色向着背景颜色的补色方向变化。例如,同一块灰色的方形纸,放在红色的背景上显得发青,而放在蓝色的背景上就显得发黄。

明暗对比是指当物体反射的光量相同时,由于周围物体的明暗度不同而产生不同的明暗视觉的现象。例如,同一块灰色的方形纸,放在白色的背景上显得暗些,而放在黑色的背景上就显得亮些。

拓展阅读

马赫带现象

所谓马赫带,是指人们在明暗变化的边界上,常常在亮区看到一条更亮的光带,而在暗区看到一条更暗的线条。然而,实际上亮区的明亮部分与暗区的黑暗部分在刺激的强度上和该区其他部分相同,而我们看到的明暗分布在边界处却出现了起伏现象(见图3-5)。可见,马赫带不是由于刺激能量的实际分布,而是由于神经网络对视觉信息进行加工的结果。

图3-5 马赫带现象

我们可以用侧抑制来解释马赫带的产生。由于相邻细胞间存在侧抑制的现象,来自暗明交界处亮区一侧的抑制大于来自暗区一侧的抑制,因而使暗区的边界显得更暗;同样,来自暗明交界处暗区一侧的抑制小于亮区一侧的抑制,因而使亮区的边界显得更亮。

在日常生活中,经常可以观察到马赫带现象。例如,当我们凝视窗棂时,会觉得木条两侧各镶上了一条明亮和浓黑的线,即在木条这边出现一条更明亮的线条,在木条那边出现一条更暗的线条。在观察影子的时候,在轮廓线的两侧也会看到马赫带现象:暗的地方更暗,亮的地方更亮。

2. 继时对比

继时对比是指由于不同刺激物作用于感受器的时间不同而产生的感受性变化的现象。例如,吃过甜糖之后再吃苹果,会感到苹果的味道很酸;尝过酸味或苦味的溶液之后再尝蒸馏水,会感到蒸馏水是甜的。

（二）不同感觉的相互作用

不同感觉由于相互作用的结果，也会使感受性发生一定的变化。例如，微弱的听觉、味觉或温度觉，可以提高同时产生的视觉的感受性；而较强的听觉、味觉或温度觉，却会降低同时产生的视觉的感受性。同样，微弱的视觉会提高同时产生的听觉的感受性；而较强的视觉会降低听觉的感受性。这些感觉之间相互作用的规律是：作用于某一感受器的微弱刺激，能够提高与之同时产生的另一感觉的感受性，而强烈刺激则会使这种感受性降低。

生活中，不同感觉相互作用的另一心理现象是联觉，即对一种感官的刺激作用触发另一种感觉的现象。常见的联觉有以下几种：① 色温联觉，如看到红、橙、黄色会使人产生温暖的感觉，看到蓝、青、绿色会使人产生寒冷的感觉；② 色听联觉，即对色彩的感觉能引起相应的听觉，现代的"彩色音乐"就是这一原理的运用；③ 色味联觉，例如，有的人看见黄色会产生甜的感觉，看见绿色会产生酸的感觉。

四、感觉补偿规律

感觉补偿是指由于某种感觉缺失或机能不足，会促进其他感觉的感受性提高，以取得弥补与代偿作用。例如，盲人的听觉、触觉、嗅觉特别发达，以此来补偿丧失了的视觉功能；而失聪的人，同样也能"以目代耳"。当然，这种补偿作用是经过长期不懈的练习获得的。

感觉补偿的现象说明了人的感受性存在着巨大的潜力，在长期训练的条件下会表现出惊人的能力。例如，染料工人能分辨 40 多种不同的黑色，音乐教师能精确分辨微弱的音高偏差等。这些现象给特殊儿童的教育带来了启示，可以对残疾儿童进行感觉补偿的训练，从而为残疾儿童的生活自立创造充分的条件。

思考与练习

一、名词解释

1. 感觉
2. 差别感觉阈限
3. 视敏度
4. 触觉
5. 感觉适应
6. 视觉后像
7. 感觉补偿

二、单项选择题

1. 以下选项中，（　　）不属于感觉产生必须具备的条件。
   A．客观事物　　　　　　　　　　B．正常的感觉器官
   C．正常的心理　　　　　　　　　D．正常的脑功能
2. 以下选项中，波长为（　　）纳米的光波是可见光波。
   A．200　　　　　B．300　　　　　C．600　　　　　D．800
3. 红与黄混合产生橙色，这说明了色光混合的（　　）。
   A．补色律　　　　B．间色律　　　　C．代替律　　　　D．反射律
4. 声波的振幅主要决定声音的（　　）。
   A．音调　　　　　B．响度　　　　　C．音色　　　　　D．音质
5. 有的人看见黄色会产生甜的感觉，这是（　　）联觉。
   A．色温　　　　　B．色听　　　　　C．语色　　　　　D．色味

三、简答题

1. 简述颜色的特性。
2. 简述冯·贝克西的行波理论。

四、分析题

分析下列现象反映了哪种感觉规律：
（1）吃了酸橘子之后再吃甜点心，点心就显得格外甜。
（2）聋哑人以目代耳，盲人以耳代目。
（3）朱自清在《荷塘月色》中描述荷花时写道："微风过处，送来缕缕清香，仿佛远处高楼上渺茫的歌声似的。"
（4）吃第一口山楂觉得很酸，但继续吃下去就不觉得那么酸了。

第四章

知　觉

内容提要

知觉是一种比感觉复杂得多的心理活动。人们在知觉客观事物时，总是有意识或无意识地在头脑中对获得的信息进行加工，把它归纳到已有的经验体系之中，并说出其名称。所以，并非完全是外界如何，知觉就是什么样；知觉也不是感觉到的客观事物属性的机械总和。

学习目标

知识目标

- 理解知觉的定义和加工形式，熟悉知觉的活动过程
- 掌握知觉的基本特性
- 熟悉知觉的种类

能力目标

- 能准确解释知觉的基本特性
- 能对知觉进行正确分类

第一节 知觉概述

一、知觉的定义

知觉是人脑对当前直接作用于感觉器官的客观事物的各个部分和属性的整体反映。

知觉不仅能反映个别属性，而且能通过各种感觉器官的协同活动，按事物的相互关系或联系整合成事物的整体，从而形成对该事物的完整映像。例如，人们对苹果的多种个别属性的信息进行综合，加上经验的参与就形成了"苹果"的整体映像，这种信息整合的过程就是知觉。

拓展阅读

感觉和知觉的异同点

1. 感觉和知觉的共同点

感觉和知觉都是人对客观世界认识的初级阶段，都是人脑对当前直接作用于感觉器官的客观事情的主观反映，都是人脑对刺激信息的加工和处理过程。

2. 感觉和知觉的不同点

首先，二者反映的内容不同。感觉是对客观事物个别属性的反映，感觉信息是简单具体的，它主要由刺激物的物理特性所决定。而知觉是对客观事物整体属性的反映，是由所感知到的各个属性组合而成的完整映像，往往带有主观性。

其次，二者产生的性质不同。感觉是介于生理和心理之间的活动过程，主要来自各种感觉器官的生理活动和刺激信息的物理特征，不需要或很少需要已有知识经验的参与，相同的刺激信息会引起相似的感觉。而知觉是纯粹的心理活动，人们借助在实践活动中积累的知识和经验，把当前刺激物认知为现实中存在的事物。如果感知的事物与过去的知识经验没有联系，便不能马上确认为一定的对象。知觉受个人特点的制约，一个人的知识、兴趣、情绪等都会直接影响知觉的过程。不同的人对于同样对象的知觉的完整性和准确性往往是不同的，甚至同一个人在不同时间对于同一刺激信息产生的知觉也可能不同。

最后，二者的生理机制不同。感觉是单一分析器活动的结果，而知觉是多种分析器协同活动的结果。知觉的形成和发展需要多种分析器共同参与，以对复杂刺激物的多种属性及其相互关系进行分析和整合。在知觉的过程中，既有当前刺激信息引起的兴奋活动，又有过去相应知识经验的暂时神经联系恢复过程。

二、知觉的加工形式

（一）刺激驱动加工

刺激驱动加工也称自下而上的加工，是指知觉的产生是基于大量的感觉信息，由刺激直接引起的。例如，当你听到一段有特色的音乐，就能知道是哪首歌。

持这种理论的心理学家认为，感受器所获得的感觉信息就是我们知觉所需要的一切，无须复杂的思维推理等高级认知过程的参与，我们就直接知觉到了周围环境，而这种直接知觉环境的能力是由人的生物性决定的。

（二）概念驱动加工

概念驱动加工又称自上而下的加工，是指知觉者的经验、期望、动机引导着知觉者在知觉过程中的信息选择、整合和表征，在一定程度上影响到知觉的过程和结果。例如，假设你坐在公园的长椅上等朋友，你不必把每个路过的人的身高、体重、年龄、头发颜色等与你朋友的特征相比较，相反，你头脑中有一个你朋友的整体形象，你只要寻找与你头脑中那个整体形象相匹配的人即可。一旦某个走过来的人符合那个整体形象，你会在近处看清细节，以便确定这个人是不是你的朋友。

三、知觉的活动过程

有关知觉活动过程的理论主要有以下几种。

（一）知觉链

知觉链是指组成知觉活动过程的五个环节，每一个环节都是人们形成正确知觉所不可或缺的。

（1）外界环境。是指在环境中作为知觉来源的客观事物的各种属性、特征、位置及其分布。

（2）中介物。外界环境中物体的各种属性，通过中介物（如光、空气、力、热等）传递到人的感觉器官。

（3）刺激物与感觉器官相互作用的过程。

（4）神经冲动通过传入神经系统向大脑传递各种外界信息的过程。

（5）大脑对传入到皮层相应透射区的信息进行整合处理的过程。

（二）格式塔的知觉理论

格式塔的知觉理论的主要代表人物是威特海默、考夫卡和苛勒。他们认为，人的知觉具有主动性和组织性，并总是尽可能地运用简单的方法去"整体"地认识外界事物，遵循"概略"规律并受神经系统的制约。

（三）构造主义的知觉理论

构造主义知觉理论强调先前经验对知觉活动的重要影响，一个人把记忆中的先前经验参与到由刺激所诱导出来的知觉之中，从而构造出某种知觉图像。构造主义知觉理论认为，有组织的知觉是从一个人的记忆中选择、分析并添加某些刺激信息的过程，而不是格式塔知觉理论所认为的是大脑组织的"概略"规律所引起的自然操作结果。当人们知觉外界物体的细微特性和特点时，往往借助记忆中的过去经验作"任意选择"，因此，同样的刺激物可以由于知觉者各自经验的不同而被构造成不同的知觉图像。

（四）动作行为的知觉理论

动作行为的知觉理论由巴甫洛夫创立，该理论认为，知觉是知觉者借助动作行为习得的活动以及在活动中习得的经验影响和指导着的知觉活动。例如，儿童在视觉发展的早期阶段，眼球运动并不倾向于追随物体的轮廓线条，而是全神贯注在面前的图形特点上，先是用手指来触摸和描绘某物体模式的轮廓，然后才用眼球运动来代替这种手指的活动。这些理论假设已在儿童、恢复视力的成年人以及脑损伤后重新获得视觉的患者身上得到了证实。这说明活动及由动作行为而导致的学习经验对知觉活动来说是重要的。

（五）吉布森的知觉理论

美国心理学家吉布森的知觉理论认为，人们所知觉的环境是由具有结构的表面组成的。在观看三维空间的客观环境时，其表面是有结构的，它为知觉者提供了丰富的信息，如鹅卵石街道、近宽远窄的火车轨道等，知觉者在认识这些结构表面的同时确定该事物。因此，知觉有赖于一个人对事物结构的认识，又与一个人对事物结构的认识水平有关。但吉布森认为，人们对事物的知觉并不像动作行为知觉理论所说的由运动导致知觉，而是知觉指导了运动。

第二节　知觉的基本特性

人的知觉是一个有组织、有规律的心理活动过程，表现为知觉的选择性、整体性、恒常性和理解性，它们保证了人们对客观事物的认识。

一、知觉的选择性

（一）知觉选择性的概念

知觉的选择性是指人根据需要和兴趣，有目的地把刺激信息或刺激的某些方面作为知觉对象，而把其他事物作为背景进行组织加工的过程。

由于知觉的选择性，对同时作用于感觉器官的所有刺激并不都进行反映，而只对其中某些刺激加以反映，这样才能把注意力集中到某些重要的刺激或刺激的重要方面，排除次要刺激的干扰，从而更有效地知觉外界事物。

（二）知觉对象与背景的关系

人从纷繁的刺激中主观地选择某些刺激并对其进行进一步加工，被选择的刺激就是知觉的对象，而同时作用于感觉器官的其他刺激就是知觉的背景。对象与背景相比，形象清楚，好像从背景中突出出来，而背景则变得模糊不清。例如，我们注视教师板书时，黑板上的文字被清晰地知觉到，而黑板附近的墙壁、挂图等好像退到它的后面成为模糊的背景。

知觉的对象与背景是相互转化的。此时的知觉对象可以成为彼时的知觉背景；同样，此时的知觉背景也可以成为彼时的知觉对象。因此，知觉对象和背景不是一成不变的，它们之间不断发生着转换，以保证有意义的事物成为知觉对象。例如，图 4-1 是知觉对象和背景相互转换的两歧图形，若以黑色部分作为知觉对象，看到的是两个人脸的侧面影像；若以白色部分作为知觉对象，看到的是一个花瓶。

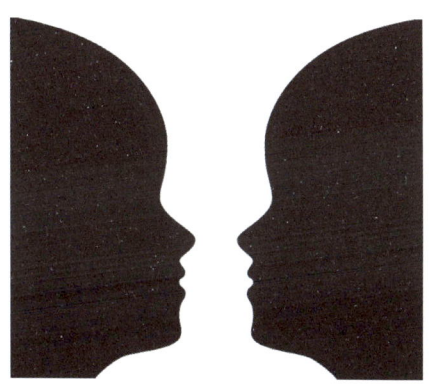

图 4-1　知觉对象与背景互换的效应

知觉的对象与背景不仅互相转化，而且互相依赖。人们知觉某一对象，不仅取决于对象本身的特点，而且受对象所处背景的影响。如果教室内很安静，即使教师用很低的声音讲课，学生也能听清楚；相反，如果教室中的噪声很大，那么教师用相同强度的声音讲课，学生就听不清楚了。可见，在不同背景下，人们对同一对象的知觉可能是不同的。所以，人们的知觉是由对象及其背景的相互关系来决定的。

拓展阅读

图形—背景规律的应用

在阳光照射下，白色物体比其他颜色的物体更容易被发现。一座白色房屋看起来要比地平线的天空和周围较暗的背景亮得多，形成了鲜明的对比，在很远的地方也能看清楚。但是，在阴天或在阴影中，白色物体和天空背景的亮度差别较小，看起来就不明显。如果有雾，白色物体所反射的光亮穿过雾以后减弱了，同时雾中的漫射光线均匀地照在原来较暗的周围背景上而使背景的亮度增大，因此物体与背景的亮度对比

减小，而不易辨认出来。在阴天或有雾的时候，黑色物体与周围背景的亮度对比程度最大，所以最容易看清楚。因为人要从各个方向和在各种天气条件下观看信号设施，所以灯塔、栏杆、路标常漆上白色和黑色相间的条纹。

在军事中常常利用对象与背景的规律来发送信号、进行伪装和发现目标。如果物体与背景的颜色相同，便不容易区分出来，当二者是互补色的时候，最容易分辨出来。例如，航海中的信号旗虽然面积不大，但是与海面与舰艇的颜色形成鲜明的对比，所以很容易被看到。在白天，黄是鲜明的颜色，作信号用是有利的；在夜晚，绿、蓝、红较鲜明，是信号灯光的有利颜色，而黄是不利的颜色。为了在各种颜色背景上和各种明暗条件下辨认目标，信号标志常是用红和黄两种颜色设计的。

为了隐蔽目标，在伪装中应设法使物体和周围背景的颜色相同，因此，军事设施、车辆、飞机等都漆上与环境类似的颜色。有时候也用破坏对象轮廓的办法来进行伪装，特别是被伪装的物体需要在各种颜色的背景上活动的时候，只用一种颜色进行伪装比较困难，所以常采用不固定形状的斑点和条纹或利用网纹进行伪装。当伪装的物体和周围的物体形成交错重合的画面，就破坏了对象组成部分的结构。由于物体的某些部分难以辨别出来，人便无法推测伪装物体的外形了。

二、知觉的整体性

知觉的对象有不同的属性，由不同的部分组成，但人们并不把它感知为个别孤立的部分，而总是把它知觉为一个有组织的整体，这就是知觉的整体性。例如，在绘画作品中，"刮风"现象一般都通过作品中的其他事物（如倾斜的树枝、花木等）来体现。另外，在知觉对象时，即使没有掌握事物的所有细节，只要具备组成对象的关键组成部分，便可形成完整的感知。例如，在唱歌时，即使有个别走音现象，也仍然能辨认出是哪首歌曲。

格式塔心理学家曾对知觉的整体性做过许多研究，提出知觉是按照以下规律形成和组织起来的：

- **接近原则**：两个事物在时间和空间上的相接、连续或相邻，可以造成人对二者间的因果关系的知觉。
- **相似性原则**：即在大小、形状、颜色或形状上相似的刺激物，更容易被知觉为一个整体。
- **共同命运原则**：即以相同方向运动的成分容易被知觉为一个整体。这是相似性原则基础上的组织过程，是其在运动成分上的运用，如游动的鱼群和飞行的鸟群等。
- **对称性原则**：平衡对称的图形与非对称图形相比，更易于组织在一起形成图形。
- **闭合原则**：人努力将一个图形知觉为一个连续的完整形状。
- **同域原则**：处于同一地带或同一区域的刺激物更容易被视为一组。

三、知觉的恒常性

知觉的恒常性是指当知觉对象的物理特征在一定范围内发生变化时，知觉形象并不因此发生相应的变化。知觉恒常性现象在视知觉中表现得很明显、很普遍，主要包括以下几种。

（一）大小恒常性

在一定的范围内，不论观看距离如何，人们仍倾向于把物体看成特定的大小。例如，我们认识一个人，当他站在 3 m、5 m、15 m 的不同距离时，在视网膜上的像因距离不同而改变，但是，我们知觉到这个人的身高却是不变的。

（二）形状恒常性

尽管观察物体的角度发生变化，但是，对物体形状的知觉不受视网膜像形状改变的影响。例如，一本书不管从正上方、左边或是右边看它，我们都能知觉到这本书是长方形的。

（三）明度恒常性

尽管照明的亮度改变，但人们仍倾向于把物体的表面亮度知觉为不变。例如，在强烈的阳光下，煤块反射的光量远大于黄昏时白粉笔所反射的光量，但是，我们仍然把煤块知觉为黑色，把粉笔知觉为白色。

（四）颜色恒常性

尽管物体照明的颜色改变了，人们仍把它感知为原来的颜色。例如，不论在黄光照射下还是在蓝光照射下，我们总是把国旗知觉为红色的。

除视知觉外，知觉恒常性还表现在其他知觉领域中。例如，当转动头部的时候，虽然声音对听觉器官的作用条件发生了变化，但感到声音的方位并没有变化，这是方位知觉恒常性现象。

知觉的恒常性在人们的生活实践中具有重大意义。它使人们得以在变化万千的世界上生活，虽然一个物体看上去有大小变化和明暗变化，但人们都能按照事物的实际面貌反映事物。如果知觉不具有恒常性，人们就难以适应瞬息万变的外界环境。

四、知觉的理解性

知觉的理解性是指人用过去所获得的有关知识经验对感知对象进行加工理解，并以概念的形式标示出来。人们对知觉对象产生理解，才能获得对事物的整体反映。一个经验、知识都很丰富的人，会对事物知觉得更加深刻。例如，专业维修人员检修机器时，能发现更多一般人所不能了解的细节问题。

在言语知觉中，知觉的理解性非常明显。例如，做单词缺失字母的填空题时，只有对整个句子进行理解把握，从而推断出单词的意义，才能知道缺失的字母。

知觉的理解性有助于从背景中区分出知觉对象，有助于形成整体知觉，从而扩大知觉的范围，使知觉更加迅速。

第三节 知觉的种类

根据知觉所反映的事物的特性,可以把知觉分为空间知觉、时间知觉和运动知觉。此外,错觉是一种特殊的知觉,因此本节也对其进行简单介绍。

一、空间知觉

空间知觉是指人对客观事物空间特性的直接反映。空间知觉是视觉、听觉、触觉、运动觉等协同活动的产物,同时也是人长期生活经验和思维沉淀的结果。空间知觉包括形状知觉、大小知觉、深度知觉、方位知觉等。

(一)形状知觉

形状知觉是人对物体形状轮廓的反映。人在注视物体时,物体在视网膜上投射的形状、眼睛观察物体时沿着对象的轮廓进行运动的运动觉等都提供了对象形状的信息,加上以往知识、经验的统合作用,就形成了形状知觉。

(二)大小知觉

大小知觉是人对物体的长度、面积、体积在量方面变化的反映。它是靠视觉、触摸觉和运动觉的协同活动实现的,其中视觉起主导作用。感知一个对象的大小,一方面取决于这个对象投射在视网膜上视像的大小,大的对象相应地在视网膜上得到较大的视像,小的对象相应地得到较小的视像;另一方面取决于对象的距离,视像的大小与对象的距离成反比,对象远时视像变小,对象近时视像变大。

(三)深度知觉

深度知觉又称距离知觉或立体知觉,是指人对物体远近距离即深度的知觉。深度知觉的产生有赖于相关的线索,一般来说,这类线索包括单眼线索和双眼线索。

1. 单眼线索
单眼线索是指用一只眼睛就能感知物体深度的线索。单眼线索主要包括以下几种。
(1)肌肉线索

肌肉线索来自肌体内部晶状体的调节。当眼睛聚焦于近距离和远距离物体时,晶状体发生不同程度的弯曲。看近物时,晶状体较凸起;看远物时,晶状体较扁平,如图 4-2 所示。这种变化是由睫状肌进行调节的,睫状肌在调节时产生的动觉,给大脑提供了物体远近的信息。这些感觉的变化能够帮助判断 1.2 m 以内的距离,超过 1.2 m,这种调节作用就几近失效,或产生错觉。
(2)图形深度线索

图形深度线索是指在绘画和摄影作品中传递有关空间、深度和距离信息的特征,主要

包括以下几个方面:

① 线条透视。平行的两条直线看起来会在远方聚合，远处的聚合也说明距离很远，如图 4-3 所示。

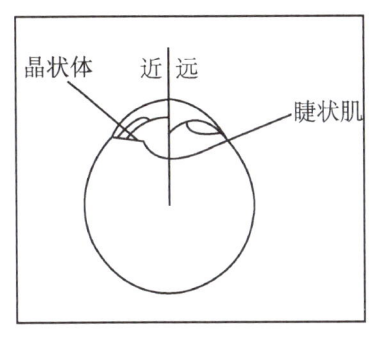

图 4-2　晶状体调节

图 4-3　线条透视

② 相对大小。如果画家要画出不同距离上两个大小相同的物体，则把距离较远的物体画得小一些，如图 4-4 所示。

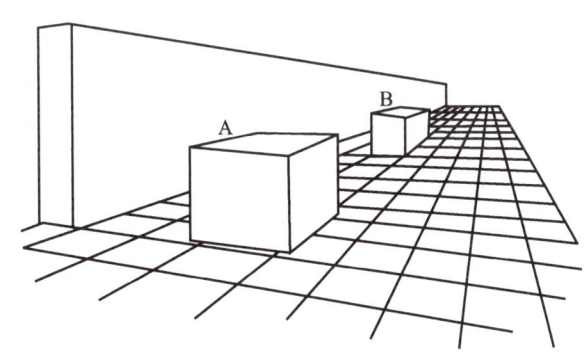

图 4-4　相对大小

③ 遮挡。如果一个物体被另一个物体遮挡，遮挡物看起来近些，被遮挡物则远些。

④ 上下位置。在绘画中，处于上部较高的物体更容易被知觉为处于较远处。这个特征可以解释人们更倾向于认为垂直线比同样长度的水平线更长。

⑤ 结构级差。级差是指视野中物体在视网膜上的投影大小及投影密度上的递增和递减。在任何表面上，随着距离的增加，都会产生远处密集和近处稀疏的节后密度级差。例如，站在鹅卵石路上，脚边的鹅卵石路面看起来粗糙，而远处的路面鹅卵石显得较小，排列得比较紧密，如图 4-5 所示。

⑥ 空气透视。空气透视是指远处物体在细节、形状和颜色上的衰变现象，如图 4-6 所示。由于空气层的蓝灰色彩的影响，观看远处物体时，物体离我们越远，能看到的细节越少，物体的边缘越来越模糊，且颜色越来越淡。不过，空气透视与天气的好坏有很大关系。天高气爽，空气透明度大，看到的物体就觉得近些；阴雾沉沉或风沙弥漫，空气透明度小，看到的物体就觉得远些。

图 4-5　结构级差

图 4-6　空气透视

⑦ 明亮和阴影。在绘画中运用明暗色调，把远的部分画得灰暗些，把近的部分画得色调鲜明些，以造成远近和立体感的效应，如图 4-7 所示。

图 4-7　明亮和阴影

⑧ 运动视差。运动视差是指由于头和身体的活动所引起的视网膜映像上物体关系的变化。当周围环境静止不动而观察者的头部或身体移动时，由于在同一单位时间内不同距离物体的视角变化的差异（近物体视角变化大，远物体视角变化小），便引起相对运动视差。例如，坐火车或汽车时观看窗外景物，近处的电线杆向后飞驰而过，而远处的田野、山脉则移动比较小或几乎不动。

2. 双眼线索

双眼线索是指由两眼共同作用而产生深度知觉的线索。双眼线索主要包括以下两种。

（1）辐合

当眼睛注视远处物体时，视线是平行的；当眼睛注视 15 m 以内的物体时，双眼必须向内侧会聚，以对准物体，称为辐合。辐合由与眼球相连接的一个肌肉群控制，这些肌肉将眼球上的位置信息提供给大脑，以此判断距离。如果将一支笔由远及近靠近双眼，在这个过程中，能体验到控制眼睛辐合的肌肉运动及紧张感。

（2）立体视觉

视网膜像差是指物体投射在左、右两只眼睛上的视像之间的差异，这种双眼视差是深度知觉最基本的依据。人的左、右眼睛间大约有 6 cm 的目间距，因此，它们接收到的物体形象会略有差别。而大脑的视区中有一些细胞负责发觉左、右眼视网膜像之间的差别，当双眼视网膜像统一合成一个完整的形象时，三维立体视觉便在这无数微小差别的基础上建立起来了。

（四）方位知觉

方位知觉是指人对自身或某物体在空间中的位置和方向的知觉。方位知觉是各种感觉协同活动的结果，对人类来说，视觉与听觉在定向中起着特别重要的作用。

1. 视觉方位定向

人靠视觉信息确定客体及自身的位置关系，判断上、下、左、右、前、后等方位。当人用眼睛环视周围环境时，物体就在视网膜上形成了不同的投影，形成方位知觉。

2. 听觉方位定向

人利用听分析器辨别声源的方向，并且在其他信息的作用下与经验相互联系来知觉声源的距离，如图 4-8 所示。如果没有其他分析器参与时，人对声源的方向定位表现为以下四条基本规律：

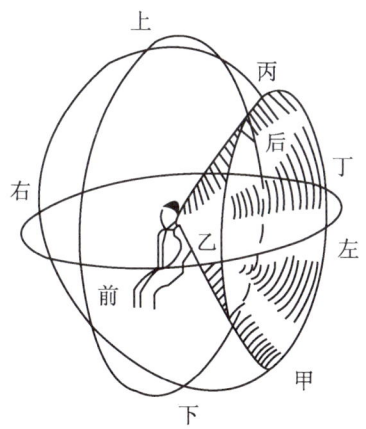

图 4-8　听觉方位定向

（1）来自人体左右耳两侧的声音最容易定位，很少发生辨认混乱。

（2）人对来自上下方向或前后方向的声音容易混淆。

（3）用连接耳朵的直线为轴，以直线的中点为顶点，向两侧各作一个圆锥体，圆锥围线与轴成 45°角，这样每一个耳朵仿佛延伸出一个喇叭形圆锥面（甲—乙—丙—丁），在每侧耳朵圆锥面上的各个声音容易相互混淆。

二、时间知觉

时间知觉是指个体对直接作用于感觉器官的客观事件的持续性和顺序性的反映。

（一）时间知觉的依据

时间知觉的依据是指人们进行时间知觉时所参考的事物或现象。具体来讲，时间知觉的依据有以下几种。

1. 自然界的周期现象

自然界的周期性现象和其他客观自然现象及计时工具是时间知觉的外在标尺。例如，太阳的升落、昼夜的交替、四季的变化、月亮的圆缺等周期出现的自然现象，为我们估计时间提供了客观的依据。

2. 生理节律

人体本身有许多生理活动具有节律性和周期性。例如，人在正常情况下的呼吸频率为每分钟 17 次；心跳和脉搏每分钟 60～70 次；女性月经周期约为 28 天；进食到饥饿之间的时间为 4～6 小时；睡眠到清醒的周期是 24 小时。人的消化与排泄、血压与血糖等都是周期性的、有节律的生理活动，人们就依据它们来估计时间的长短。人体内部的生物节律性活动或生理过程形成了"生物钟"，它能够时刻给人提供时间信息。除此之外，人主动进行的节律性运动，或者有意计算某种活动过程，也能够用来估计时间，并由此促进大脑皮层对时间信息的分析和综合，从而提高个体的时间知觉能力。

3. 周期性的社会活动

人们有许多活动具有社会周期性，如清晨锻炼、午间休息、晚看电视等，每天工作八小时，学生每学期考试，每年正月欢度春节等。个体从出生开始，不断地重复这些活动，逐渐发展出时间知觉。

（二）时间知觉的特征

时间知觉是人对客观事物的主观映像，它受许多主客观因素的影响，表现出以下基本特征：

（1）时间知觉对时间间隔判断的精确性受感觉通道性质的影响。
（2）时间知觉存在较大的误差和个体差异。
（3）时间知觉受特定时间内所发生的事件的数量与性质的影响。
（4）时间知觉受个体情绪、动机、兴趣和态度等因素的影响。

拓展阅读

时间的体验

甲、乙二人约定时间于某展览馆入口处相见，一同参观展览。甲按时到达，乙在路上遇上一位故友，寒暄了一阵，赶到约定地点时，迟到了半小时。

乙说："迟到了一会儿。"甲说："我等了老半天，腿都站酸了。'一会儿'，一会儿有多久？"乙说："最多不到 10 分钟。"甲说："起码 1 小时。"

客观时间是半小时，乙估计"最多不到 10 分钟"，甲估计"起码 1 小时"。是甲有意夸大、乙有意缩小吗？不。他们说的都是自己内心体验的实话。那么为什么会有这种现象呢？这就是时间知觉的特点：相对主观性。

据说，有位青年去拜访爱因斯坦，请求他简单地阐述相对论。爱因斯坦想了一下说："当你伸手向你的父亲要钱时，你会觉得 10 分钟太长；当你和女朋友携手游玩时,你会觉得10个小时太短。这就是相对论。"可见,爱因斯坦也把时间看作是相对的。

在同样一段时间里,人们为什么会有长短不同的感觉呢?这首先是因为人们所从事的活动的内容影响着人们对时间的估计。在上面的事例中,甲腿都站酸了,干等着;而乙与故友久别重逢,一番寒暄。一个活动内容枯燥,一个活动内容热烈有趣,难免造成时间知觉上的差异。其次,情绪和态度也会影响人对时间的估计,在上面的举例中,爱因斯坦指出的就是这种因素,这与人们常说的"欢乐恨时短,寂寞嫌时长"含义一样。总之,从心理学的研究中,发现有许多因素影响人们对时间的知觉。但实际上,客观时间并不会因为人们的主观感觉而变快或变慢。

三、运动知觉

运动知觉是指个体对当前运动物体或自身动作在空间和时间上位移的反映,也是对物体运动的速度、方向,以及自身运动特性的组织加工过程。运动知觉可分为真动知觉和似动知觉。

(一)真动知觉

真动知觉是个体对以一定速度和轨迹发生连续位移的物体运动的知觉,即物体按照一定速度或加速度,从某个位置向另一个位置连续位移,由此引起个体的知觉过程。当物体位移的速度太快(如白炽灯的闪烁)或太慢(如花的开放),都知觉不到它的运动。影响真动知觉的因素有目标物的网膜定位、刺激物的照明和持续时间、视野中参照点的存在与否、观察目标的距离等。

(二)似动知觉

似动知觉是指在一定的时间和空间条件下,人把先后出现的两个静止的刺激,知觉为刺激从前面一个位置向后面一个位置运动的现象,或把相继呈现的、没有连续位移的刺激物,知觉为在空间做连续的位置移动。似动知觉主要是依靠视觉后像产生的,也可以看作是一种运动错觉。

四、错觉

在生活中,知觉大多数都是真实的,但不可否认,有时候也有明显能体验到的一些误导性或错误的东西,称为错觉。错觉是指在特定条件下,知觉不能正确地表达外界事物的特性,而出现歪曲。错觉不同于幻觉,它是在一定条件下必然会产生的,而幻觉则是一种病态的现象。

错觉的种类很多，常见的有几何图形错觉、形重错觉、方位错觉等。

（一）几何图形错觉

几何图形错觉是指对几何图形的大小、形状、方向等的错误知觉，常见的有以下几种：

（1）波根多夫错觉。一条直线的中部被长方体遮盖后，看起来直线两端好像不在一条直线上，而是平行的两条直线，如图4-9（a）所示。

（2）左氏错觉。本来是平行的直线在视网膜上的投影也是平行的，在加上了不同方向的直线后，看起来就不那么平行了，如图4-9（b）所示。

（3）螺旋错觉。同心圆看起来却是螺旋形了，如图4-9（c）所示。

（4）黑林错觉。两条平行线看起来中间部分凸了起来，如图4-9（d）所示。

（5）冯特错觉。两条平行线看起来中间部分凹了下去，如图4-9（e）所示。

（6）菲克错觉。垂直线与水平线是等长的，但看起来垂直线比水平线长，如图4-9（f）所示。

（7）缪勒—莱依尔错觉。左边中间的线段与右边中间的线段是等长的，但看起来左边中间的线段比右边的要长，如图4-9（g）所示。

（8）艾宾浩斯错觉。中间的两个圆面积相等，但看起来左边中间的圆大于右边中间的圆，如图4-9（h）所示。

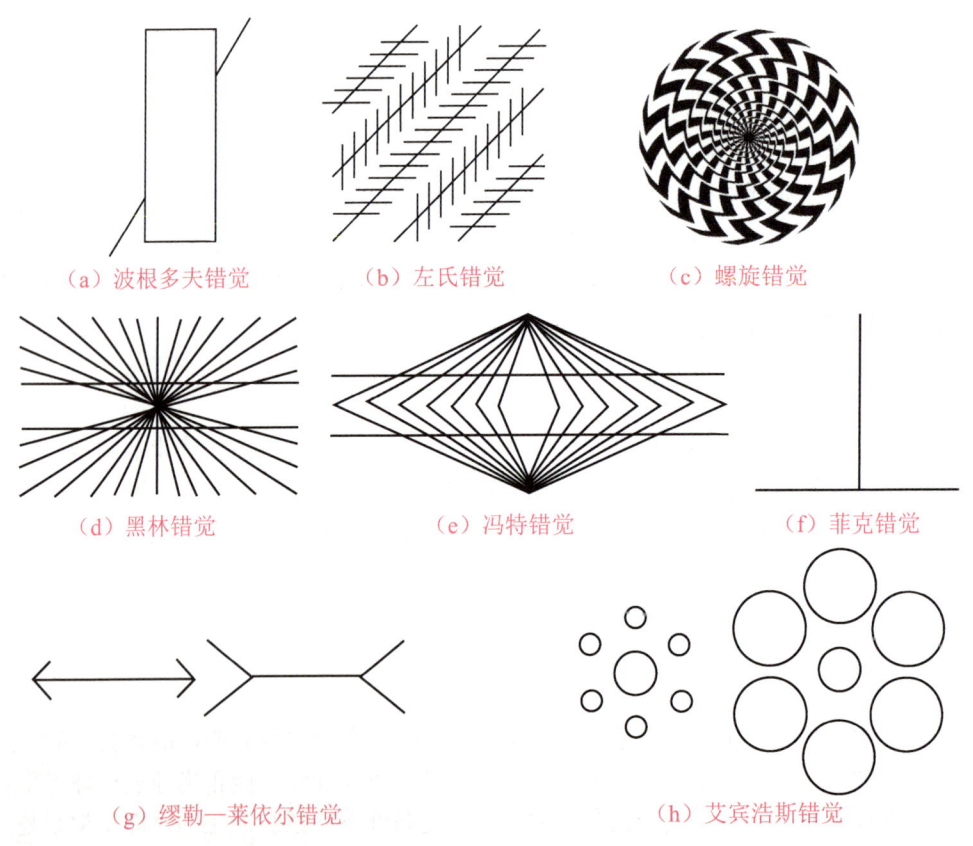

图4-9　几何图形错觉

（二）形重错觉

例如，一斤铁和一斤棉花重量相等，但人们会倾向于认为一斤铁比一斤棉花重。

（三）方位错觉

在电影院看电影时，声音是从后面和侧面的扩音器传出来的，但观众却把它感知为电影中人物发出的声音。

拓展阅读

自己挑选的彩票中奖几率是否更大一些

日本有一家保险公司发行了一批头奖 500 万美元的彩票，然后，每张彩票以 1 美元的价格卖给自己的员工。其中，一半彩票是买主自己挑选的，另一半彩票则是由卖票人挑选的。到了抽奖那天的早晨，公司专门派调查人员找到那些买彩票的人，对他们说自己的朋友想买彩票，希望他们能转让，询问他们会以多少钱来出售自己的彩票。

结果，不是自己挑选彩票的人平均每张彩票的转让价格是 1.96 美元，而自己挑选的彩票平均每张 8.16 美元。原因在于，自己选彩票的人相信自己的中奖率一定较高。

这一结果涉及心理学上的控制错觉定律，即对于中彩票等非常偶然的事件，人们也认为自己的能力可以支配。客观来说，偶然性事件的发生与否仅与概率相关。例如，我们扔硬币 1 000 次，扔出正面和反面的次数一定都非常接近 500，而哪一次是正面、哪一次是背面，则完全是偶然的。

回到前面买彩票的例子，实际上，别人为我们挑和我们自己挑，从理论上看，中奖的可能性是完全一样的。尽管人们可能都知道这个道理，可是在实际操作中，大家往往还是认为自己精心挑选的彩票中奖的可能性会更大一些。这可能是由于日常生活中的很多行为都能靠我们的努力加以控制，因而我们错误地认为这类偶然性事件也可以人为地控制。

思考与练习

一、名词解释

1. 知觉
2. 知觉的选择性
3. 深度知觉
4. 时间知觉
5. 错觉

二、单项选择题

1．面对一张 X 光片，不懂医学的人很难知觉到有用的信息，而放射科的医师却能获知病变与否。这说明了知觉的（　　）。
　　A．选择性　　　　B．整体性　　　　C．理解性　　　　D．恒常性

2．将黑白两匹布一半置于亮处，一半置于暗处，虽然每匹布的两半部分亮度存在差异，但人仍把它知觉为一匹黑布或一匹白布，而不会知觉为两段明暗不同的布料。这说明了知觉的（　　）。
　　A．形状恒常性　　B．明度恒常性　　C．大小恒常性　　D．颜色恒常性

3．（　　）是指人对自身或某物体在空间中的位置和方向的知觉。
　　A．形状知觉　　　B．大小知觉　　　C．深度知觉　　　D．方位知觉

4．垂直线与水平线是等长的，但看起来垂直线比水平线长，这是（　　）。
　　A．波根多夫错觉　　　　　　　　　B．菲克错觉
　　C．黑林错觉　　　　　　　　　　　D．缪勒—莱依尔错觉

5．一斤铁和一斤棉花重量相等，但人们会倾向于认为一斤铁比一斤棉花重。这是（　　）。
　　A．几何图形错觉　B．形重错觉　　　C．方位错觉　　　D．月亮错觉

三、简答题

1．简述吉布森的知觉理论。
2．时间知觉的依据有哪些？

四、分析题

1．教师讲课时，声音要抑扬顿挫；板书时要用彩色粉笔标示重点；教科书的某些地方用黑体字或加重点号。请说明为什么要这样做。

2．当我们欣赏中国水墨画时，依然会把墨画的荷花和荷叶知觉为水红和墨绿；黑白电视和黑白电影依然可以让我们感受到五彩缤纷的世界。请用知觉的相关理论解释上述现象。

第五章

意识与注意

内容提要

意识是人脑对客观物质世界的反映，是感觉、思维等各种心理过程的总和；注意是意识聚焦的过程。俄罗斯教育家乌申斯基曾精辟地指出："'注意'是我们心灵的唯一门户，意识中的一切，必然都要经过它才能进来。"

学习目标

知识目标

- 理解意识的概念和特性，熟悉意识的水平和种类，了解生物节律周期性对意识的影响
- 熟悉睡眠、梦和催眠三种不同的意识状态
- 理解注意的概念、特性、分类，掌握影响注意引起或保持的因素

能力目标

- 能正确区分无意识、前意识和潜意识
- 能正确区分无意注意、有意注意和有意后注意

第一节 意识概述

一、意识的概念和特性

(一) 意识的概念

意识是人们对自身行为及周围世界的觉知，包括对环境刺激信息感知、自身感受、记忆和思维的知觉，以及对自身行为和认知活动产生、维持及终止的调节与控制。

人的意识能够通过对客观事物的外部现象或特征的觉知来认识其本质和内在联系，并根据客观事物的本质特征和内在规律来指导、调节和控制自身的行为或内部状态。因此，意识至少包括两方面的内容：一是人对客观事物与环境刺激的意识；二是人对自身内部状态的意识，包括对自身内部活动状态的意识和对自己心理活动的意识，即觉知到自己的各种主观体验——自我意识。

意识的概念比较复杂，可以从不同的角度进行理解：

（1）意识是一种觉知。在这个意义上，意识意味着"观察者"觉察到了某种"现象"或"事物"。

（2）意识是一种高级的心理官能。在这个意义上，意识对个体的身心系统起综合、管理和调控的作用。即意识不仅是对信息的被动觉察和感知，而且具有能动性和调节作用。

（3）意识是一种心理状态。它可以分为不同的层次或水平，从无意识到意识再到注意，是一个连续体。另外，意识还存在一般性变化，如觉醒、惊奇、愤怒、警觉等。

(二) 意识的基本特性

1. 意识的觉知性

觉知性是意识最基本的特征，指对外部刺激和自身内部心理事件的了解，表现为人不仅能意识到客观事物的存在，包括自然现象和社会现象，而且能意识到自身的存在、自身与客观事物的复杂关系以及自己的心理活动和行为等。

对自己的状况和活动的觉知，就是人的自我意识之一。人不仅能意识到客观事物的存在，对外界刺激进行分析综合，而且还能意识到自己、对自己的主观世界进行分析综合，并且能对自己的心理活动、行为和客观现实的关系进行评价，这样就能够把自我和非我、主观和客观区分开来，并根据自己的需要和动机来自觉地指导和调节人的行为。这些以观念的形式存在于人脑之中的，通过言语加工、言语表达从而实现人对客观现实的自觉反映活动，是意识的重要特征之一。

2. 意识的能动性

能动性是指人的意识能够主动地反映客观世界和改造世界的能力和作用。人的意识是由人的认知、情绪、情感、欲望等构成的一种丰富而稳定的内在世界，是人们能动地认识世界和改造世界的内部资源。由于人有意识，因而人类就和单纯适应自然界的动物有了本质的区别。意识的能动性表现在以下三个方面：

（1）意识活动的目的性和计划性。人在反映客观现实时不是消极被动的，而总是根据社会实践需要，带着一定的主观倾向和要求，抱着一定的目的和动机，计划自己的行动。在实现目的的过程中，能坚持预定的方向，分析出现的新情况、新问题，将行为的结果与目的进行对照，克服遇到的各种困难和障碍。

（2）意识活动的主动创造性。人类意识通过实践对客观现实的反映是主动的，是根据需要去反映客观世界进而达到改造客观世界的目的。人的意识不仅反映客观世界，并且改造世界，即客观世界不会自动地满足人类的需要，人类是以自己的行动来改造客观世界，以满足人类需求的。

（3）意识的前进性。人的意识活动是不断发展前进的，永远不会停留在一个水平上。人类意识随着社会实践的发展而发展，随着社会的进步而前进，人类不断地追求自身主观世界的丰富和发展，也不断地摆脱对客观事物及其规律"知之不多"和"知之不全"的状态，从而使意识的能动性不断地提高到更新、更高的阶段，在认识客观世界和改造客观世界的实践活动中发挥前所未有的作用。

3．意识的社会历史制约性

马克思和恩格斯指出，意识一开始就是社会的产物，而且只要人们还存活着，它仍然是这种产物。意识是人类祖先在劳动及其社会联系发展过程中伴随着语言一起发生、形成和发展的，一开始就受到社会的影响和制约。人类意识既然是在社会实践中产生和发展起来的，其发生和发展必然受到来自社会环境的巨大影响，而且形成的意识又会反作用于社会实践活动。一个人的意识和人格的形成，都是在社会生活过程中与他人交往、互动的结果，这取决于生活状态、接受教育的条件、社会文化环境、从事社会实践的能力水平。

从意识的内容来看，人类意识的内容随着社会历史的发展日渐丰富和深刻。在不同历史发展阶段，社会生产力发展水平不同，科学技术发展水平存在差异，人们对自然界和社会生活的认识深度和广度决定人类的社会实践领域也会不同，因此，在意识的发展水平和表现特点上存在很大的差异。在不同的时代和不同的社会环境中，不同民族的价值观、幸福观、事业观、职业观、人生观、婚恋观也都有差异。这些都表明，人的意识受到社会历史条件的制约。

二、意识的水平和种类

（一）意识的水平

意识水平反映了人在某一时间内对自身活动及其状态的觉知程度。人的意识可分为以下三个不同的水平。

1. 意识的基本水平

意识的基本水平反映人对自己内部心理活动状态及行为表现的觉知，也反映其对周围环境刺激信息的觉知。这种意识表现为人对知觉的事物或现象以及对刺激信息反映的觉知。

2. 意识的中间水平

意识的中间水平表明人对环境刺激信息中的某一个事物或某一种现象的觉知，具有主观能动性。在该意识水平上，人依赖自己的知识经验，通过思维和想象推断新事物或新现象的可能情形，并利用它来回忆过去或者计划将来。

3. 意识的高级水平

意识的高级水平反映人对自己的觉知、选择的事物或现象正在进行思考，即自我觉知，具有个人经历的特征。在意识的高级水平上，人会体验到一种有序的、逻辑的、可预期的状态，通过这种意识活动，逐渐形成预期能力，并运用这种能力来选择当前的行动和计划未来。

（二）意识的种类

根据意识的不同水平，可以把意识分为以下三种类型。

1. 无意识

无意识是指人们在正常情况下觉察不到，也不能自觉调节和控制的心理现象。如血压变化、心跳脉搏变化、脑电活动等由神经系统控制的生理信息。

2. 前意识

前意识是介于意识与潜意识之间的一种中间心理状态，是指那些虽然此时此刻意识不到，但是在集中注意、认真回忆的情况下，可以回忆起来的经验。人的长时记忆中存储着大量的信息，如语言、运动、地理、天文知识，以及经历过的事件或主观体验等。人们平时可能意识不到这些信息的存在，但当面临某种问题时，就会把长时记忆中的信息资料提取到前意识之中，从而有意识地利用信息资料完成当前任务。

3. 潜意识

潜意识是指对正在进行的某种心理活动和行为表现没有觉知。例如，演讲者在述说时没有意识到自己的口误。

弗洛伊德对潜意识进行了系统研究，他认为，某些意识经验，如本能、创伤经历等心理活动过程被排除在意识之外。但是，那些原始的、不被现实和良心接受的欲念、动机、情绪等内容与经验被压抑在潜意识之中。尽管潜意识中的欲望、情绪或某些观念被压抑，但它们并没有泯灭。那些本能欲望、情绪和观念会不由自主地活动,在某些状态下通过象征等方式在意识中出现,仍会直接、间接地影响人的心理活动和行为。现实生活中,有人会出现口误,在精神分析理论看来就是潜意识的作用。

三、意识的局限性及能动性

(一)意识的局限性

意识不是外部世界的完整呈现,具有一定的局限性。事实上,很多作用于人们感官器官的事物或刺激,人们并没有意识到。例如,人们看不见波长超过一定范围的光,也听不到频率低于特定范围的声音,这种局限性通常由感官器官的特性决定。在同一时间内,可以进入意识的信息量是有限的。当人们专注于一件事情时,通常会对其他事情视而不见。

赫斯特(Hirst)认为,意识的局限源自认知加工过程,人们能同时意识到哪些东西或者多少东西,与认知过程的性质和认知技能的熟练程度有关。例如,人们在看电视时,可以毫无困难地看到画面并同时听到声音,而同时听两种音乐就比较困难。经过训练以后,人们可以提高在同一时间内意识到更多事物的能力。

(二)意识的能动性

人们看到的东西不限于外界的刺激,有时候人们还可以看到、听到、触摸到和意识到事实上并不存在的东西。例如,人眼中有一个盲点,人们不能看到落在盲点上的物体,也意识不到在自己的视觉中有这样一小块区域,这说明人们所看到的并不完全是世界的本来面目。另外,有些人在特殊情况下会产生"幻听""幻视"等幻觉,即看见并不存在的物体、听到并不存在的声音等。

总而言之,意识不是被动地反映世界,人们可以有限度地超越外部的信息内容,在其范围之外建构他们的意识内容。然而,尽管人们有时会出现幻觉,但在大多数条件下,外部世界仍然限制着意识的内容范围。

四、生物节律的周期性与意识状态

(一)生物节律的周期性

意识状态的变化是与个体身体功能的周期性变化密切相关的。对意识状态的理解应该联系其生理机制——人体的生物节律,即人体的基本生理活动和心理状态的周期性自然变化。在正常情况下,生物节律以一天为一个周期,但有些生理活动的周期要短一些。例如,有些人在清醒时,每隔两三个小时就会处于生气的状态;在睡眠中,做梦的时间基本上以90分钟为一个周期。有的生理活动周期则要更长一些,如女性的月经周期为28天。

(二) 生物节律周期性对意识的影响

大多数人都能意识到他们的精神状态、精力和心情在一天中的波动和变化，这些波动和变化与其生理过程的变化有关，如荷尔蒙的分泌、体温、血压等的变化。对多数人来说，这些生理活动在下午或傍晚时达到最高水平，而在凌晨时最低。但个体间也有很大的差异，一般来说，当体温及其他生理指标达到一天中的最高水平时，个体的工作效率最高。对于体力劳动来说，这种联系尤其明显，而对于需要思考的脑力劳动，这种联系就要弱一些。

位于海马的视交叉上核，对人体的这种心理功能及心理状态的周期性变化起关键作用。事实上，它是一个"超生物钟"，令其他的内部"生物钟"互相保持同步。这个神经核的活动可以促进或抑制松果腺的活动。松果腺分泌褪黑激素（一种影响很广的荷尔蒙），褪黑激素起镇静剂的作用，可以降低机体的活动，增加疲劳感。

视交叉上核对视觉刺激输入敏感，白天的光线可以激活该神经核，从而减少褪黑激素的分泌；反之，黑暗能增加褪黑激素的分泌。因此，人们在白天会感到精力充沛，夜晚则感到疲倦。而当视交叉上核受损或它与眼睛的神经通路被破坏时，这种日夜交替的生理周期就会消失。

第二节　几种不同的意识状态

意识状态是指人对周围环境和自身状态的认知与觉察能力，是大脑高级神经中枢功能活动的综合表现。

一、睡眠

睡眠是与觉醒周期性交替出现的生理状态，是最重要和最突出的生物节律之一。人处于睡眠状态时，大脑皮层产生一种弥散性抑制，使人的感知能力、运动能力、意识等逐渐减退或处于休止状态，但这种抑制往往是不平衡的，有些神经细胞还处于兴奋状态并导致梦境的出现。

（一）睡眠的阶段

根据睡眠过程中脑电图、眼动电图和肌电图的表现特点，可将睡眠分为快速眼动睡眠（REM）和无快速眼动睡眠（NREM），并将睡眠分为以下五个阶段：

第一个阶段：轻度睡眠。主要为混合的、频率和波幅都较低的脑电波 α 波。该阶段，个体处于浅睡状态，心率减慢，身体肌肉放松，有时会出现全身肌肉收缩或急促的抽搐，呼吸变得有些不规则,很容易被外部刺激惊醒。持续时间大约10分钟。

第二阶段:睡眠加深。脑电波开始的频率和振幅频繁变化,偶尔会出现一种短暂爆发的、频率高的、波幅大的脑电波,称为睡眠锭,标志着睡眠已经到来。该阶段,个体较难被唤醒,持续时间大约20分钟。

第三阶段:肌肉逐渐变得更放松,脑电的频率会继续降低,波幅较大,开始出现Δ波,有时也会出现睡眠锭。该阶段大约持续40分钟。

第四阶段:深度睡眠。当大多数脑电呈现为Δ波时,表明已经进入深度睡眠阶段。在该阶段,个体的肌肉进一步放松,身体功能的各项指标变慢,有时发生梦游、梦呓、尿床等。

第五阶段:快速眼动睡眠阶段(REM)。这时的生理电活动迅速改变,Δ波消失,高频率、低波幅的脑电波出现,与个体清醒状态时的脑电活动相似。睡眠者的眼球开始做左右上下运动,而且通常伴随着栩栩如生的梦境。另外,心律、血压变得不规则,呼吸变得急促,如同清醒状态或恐怖时的反应,而肌肉依然放松。第一次快速眼动睡眠一般持续5~10分钟,再经过大约90分钟后,会出现第二次快速眼动睡眠,持续时间通常长于第一次。在这种周期性的循环之中,当黎明临近时,第三阶段与第四阶段的睡眠会逐渐消失。

(二)睡眠的功能

睡眠对维持人的正常生理和心理功能具有十分重要的作用。从生理学角度看,睡眠有利于消除疲劳,补充体力,排除体内毒素和代谢物,促进人体生长。从心理学角度看,睡眠有利于过滤白天获得的信息,巩固白天记忆的内容。

快速眼动睡眠和非快速眼动睡眠具有不同功能。非快速眼动睡眠与恢复体力、机体生长密切相关;快速眼动睡眠与心理创伤的恢复、神经发育有着密切的联系。睡眠剥夺试验有力地证明了睡眠的重要性。睡眠被剥夺会对注意力的集中、情绪的稳定、学习及记忆产生明显的负面影响。被连续剥夺两天睡眠的人会出现幻觉和错觉,情绪紊乱,适应能力大幅降低。长时间睡眠剥夺,甚至会导致暂时性睡眠剥夺性精神病。

(三)睡眠障碍

睡眠障碍是指睡眠量不正常以及睡眠中出现异常行为的表现。常见的睡眠障碍有以下几种。

1. 失眠

失眠是最常见的睡眠障碍,表现为无法自主入睡、入睡困难、睡眠不好等。根据失眠状况,可以把失眠分为三种类型:起始性失眠,表现为难以入睡;维持性失眠,表现为夜间经常醒来;终止性失眠,表现为凌晨醒来后无法入睡。失眠随着年龄的增长有增加的趋势,通常女性比男性更为常见。对大多数人来说,失眠发生在一些特殊的场合或时间,如高考前夜、刚到一个新环境等。

对有些人来说,失眠显得很有规律,并对正常生活有不良影响,这时失眠就成为一种病症,称为失眠症。失眠症患者需要更长的时间才能入睡,而且夜间经常醒来,每天的睡眠没有规律。与正常睡眠者相比,失眠者在睡眠时的脑电图更容易不正常,常出现α波。

失眠通常会伴随其他方面的问题,最常见的是精神失常。失眠对个体的生理功能及日常生活有一定的影响,个体在睡眠不足时记忆力会下降,而且会感到无精打采,脾气也会变坏。

2. 嗜睡症

嗜睡症是与失眠相反的睡眠障碍。嗜睡症者在觉醒时,会突然不可抵抗地想睡觉,并会直接地从清醒状态进入快速眼动睡眠阶段,一般持续 10～20 分钟。嗜睡症似乎具有遗传性,其发病机理和原因目前尚不明了,发病年龄为 10～12 岁。研究表明,嗜睡症的发病概率在 0.2‰～1‰之间。

3. 睡眠窒息

睡眠窒息的主要表现是打鼾,患者会因呼吸困难而醒来,有的甚至会因呼吸通道阻塞缺氧而出现呼吸停止。睡眠窒息与肥胖有关,会引起高血压、心脏病、中风,严重时会导致死亡。

4. 其他睡眠障碍

睡眠障碍还包括梦魇、梦游、梦呓、梦惊、遗尿等。梦魇经常在快速眼动睡眠阶段出现,与坠落、死亡、灾难等情景相联系,是一种逼真而又使人感到恐惧的梦,长期受梦魇困扰的人往往有情绪压抑问题或有心理创伤史。梦游一般在睡眠的第四个阶段出现,大多是儿童,可能有家族史。梦呓偶尔出现在快速眼动睡眠阶段,但在其他睡眠阶段也会经常出现。梦惊经常在慢波睡眠阶段出现,最常发生在儿童身上,表现为睡眠中出现强烈的恐惧感和惊慌体验,尖叫着然后惊醒。

二、梦

梦是在睡眠状态下出现的一种想象活动,是不随意想象的一种特殊形式。

(一)梦的发生

在睡眠状态下,大脑皮层处于不平衡的抑制状态,少数神经细胞的兴奋使一些表象被激活。由于缺乏意识的控制与调节,被激活的表象形成了离奇的组合,这些稀奇古怪的组合使得梦境与现实生活大相径庭。

梦是在睡眠中发生的,但不是整个睡眠过程都是在梦中度过的。梦境多半在快速眼动睡眠阶段出现,但一些概念较强的、与现实联系密切的梦也在无快速眼动睡眠阶段出现。人们往往能记住快速眼动睡眠被唤醒时的梦的内容,所以,快速眼动睡眠被视为梦的一种活动标志。

(二)梦的理论

1. 精神分析观点

对梦的解释最具代表性的是弗洛伊德的精神分析理论。弗洛伊德等人认为,梦是潜意识过程的显现,是通向潜意识的最可靠的途径。即被压抑的潜意识冲动或愿望以改变的形式出现在意识中,这些冲动和愿望主要是人的性本能和攻击本能的反映。梦实际上是个体的一种象征含义,可以分为显性梦境和隐性梦境。显性梦境是在回想时能够说出梦的内容;

隐性梦境是蕴含于显性梦境中的梦的含义。

弗洛伊德还认为,梦并不是无意义的、杂乱无章的,梦代表了个人某些愿望的满足,即潜意识欲念的要求和冲突,因此是有意义的,也是具有独特价值的。他认为,梦既有外显的内容,又有内隐含义,前者是梦境的情节,后者是通过显性梦境来体现个人本能的欲望。梦既表达了自己被压抑的愿望,也呈现了潜意识欲望。做梦是一种非意识自发活动,既有沟通自我的功能,又有阻碍交流的作用。梦中蕴含的个人潜意识欲望与情感、冲突,在自我防御机制的作用下不能以本来面目出现,而只有通过梦的活动予以伪装。这些不被意识接受的愿望,通过象征性的梦境,以伪装形式进入意识,而梦中的观念是以表象或形象的方式表现出来,而不是以词的形式表现。

潜意识中的压缩和替代,是用来隐藏个人被压抑的愿望和冲突的主要手段。弗洛伊德认为,对梦的加工方式主要有压缩、转移、象征化和再度修饰。压缩是以简略的意象来代表复杂的内容;转移是指对情感的伪装和变换;象征化是指梦中某些内容对个体具有特殊含义;再度修饰是指经过压缩、转移、象征化加工后的内容组合形成具有连贯性的梦境。弗洛伊德提出,应该采用精神分析技术来探测人的梦境。例如,可以用自由联想技术和梦的象征性知识来探索梦者的潜意识动机。

弗洛伊德的精神分析是心理学历史进程中具有代表性的一种理论,对梦的分析不仅在心理咨询和心理治疗中应用比较广泛,而且在文学和其他社会科学方面产生了巨大的影响,但由于缺乏可靠的科学依据支持,因此还应对精神分析理论假设进行更深入的探索。

2. 生理学观点

霍布森(Hobson)认为,梦的本质是对脑的随机神经活动的主观体验。一定数量的刺激对维持脑与神经系统的正常功能是必要的。在睡眠时,由于刺激减少,神经系统会产生一些随机活动,梦就是认知系统试图对这些随机活动进行解释并赋予一定意义而产生的。

以巴浦洛夫学说为代表的生理学理论认为,梦是在外界刺激的作用下,由大脑皮层上未被抑制的神经组织的孤立活动引起的。

3. 认知观点

认知心理学认为,梦是一种认知结构,它反映清醒思维中的某些挂念和担忧,具有将人的知觉与行为经验重新编码和整合的认知功能,并将新旧记忆联结起来,从而促进记忆联想和注意转移。有时,梦还可能在问题解决方面具有某种作用,即为梦者提供白天面临问题的潜在解决方法。

有人认为,梦具有一定的认知功能。在睡眠中,认知系统依然对存储的知识进行检索、排序、整合、巩固等,这些活动的一部分会进入意识,成为梦境。福克斯(Foulkes)认为,梦的功能是将个体的知觉和行为经验重新编码和整合,使之转化为符号化的、可意识到的知识。这种整合可以将新、旧记忆联系起来。认知观点为研究梦的功能提供了一个框架。相关的研究表明,对快速眼动睡眠的剥夺会导致对事件记忆力的下降,特别是那些带有情感色彩的事件。

研究者对梦进行了大量的研究,结果发现,梦和正常的心理活动之间既有区别又有联系,具体表现为:在知觉方面,梦者几乎不能感知外部世界,完全被变化多端的梦境所取代;在操作方面,除了眼动和男性生殖器的活动外,人的肢体动作大都停止;在思维方面,梦中的思维活动往往是不合理的、不合逻辑的,梦者尽管睡着,却以为自己醒着,对于梦中荒诞离奇的情节,也认为是合理的,即使是那些自相矛盾的情节,也会因为是真实的,醒来后才发现自己的错误;在情绪方面,梦者的情绪体验和在正常觉醒状态下的体验类似;在记忆方面,梦中的内容往往是歪曲现实的反映,它是由记忆表象重新组织而构成的,在梦中,通常把记忆重组后形成的梦境认为是真实的;在同一性方面,梦中个人的同一性变化较大,有时是梦者本人,有时是与梦者毫无关系的另外一个人,甚至是梦者的变形;在时间知觉方面,梦者对时间知觉与日常生活中的时间知觉往往是一样的,但有些梦境中的时间与实际时间存在很大的差距。

拓展阅读

奇异梦境

在梦的研究中,奇异梦境是很多研究者感兴趣的一个领域。尽管梦境大都荒诞离奇,但梦境中的具体内容主要来自人们的日常生活,那些看上去在客观环境中不可能存在的事物,往往是实际生活中发生的。梦也与人们的需要和愿望有一定的联系。研究发现:生来就盲的人,从来不报告梦中的视觉形象;生来就聋的人,从来不报告在梦中听见什么。梦的内容和个人的想象力关系密切。霍布森等人描述了奇异梦境的一些特征,如不谐调性、不连续性、认知的不确定性等。其中,不连续性是奇异梦境的一个主要特征,表现为一种思想、行为、表象、情景等快速转移到与前者完全无关的状态中。

对于梦境中出现的这种不连续性,他们认为,在快速眼动睡眠中,大脑被激活,使得与这种状态有关的各分支的神经元发生了兴奋,从而出现了奇异的不连续性。

(三)梦的特征

(1)不协调性。即梦境中的人物、事情、动作、行为、情境特征等经常会出现错误的搭配。

(2)不确定性。即梦中的形象和时间经常是不确定的。

(3)不连续性。即梦中人的思想、动作、行为、表情和情境经常快速转移,并常常与前者没有关系。

(4)缺乏批判性。即梦中的形象和事件经常是稀奇古怪的,但梦者深信不疑,当个人对梦中情境发生怀疑时,就快醒了。

三、催眠

（一）催眠的定义

催眠是指在人为诱导下引起的意识状态改变。催眠师设计的特殊情境以及采用的诱导方法，称为催眠术。

"催眠"这一术语源于英国外科医生布雷德（James Braid），而催眠术则兴起于18世纪奥地利维也纳医生麦斯麦（Franz Anton Mesmer）用催眠术治疗癔症病人。麦斯麦认为，人体内有一种动物磁液，可由人的意识来支配，从人身体的这一部分转移到另一部分。体内的磁液如果失去平衡，就会生病，可用通磁术来恢复平衡。他用一个橡皮制成桶，患者围桶而坐；放置桶的房间半明半暗，柔和音乐时奏时止。麦斯麦绕桶一周，以手触人，给病人"通磁"来治愈患者。

（二）催眠的过程

首先，让被催眠者处于安静舒适的状态，减少外界的干扰。然后，催眠师要求被催眠者将注意力集中在某些特定的事情上，如想象中的风景、表的滴答声等，催眠师用平和的语言引导被催眠者的感受和体验，如"放松""你现在感觉非常舒适"等。这样，被催眠者就慢慢进入完全放松的状态，这时，被催眠者会顺从和接受催眠师的指示，并相信催眠师的描述是真实的。

被催眠者进入催眠状态后好像是睡着了，但其实并非如此，其催眠时的脑电记录与清醒状态时是一样的。在催眠状态下，被催眠者的思维、言语和活动是在催眠师的指示或引导下进行的，失去了独立思考和行动的能力。

（三）对催眠的解释

1. 社会认知或角色扮演的观点

催眠反映了催眠师和被催眠者之间的一种特殊关系。一般而言，被催眠者事先对催眠已经有所了解，知道催眠后会发生什么。在催眠中，他们只是扮演了一个特殊的社会角色——被催眠的人。这个角色意味着他们将无条件地接受催眠师的指挥，做出特定的行为或产生特定的感受。需要指出的是，并不是说被催眠者在故意欺骗别人，他们的确相信自己在经历另一种意识状态，在这种状态下，除了顺从催眠师的指示外别无选择。

2. 意识功能分离的观点

人的意识有执行和监督两种基本的功能。执行功能可以使人们控制和规范自己的行为；监督功能可以使人们观察自己的行为。在正常情况下，两种功能是连在一起的，但是，催眠可以使这两个功能之间的联系断开。通过分离两种基本的意识功能，可以达到催眠的效果。在催眠的条件下，个体进入一种特殊的意识状态，其执行功能正常，能够接受催眠师的指令，而监督功能不起作用。

最近有人认为，催眠并不是完全将意识分离，它只是弱化了意识对于行为的监督功能，因而使执行功能超过了意识的其他方面，执行功能自动地执行了催眠师的指示，没有以个体的正常认知系统做中介。

（四）催眠的应用

催眠已被广泛应用于心理治疗、医学、犯罪侦破和运动等方面。在心理治疗方面，催眠曾被用于治疗酗酒、梦游症、自杀倾向、过度饮酒、吸烟等。但是，催眠一般不会立即产生明显的效果，除非病人的动机很强。如果能配合其他的心理治疗，催眠的效果会更好。

第三节　注　意

一、注意的概念及特性

注意是心理活动对一定对象的指向和集中。注意不是一个独立的心理过程，它伴随着认识、情感和意志等心理过程发生。如果离开了心理过程，注意就失去了内容依托。同时，一切心理活动的进行也离不开注意。

注意是人在清醒状态下才出现的状态，指向性和集中性是注意的两个基本特性。

（一）指向性

指向性是指心理活动在某个时点，有选择地指向一定的对象。"两耳不闻窗外事，一心只读圣贤书"说的就是这种状态。人们每天都会接触到来自环境中的大量信息，由于精力有限，不可能对所有的信息都作出反应，只能选择一定对象作出反应，这样才能保证知觉的精确性和完整性。

（二）集中性

集中性是指心理活动停留在一定对象上并保持一定的强度或紧张度。注意集中时，心理活动为使事物得到清晰反映，会离开一切无关的事物，并且抑制多余的活动，这样就保证了注意的清晰、完善和深刻。当然，注意集中的对象不是一成不变的，它随个体活动任务和环境的变化而变化，以便更好地适应环境。

注意的指向性和集中性是同一注意状态下的两个方面，两者不可分割。例如，当人正在阅读一本书时，把一座闹钟放在书边，人同时注意钟的"滴答"声音又能继续阅读，在短时间内可以做到这一点，但不久就会中断阅读而去倾听钟声，或者被书本所吸引而"忘记"钟声,两者必择其一。如果说注意的指向性是指心理活动或意识朝向哪个对象,那么,集中性就是指心理活动或意识在一定方向上活动的强度或紧张度。心理活动的强度越大、紧张度越高,注意就越集中,而注意指向的范围就越小,人对自己周围的一切就可能出现"视而不见,听而不闻"。

拓展阅读

医生、房地产商与艺术家的故事

医生、房地产商和艺术家一同去看望他们共同的朋友。路上,他们经过了一条繁华的街道。

到了朋友家以后,朋友的小女儿请艺术家给她讲个故事。"今天,我沿着街道走,"艺术家说,"看见在天空的映衬下,城市像一个巨大的穹窿,暗暗的金红色在落日的余晖中泛着微光,像一幅美丽的图画。"

接下来,小姑娘又让房地产商给她讲个故事。房地产商讲道:"我在街上看见两个男孩在讨论怎样挣钱,一个男孩说他想摆一个冰激凌小摊,并把地址选在两条街道的交汇处,紧挨地铁的入口处,因为在这里,两条街上的人和乘坐地铁的人都可以看见他。我发现这个男孩懂得经营位置的价值,没准他将来能成为一个很好的商人。"

接下来,小女孩又让医生给她讲故事。医生的故事是这样的:"有一个橱窗从上到下都摆满了各种药品,这些药品用于治疗各种疾病,有一些人在正挑选。可是我明白他们所要的也许不是什么药品,而是新鲜的空气和睡眠,但我却不能告诉他们。"

医生、房地产商与艺术家走的是同一条街道,但看到的却各不相同,原因在于他们对事物的注意具有不同的指向性。

二、注意的功能

(一)选择功能

注意的选择功能主要表现为人的心理活动指向那些有意义的、符合需要的、与当前活动相一致的事物,避开或抑制那些无意义的、附加的、干扰当前活动的刺激和信息。在生活中,周围环境给人提供了大量的刺激信息,这些刺激信息有的对人重要,有的毫无意义。人要正常地学习、生活与工作,就必须选择重要的信息,排除无关刺激信息的干扰。当人注意某一对象时,集中注意的对象是注意的中心,其余的对象有的处于"注意的边缘",多数处于注意范围之外。

(二)保持功能

当我们的某一心理活动深入于所选择的那种事物时,我们就会越来越少地觉察到周围的其他事物,甚至对周围的其他事物"触而不察,食而不知其味",从而使我们反映的对象一直维持在意识之中,处于注意中心的事物就会被鲜明、清晰而深刻地反映出来。如果没有注意的参与，外界通过感官输入的信息就无法转换为一种持久形式保持在意识中而很快消失。只有那些被注意并转换了形式的信息，才有可能进入知觉和记忆系统。

（三）调节和监督功能

注意不仅表现在稳定而持续的活动中，而且也表现在活动的变化上。当需要从一种活动转向另一种活动的时候，注意就表现出调节与监督功能，使人的心理活动朝向目标，并根据需要适当分配和适时转移，使其对外界事物或自己的思想、情感等反映得更清晰或准确。另外，人在活动过程中难免会出现偏差，这时就需要注意进行监控，及时加以修正。人只有在注意转移的状态下，才能实现活动的转变。例如，机床操作工必须注意机器的运转情况，才能保证产品的质量。

三、注意的分类

根据注意的目的性和意志努力的程度，可把注意分为无意注意、有意注意和有意后注意。

（一）无意注意

无意注意又称不随意注意，是指事先没有预定目的，也不需要意志努力的注意。无意注意是人们不由自主地对那些新颖的、感兴趣的事物所表现出来的心理活动的指向和集中。例如，在安静的环境中，被突如其来的声音所吸引。

无意注意没有明确的认识任务，也不需要意志努力的维持，取决于刺激物本身的性质和强度，自觉性较差，保持时间短，因此，无意注意是消极被动的注意，是注意的初级形式。但在无意注意状态下，人体消耗精力少，不容易疲劳。

露出马脚的间谍

第二次世界大战期间，各国都十分重视间谍机构的活动，都希望在情报方面战胜对手，以利于在整个战争中获取主动。同时，反间谍机构也都在积极活动。一次，盟军反间谍机关收审了一位自称来自比利时北部的"流浪汉"。他的言谈举止令人怀疑，眼神也不像是流浪汉特有的。因此，法国反间谍军官奥克多认定他是德国间谍，可是他没有更有力的证据。奥克多决定打开这个缺口。

审讯开始了。奥克多提出的第一个问题是："会数数吗？""流浪汉"用法语流利地数数，没有露出一丝破绽，甚至在最容易说漏嘴的地方，他也能说得很熟练。于是，他被押回小屋去了。

过了一会，哨兵用德语大声喊："着火了！""流浪汉"仍然无动于衷，似乎真的听不懂德语，照样睡他的觉。

后来，奥克多又找来了一位农民，和"流浪汉"谈论起庄稼的事。"流浪汉"居然也不外行，有的地方甚至比这位农民更在行。奥克多又失败了，但他很快又想出了一个新的办法。

第二天,"流浪汉"在被押进审讯室的时候,显得更加沉着、平静。奥克多非常认真地审阅完一份文件,并在上面签字之后,抬起头突然用德语说:"好啦,我满意了,你可以走了,你自由了。""流浪汉"一听到这话,长长地松了口气,像放下一个沉重的包袱。他扬起脸,愉快地呼吸着自由的空气,兴奋之情溢于言表。

"流浪汉"露出的愉快表情虽然是一刹那间发生的,但这个表情却透露出他懂德语这一信息,从而使他露出了马脚。经过进一步的审讯,"流浪汉"最终承认了自己是一个德国间谍。

奥克多利用人的潜意识心理转移德国间谍的有意注意,间谍的无意注意让他在不经意间露出得意忘形之色,暴露了自己。

(二)有意注意

有意注意又称随意注意,是指有预定目的,需要付出意志努力的注意。例如,做"找茬"游戏时,需要仔细比对两幅图画,找出不同的地方,这时表现出来的注意是有意注意。

有意注意是一种积极主动地执行当前任务的注意,受人的意识的支配、调节和控制,自觉性较高,保持时间长,因此是注意的一种高级发展形式。但在有意注意状态下,人体消耗精力较多,容易疲劳,从而导致注意分散。

(三)有意后注意

有意后注意又称继有意注意,是指事先有预定目的,在有意注意的基础上产生的一种与目的任务联系在一起,但又不需要意志努力的注意。例如,专业篮球运动员运球上篮,动作一气呵成,对每一个步伐和投球动作的控制都是下意识完成的,这是有意后注意。

有意后注意由有意注意转化而来,是一种更为高级的注意形式。它集合了无意注意和有意注意的优点。一方面,它以有意注意为先导,因此具有潜在的目的性;另一方面,由于它不需要意志努力,因此,个体不易疲劳。有意后注意具有较强的稳定性,对人们完成长时、持续的活动任务特别有效,是人们从事创造性活动的必要条件。

 课堂讨论

"放松而不放纵,忙碌而不盲目"是人们追求的一种生活状态,如果用来形容注意状态,它应该属于哪一类?

四、注意的品质

注意的品质主要包括注意的范围、注意的紧张性、注意的稳定性、注意的分配和注意的转移,它可以反映一个人注意的发展水平。

（一）注意的范围

注意的范围也称注意的广度，是指在同一时间内一个人能清楚地觉察到注意对象的数量。实验研究表明，一般人在 1/10 秒的时间内，能同时把握 4~6 个没有意义联系的符号或 8~9 个排列不规则的黑色圆点。注意的范围可以说是知觉的广度，知觉的对象越多，注意的范围越大；知觉的对象越少，注意的范围越小。

人的注意范围并不是固定不变的，主要受到四个方面的影响：一是对象客体的特点，对象越集中，组合越有规律可循，注意的范围就越大；二是个体的经验，知识经验丰富的人善于形成对客体的整体感知，因而其注意范围也较大；三是活动任务的特点，活动任务越多、越复杂，注意范围就越小；四是个体的情绪状态，情绪越紧张，注意范围就越小。

（二）注意的紧张性

注意的紧张性是指心理活动对注意对象的高度集中程度，是注意的强度特征。人在高度紧张注意的状态下，会沉浸于注意的对象，而注意不到周围发生的事情。高度的责任心、浓厚的兴趣和爱好都能引起高度紧张的注意，而厌倦、疲劳则会大大削弱注意的紧张性。

（三）注意的稳定性

注意的稳定性又称注意的持久性，是指注意在某一对象上所能保持时间的长短，它是注意的时间特征。例如，学生在上课期间，使自己的注意保持在课堂教学内容上。注意的稳定性有狭义和广义之分。

狭义的注意稳定性是指注意保持在某一对象上的时间。一般来说，人对同一事物是无法长时间保持注意固定不变的，而是周期性地加强或减弱。注意的这种周期性加强或减弱的变化现象称为注意的起伏，注意的起伏周期一般为 2.3~12 秒。

广义的注意稳定性是指注意保持在某一活动上的时间。广义的稳定性意味着注意并不总是指向一个事物，而是指注意所接触的事物可以变化，但注意所维持的活动总方向始终不变。例如，学生在听课时，要边听老师讲边记笔记，还要进行思考，虽然注意力在几个活动对象之间转换，但都服从于听课这一总任务。

影响注意稳定性的内部条件是个体的心理状态，个体对从事的活动认识越深刻，态度越积极，兴趣越浓厚，注意就越稳定。此外，良好的精神状态与平静快乐的心境也有利于提高注意的稳定性。影响注意稳定性的外部条件是活动对象的特点，一般来说，活动内容越丰富，注意的稳定性就越高。

> **提 示**
>
> 与注意稳定性相反的是注意分散，也称为分心。注意分散是指心理活动受到无关刺激的干扰，而转换注意对象。

（四）注意的分配

注意的分配是指个体进行心理活动时，注意同时指向几种（两种或两种以上）不同的对象。注意的分配对人的实践活动是必要的，也是可能的。例如，教师一边讲课，一边观察学生的反应，以调整教学活动；司机一边操纵方向盘，一边踩油门、刹车，同时还要观察路面情况等。

（五）注意的转移

注意的转移是指个体根据新任务，主动及时地把注意从一个对象转移到另一个对象上。注意的转移要求新的活动符合引起注意的条件，并与原先注意的强度有关。

注意的转移不同于注意分散。前者是指根据任务的需要，有目的地、主动地把注意转向新的对象，使一种活动合理地为另一种活动所代替，是积极主动的；后者是指由于某一种刺激物的干扰，使注意离开当前需要注意的对象，是消极被动的。善于主动、迅速地转移注意，对学习、工作等十分重要，尤其是那些要求在短时期内对新刺激作出反应的工作。

拓展阅读

笑声杀人

> 罗马尼亚杂技演员奥里尔在一次"空中飞人"表演中，被一位妇女的狂笑声"杀"死。这位名叫玛莉安的妇女是奥里尔的妻子，丈夫一贯在外拈花惹草，使她又妒又恨。
> 一天，奥里尔表演蒙面空中飞人，正当他从一个秋千架上脱手飞出，在空中旋转180°，再去抓另一只秋千架时，全场屏息静气，坐在观众席上的玛莉安却突然发出一阵狂笑。奥里尔被笑声惊得失常，从高空摔下毙命。警察逮捕了她，并控之以谋杀罪。
> 这位罗马尼亚妇女运用心理学的知识谋害了她的丈夫。表演"空中飞人"这种工作对注意的要求很高，如果注意不集中，注意转移失当，后果将不堪设想。

五、注意发生的心理机制

（一）过滤器模型

英国心理学家布鲁德本特（Broadbent）认为，来自外界的信息是大量的，但人的感觉通道接受信息的能力以及高级中枢加工信息的能力是有限的，因而对外界的大量信息需要进行过滤和调节。过滤按照"全或无"的原则，只允许一条通道上的信息经过并进行加工，而其余通道全部关闭。

布鲁德本特表示，被试能在很小的程度上来回转换注意的通道，因而表现出似乎能同时加工两种信息的能力。不过他同时表示，这种能力是极其有限的，特别是在一个通道材料复杂程度增加的情况下，更是如此。

（二）衰减模型

美国心理学家特瑞斯曼（Treisman）认为，过滤器并不是按照"全或无"的原则工作的，信息在通道上并不完全被阻断，而只是被减弱，其中重要的信息可以得到高级的加工并反映到意识中。她和格芬（Geffen）的双耳听音实验结果表明，被试能觉察出追随耳中87%的词以及非追随耳中 8%的词。这表明，被试可以同时注意两个通道的信息，但信息有不同程度的衰减。

布鲁德本特接受了特瑞斯曼的修改，目前人们倾向于把两个模型合并，成为布鲁德本特—特瑞斯曼过滤器—衰减模型。

（三）容量分配模型

心理学家卡里曼（Kahneman）把注意看成资源和容量，而这种资源和容量是有限的。这些资源可以灵活地分配，以完成各种各样的任务，甚至同时做多件事情，但完成任务的前提是所要求的资源和容量不超过所能提供的资源和容量。例如，在无人的高速公路上，熟练的汽车司机可以一边开车，一边和车内的人说话。他之所以能够同时进行两种或两种以上的活动，是因为这些活动所要求的注意容量没有超出他所能提供的容量。而如果在行人拥挤的街道上开车，由于来自视觉和听觉的大量刺激占用了他的注意容量，他就没有能力再与同伴聊天了。

卡里曼的容量分配模型有两个值得探讨的问题：是否所有的心理活动都需要调动资源；是否只有一种资源。首先，心理活动所需调动的资源容量是可以变化的。例如，刚开始学开汽车时，必须全神贯注，所有的资源都调动起来去学开车。这时候，边开车边交谈几乎是不可能的。但是，经过多次练习，情况便会改变。技术娴熟的司机可以边开车边交谈，丝毫不会感到困难，除非到了路况复杂的地段，他必须重新集中注意。由此可见，一个心理活动可以通过练习减少所需的注意资源，一些高度熟练的活动甚至无需多少注意资源，这就是自动化。其次，注意资源具有多重性，不同性质的任务需要不同的资源，同样性质的任务需要同样的资源。如果想同时把两篇文章念出来，结果无法做到，这是因为只有一个发音器官（资源）。而如果两件任务需要的是两种完全不同的资源，那么它们就能轻易地同时进行，边开汽车边听收音机就属于这种情况。

六、影响注意引起或保持的因素

（一）引起无意注意的原因

引起无意注意的原因分两大类：一类是客观刺激物的特点；另一类是人的主观状态。

1. 客观刺激物的特点

（1）刺激物的强度。这是引起无意注意的重要原因，如一道闪电、一声惊雷、一股浓烈的气味等都会引起一个人的注意。一般来说，刺激物的强度越大，越容易引起注意；强度越小，越不容易引起注意。与刺激物的绝对强度相比，刺激物的相对强度在引起无意注意上具有更重要的意义。例如，在人声鼎沸的广场上呼喊某人，有时即便声嘶力竭，也未必引起某人的注意；而在安静的课堂上，教师轻声点名，也立即会引起学生的注意。

（2）刺激物的新颖性。这里涉及绝对新颖性和相对新颖性两种情况。绝对新颖性是指刺激物在经验中从未有过，而相对新颖性是指刺激物的各种特征结合是不寻常的。例如，从未见过计算机的人，在展览会上会对一台普通计算机产生注意；而见过计算机的人，则会对一台造型新颖、设计独特的计算机产生注意。前者是由绝对新颖性引起的无意注意，而后者则是由相对新颖性引起的无意注意。

（3）刺激物的变动，包括刺激物在空间的运动和随时间的变化。变化的刺激物容易引起人们的注意，例如，黑夜中闪过的流星，街上忽亮忽灭的霓虹灯，教师讲课时抑扬顿挫的声音，都容易引起人们的注意。

（4）刺激物的对比。刺激物与周围环境在大小、形状、颜色、持续时间等方面形成对比差异时，易引起人们的注意。例如，"万绿丛中一点红""鹤立鸡群"等都容易引起人们的注意。

2. 人的主观状态

（1）需要和兴趣。凡是能满足人的需要、引起人的兴趣的客观事物，都容易引起无意注意。例如，一张报纸上有各种信息报道，而有关高考方面的信息易引起高中三年级学生的注意；在各种广告中，音乐会的广告易引起音乐爱好者的注意。

（2）情绪和精神状态。情绪在很大程度上影响着无意注意。一个人在心情舒畅时对平时不在意的事物也会产生注意，而在闷闷不乐时，对平时有兴趣的事物也会视而不见、听而不闻。人的精神状态对无意注意也有重大影响。当一个人患病、过于疲劳时，很难对事物产生注意；而当一个人身体健康、精神饱满时，容易对事物产生注意。

（3）知识经验。凡是与一个人的知识经验相联系，并能在原有知识的基础上增加新知识的事物，都容易引起注意。例如，一个看过某部小说的人，对报纸上刊载的有关这部小说的介绍、评论易产生注意，而对此小说一无所知的人对这些介绍、评论没有兴趣。

（二）引起和维持有意注意的主要条件

1. 对活动目的的理解程度

个体只有对活动目的理解得清晰深刻，才能使注意集中在完成任务的对象上，并予以必要的维持。心理学中有这样一个实验：在被试面前放置一面屏幕，屏幕上有一个窗口，窗口后面是一条由转轴带动的长纸带，纸带上画有多个圆圈，并以每秒钟三个圆圈的速度通过窗口。被试的任务是用铅笔把从窗口通过的小圆圈勾去。实验结果表明，如果被试对实验目的和任务有清晰的理解，则能在长达20分钟的时间内正确无误地工作。由此可见，对活动目的、任务的理解能够提高个体活动的自觉性和责任感，从而更好地维持有意注意。

2. 对活动的间接兴趣

兴趣有两种，一种是直接兴趣，另一种是间接兴趣。直接兴趣是指个体对活动的过程感兴趣；间接兴趣是指个体对活动的结果感兴趣。

如果说无意注意主要依赖于人的直接兴趣，那么，有意注意则主要依赖于人的间接兴趣。间接兴趣越浓厚，个体对活动对象产生的有意注意就会越稳定。例如，某学生在学习外语的过程中，对背诵枯燥乏味的单词、语法没有兴趣，但对掌握外语后能使用外国先进技术产生了兴趣，这种间接兴趣会引起和保持他对学习外语的高度有意注意。

3. 注意活动的组织

心理学的研究表明，形式单一的活动容易使人产生厌倦和疲劳感，从而导致注意分散；反之，多样化的活动则有利于提高大脑的兴奋性，维持有意注意的稳定性。例如，学生在学习外语单词的时候，如果单纯地看、读或写，都不利于注意的维持，只有把看、读、写三者结合起来，交替进行，才能有效地维持对学习活动的注意。

4. 内外刺激的干扰

有意注意常常是在有干扰的情况下进行的，这些干扰可能来自于内、外两方面。内部干扰主要指疲劳、疾病，以及与工作、学习无关的思想情绪等；外部干扰主要指无关的声音和视觉刺激物等。内、外干扰越少，个体越容易维持有意注意；内、外干扰越多，有意注意的维持越困难。

5. 个体的意志力

个体的意志力是维持有意注意的重要保证，尤其是当个体对注意对象缺乏兴趣，又有内、外干扰的情况下，意志力的作用便尤为重要。

古人为了坚持学习，用"头悬梁""锥刺股"的办法来维持有意注意，其意志力可见一斑，但实际上，个体在过度疲劳的情况下强打精神学习的效果并不好。个体只有在尽可能排除内外干扰的基础上，加强意志的努力，才能达到最佳的学习、工作效果。

（三）有意后注意发生的条件

有意后注意是从有意注意中转化而来的，它的转化条件主要有以下两方面。

1. 对注意对象的直接兴趣

个体对注意对象的直接兴趣不仅是引起无意注意的条件，也是使有意注意转化为有意后注意的条件。例如，一开始个体对注意对象有意识地注意，之后逐渐被注意对象吸引，以致"忘了"对其进行有意识的注意控制，则进入了有意后注意状态。

2. 对注意对象的操作活动达到自动化水平

如果个体对注意对象的操作活动比较生疏，则必定需要投入大量注意资源才能完成，个体需要有意识的注意才能完成活动。而如果个体对注意对象的操作十分娴熟，即达到自动化水平，个体则不必投入很多注意资源，就可能进入有意后注意状态。

上述两个条件都使有意注意中的意志努力失去存在的必要性，从而转化成有意后注意。例如，听报告时，如果报告人讲得并不精彩，未能引起听众的直接兴趣，这时听众大多处于有意注意状态。而如果报告很精彩，能引起听众的直接兴趣，只是方言较重，需高度注意方能听懂，这时听众仍大多处于有意注意状态。只有当报告非常精彩，又没有语言障碍时，听众才可能进入有意后注意状态。

思考与练习

一、名词解释

1. 无意识
2. 催眠
3. 注意
4. 有意注意

二、单项选择题

1. （　　）是意识最基本的特征。
   A．觉知性　　　　　　　　　　B．能动性
   C．社会历史制约性　　　　　　D．局限性
2. （　　）经常在快速眼动睡眠阶段出现，与坠落、死亡、灾难等情景相联系。
   A．梦游　　　　B．梦呓　　　　C．梦惊　　　　D．梦魇
3. （　　）是指心理活动对注意对象的高度集中程度，是注意的强度特征。
   A．注意的范围　　　　　　　　B．注意的紧张性
   C．注意的稳定性　　　　　　　D．注意的分配
4. 街上忽亮忽灭的霓虹灯容易引起无意注意，这表明刺激物的（　　）可以引起无意注意。
   A．强度　　　　B．新颖性　　　　C．变动　　　　D．对比

三、简答题

1. 简述睡眠的五个阶段。
2. 简述梦的特征。
3. 引起和维持有意注意的主要条件有哪些？

四、分析题

今天是王老师第一次上公开课，她穿着漂亮的新衣服提前来到教室，用彩色粉笔把黑板边缘装饰得格外醒目。开始上课了，王老师显得镇定自若，先宣布了上次考试的成绩，接着开始讲课。她语言平静、流畅，由于准备的内容十分充分，她便加快了速度，对讲课内容也不重复。正当王老师专心致志地讲课时，偶尔发现有个别学生开小差，她立即点名批评，制止了这种不良行为，然后继续上课。就这样，一节课很快就过去了，王老师从容地走出了教室。请分析王老师的公开课是否成功，并说明理由。

第六章 记忆

内容提要

记忆对于每个人来说并不陌生。在日常生活中，记住昨天发生的事情，看到过什么东西，想起很久以前学过的知识……这些都是记忆现象，也是心理学研究的重要课题。

学习目标

知识目标

- 理解记忆的概念、生理机制，熟悉记忆的类型
- 熟悉感觉记忆和短时记忆的相关知识
- 掌握长时记忆的相关知识

能力目标

- 能对记忆进行正确分类
- 能描述记忆过程及其规律

第一节 记忆概述

一、记忆的概念

记忆是人脑对过去经验的保持和提取。凡是人们感知过的事物、思考过的问题、体验过的情感及操作过的动作，都可以以映像的形式保留在人的头脑中，必要时又可以把它们重现出来，这个过程就是记忆。记忆与感知觉不同，感知觉反映的是当前作用于感官的事物，离开当前的客观事物，感知觉就不复存在；记忆总是指向过去，是在感知发生后出现的，是人脑对过去经历过的事物的反映。

记忆是一个从"记"到"忆"的复杂的心理过程，包括识记、保持、再认或回忆三个基本环节。识记是识别和记住事物，从而积累知识经验的过程；保持是巩固已获得的知识经验的过程；回忆或再认就是在不同的情况下恢复过去经验的过程。记忆过程中的三个环节是相互联系和相互制约的。没有识记，就谈不上对经验的保持；没有识记和保持，就不可能对感知过的事物进行再认或回忆。因此，识记和保持是再认和回忆的前提，再认和回忆又是识记和保持的结果，并能进一步巩固和加强识记和保持。

二、记忆的生理机制

过去一般用巴甫洛夫学说来解释记忆的生理机制。该学说认为，记忆的生理机制是大脑皮层暂时神经联系的形成、巩固和重新活动。其中，识记和保持是在大脑皮层上形成暂时神经联系和加强暂时神经联系痕迹的过程；而再认或回忆则是已经形成的暂时神经联系在有关刺激影响下重新活动的过程。

随着科学技术的进步，已经积累了用物理、化学和生物规律来说明记忆的若干事实，使记忆生理机制的研究有了新的进展。

（一）定位说

该学说是由加拿大神经生理学家潘菲尔德（W. Penfield）提出的。他在治疗癫痫病人时发现，用微电极刺激患者大脑皮层的右侧颞叶，会引起患者对往事的鲜明回忆；而在刺激大脑皮层其他区域时，则不发生这种反应。于是他认为，记忆和大脑的一些特定区域有关系。

（二）均势说

该学说是由美国心理学家拉什利（K. Lashley）提出的。他认为记忆是整个大脑皮层活动的结果，与脑的各个部位都有关系。他用实验方法发现动物记忆的丧失与大脑皮层特定部位的切除关系不大，而与皮层切除面积的大小有关。

该学说得到了 20 世纪 40 年代末出现的"细胞集合"理论的支持。细胞集合理论认为，神经细胞之间形成了一个庞大而复杂的神经通路系统，没有哪一个神经细胞能脱离细胞群而单独储存某种信息。因此，记忆"痕迹"并不依赖某一固定的神经通路，它涉及成千上万个相互联系的神经细胞。

（三）突触生长说

该学说是神经生理学家普遍接受的一种观点，其代表人物是澳大利亚著名神经生理学家艾克尔斯（J. Eccles）。该学说认为，人类长时记忆的神经基础包含着神经突触的持久性改变。这种持久性的突触变化一旦发生，记忆痕迹就会牢固地储存在大脑中。

（四）分子说

该学说认为，记忆是由神经元内的核糖核酸（RNA）分子结构来承担的，由学习引起的神经活动，可以改变与之有关的神经元内部的核糖核酸化学结构。该学说得到了一些研究结果的支持。例如，给学习走迷津的白鼠注射嘌呤霉素和抗菌素，以抑制 RNA 的合成，结果发现先前学习迷津时所得到的记忆完全被破坏。海登（H. Hyden）等人在训练小白鼠走钢丝后，发现鼠脑中有关神经细胞的 RNA 的质和量都发生了显著的变化。这些结果都支持分子说。

（五）激素说

该学说认为，由于某些激素能使大脑更好地注意当前的输入信息，因而这些激素能够促进记忆的保持。这种看法得到一些研究结果的支持。麦科夫（J. L. Mcgaugh）在研究中发现，皮质类固醇、后叶加压素和肾上腺素等对动物记忆的保持有明显的加强作用。高德（P. E. Gold）在研究中给学习后的动物马上注射小剂量的肾上腺素，结果发现，动物之前的学习得到了加强，但是大剂量的肾上腺素会损害动物的记忆。

三、记忆的类型

根据记忆内容的不同，可以把记忆分为以下几种类型。

（一）形象记忆

形象记忆即表象记忆，是以感知过的事物的具体形象为内容的记忆。例如，人们所感知过的物体的颜色、形状、体积，人物的音容笑貌、仪表姿态，音乐的旋律，自然景观，各种气味和滋味等，都以表象的形式储存着，都属于形象记忆。一般人以视觉和听觉方面的形象记忆为主,但有些人也不尽然。例如,调味师、研磨师、按摩师在嗅觉、味觉、触觉方面的形象记忆得到了高度发展;作家、画家、音乐家、表演艺术家等都有惊人的形象记忆,他们平时所储存的典型形象素材成为他们构思、创作和表演的基础。

形象记忆与人的形象思维密切联系,它是在实践活动中,随着形象思维的发展而发展的。人类的记忆都是先从形象记忆开始,婴儿能认知母亲或其他熟人的面孔,就表明已有了形象记忆。人感知过的事物,只有经过形象记忆,才会成为人的直接经验。

(二)情景记忆

情景记忆是对个人亲身经历的,发生在一定时间和地点的事件的记忆。情景记忆是由加拿大心理学家托尔文提出的。用他的话来说,情景记忆接受和储存关于个人在特定时间发出的事件、情景及与这些事件的时间、空间相联系的信息。它是以个人的经历为参照的,或者说,情景记忆储存的是自传式的信息。情景记忆由于受一定时空的限制,很容易受各种因素的干扰,因而难以储存,不易提取。从某些遗忘症患者那里可以看到,他们回忆自己所经历的某段具体情景比回忆其他内容更困难。

(三)语义记忆

语义记忆又称语词逻辑记忆,是指对各种有组织的知识的记忆。语义记忆以语词所概括的逻辑思维结果为记忆内容,包括字词、概念、定理、公式、推理、思想观点、科学规则等。这些内容都是通过严密的逻辑思维过程所形成的,又与语词密不可分。

语义记忆的信息是以意义为参照的,不受特定的时间、地点限制,也不易受外界因素的干扰,比较稳定,因而容易存储,提取时也不需要作明显的努力。人类只有凭借语义记忆,才能把思维的结果保存下来,并获得间接知识。语义记忆为人类所特有,从简单的识字、计数到掌握复杂的现代科学知识,都离不开语义记忆。语义记忆与人的抽象思维有密切联系,随抽象思维的发展而发展。

(四)情绪记忆

情绪记忆是以体验过的情绪或情感为内容的记忆。引起情绪、情感的事件虽然已经过去,但深刻的体验和感受却保留在记忆中。在一定条件下,这种情绪、情感又会重新被体验到,这就是情绪记忆。例如,某人就要与久别的朋友重逢,他会沉浸在幸福的回忆中,昔日愉快、欢乐的情绪和情感油然而生。又如,俗语"一朝遭蛇咬,十年怕井绳"说明被蛇咬过的恐惧情绪体验仍保留在记忆中。积极、愉快的情绪记忆对人的活动有激励作用,而消极、不愉快的情绪记忆对人的活动有抑制作用。

(五)运动记忆

运动记忆又称动作记忆,是以人们操作过的运动状态或动作形象为内容的记忆。运动记忆与运动表象有所联系,运动表象是各种动作的形象在脑中的表征过程。一旦掌握了运动动作的技能,并能熟练地操作,运动动作的形象连同这套动作对骨骼、肌肉、关节活动的精细控制和调节,就会一起储存在头脑中,成为运动记忆。

人的生活、学习、劳动离不开运动记忆，各种生活技能的形成和发展都要依靠运动记忆。运动记忆与其他类型的记忆相比，易保持和恢复，不易遗忘。例如，学会骑自行车之后，即便多年不骑也不会忘记，这正是运动记忆在起作用。

此外，根据记忆的时间长短划分，可以分为感觉记忆、短时记忆和长时记忆。此三类记忆将在第二节和第三节详细介绍。

第二节 感觉记忆和短时记忆

一、感觉记忆

感觉记忆也称瞬时记忆，是指外界刺激以极短的时间一次呈现后，一定数量的信息在感觉通道内迅速被登记并保留瞬间的记忆。它是人类记忆信息加工的第一阶段，进入感觉器官的信息完全按输入的原样，首先被登记在感觉记忆中。人们研究较多的是图像记忆和声像记忆。

（一）感觉记忆的特点

（1）信息完全依据它所具有的物理特性编码，具有鲜明的形象性。各种感觉的后像就是这种感觉记忆的不同表现，尼赛尔把它称为映像记忆。

（2）进入到感觉记忆的信息保持的时间很短暂。视感觉记忆为 0.25～1 秒，听感觉记忆虽可超过 1 秒，但也不长于 4 秒，说明信息消失的速度很快。这一特点对信息加工来说极为重要，因为外界信息处于迅速变化状态，感官内登记的信息若不尽快地被选用或抹掉，就会与新输入的信息混杂，从而丧失对最初信息的识别。虽然信息在感觉记忆阶段停留时间极短，但足以使人的认知系统对它们进行各项操作和加工。

（3）感觉记忆的记忆容量由接受信息的感受器的解剖生理特点决定，其感觉到的形象可能具有大量的潜在信息。一般认为，其记忆的容量为 9～20 个字母或物体，甚至更多。

（4）感觉记忆痕迹很容易衰退，只有当被登记了的信息受到特别的注意，该信息才被转入短时记忆，否则就会很快衰退而消失。

（二）图像记忆

图像记忆又称视觉登记或图像储存，是最常见的一种感觉记忆。当作用于视觉器官的图像刺激迅速移去后，图像随即在视觉通道内被登记，并保持一瞬间，这类记忆称为图像记忆。

1960 年，斯波林用图像记忆实验证实了感觉记忆的存在。以往对记忆保存量的实验研究都是使用全部报告法，即用速示器在短时间内向被试呈现数字或字母卡，刺激终止后，让被试把每次所看到的数字或字母尽可能多地报告出来。然而，被试所能记准并报告出来的数量并不随卡片上呈现的数量的增加而增多。当卡片上呈现的只有 4～5 个数字或字母时，被试能够全部报告出来；若呈现 6 个以上，被试也只能从中报告出 4～5 个，但被试却声称自己看到的要比能报告的多。

用传统的研究方法无法证实这一点，于是斯波林创造了一种新的方法——部分报告法。他改变实验程序，巧妙地使被试的报告与他们所看到的加以区分，从而查明被试究竟是没有看清卡片上的字母还是看后又忘了。他编制了许多不同的字母卡，每张 12 个字母，分成 3 行，每行 4 个字母，见表 6-1。事先告诉被试，每张字母卡以 50 毫秒时间呈现，当终止时，给出高、中、低三种音调中的一个，高音出现立即报告第一行字母，中音出现报告第二行，低音出现报告第三行，声音信号的出现是随机的。

表 6-1　波林部分报告法的实验程序

字母卡 （呈现 50 毫秒）	字母呈现后立即 出现音调中的一个	被试根据音调 指示报告字母
ADJE	高音调	第一行
XPSB	中音调	第二行
MLTG	低音调	第三行

实验结果发现，被试能准确地报告出任何一个指定行字母中的 3 个。被试并不知道要求他报告的是哪一行，实际上，他们头脑中必须保持全部 3 行字母，由此推算，他们脑中保持每张卡片的字母数应有 9 个之多，说明他们图像记忆的容量为 9 个以上项目。这与前人用全部报告法所测的瞬间只能辨认 4～5 个字母的结论有很大差距。斯波林认为，以往关于注意或记忆的广度是 4～5 个项目的说法，并没有反映最初信息储存的容量，而只是在映像消退之前能够提取出来的、转入到下一个记忆系统的项目数。

为了确定图像记忆保持的时间，斯波林进行了另一个实验。仍采用部分报告法，程序与前一个实验略有不同，每张字母卡以 50 毫秒呈现后，声音信号并不立即出现，而是延迟 10～1 000 毫秒不等的时间后出现，要求被试根据信号音的指示报告出某一行的字母。结果表明，回忆的成绩随信号音延迟出现的时间的推移而下降，当延迟 1 秒钟后，回忆成绩与全部报告法所得结果相同。这一实验证实了视觉刺激消失后，图像信息在头脑中的保持随信号音的延缓出现而衰退，大约保持 1 秒钟。也说明，在记忆系统中，不仅有以小时、日、年计的长时记忆，也有以分计的短时记忆，还有以秒计的感觉记忆。

图像记忆具有以下性质：① 图像记忆中所储存的信息大于被提取利用的信息；② 信息保持的时间很短，只有 0.25～1 秒，超过 1 秒，信息会由强变弱并自动消失；③ 图像记忆受到干扰后，信息很快丧失而且不可恢复。图像记忆为大脑从输入的信息中选取必要的信息提供了时间，没有图像记忆就无法进行模式识别，不能认知视觉刺激的意义。因此，图像记忆常被当作感觉记忆的典型。

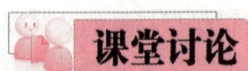

我们在看电影时，为什么眨眼和眼动的时间不影响我们知觉的连续性？

(三)声象记忆

声象记忆又称听觉登记,是指听觉系统对刺激信息的瞬间保持。美国学者莫里(Moray)等人最早进行了声象记忆的实验研究,他们模仿斯波林的部分报告法实验,设计了一个"四耳人实验"。1972 年,达尔文等人进一步改进了实验方法,使之更简便易行,更接近斯波林的实验。实验过程中,首先让被试带上具有双声道的立体声耳机,然后同时向双耳分别输送由字母和数字组编的声音刺激,例如,给左耳输入"B"和"5",同时给右耳输入"M"和"5",被试的主观体验是从左耳听到 B、右耳听到 M,而数字"5"似乎来自头部正中(其实是从双耳来的)。这样就出现"三耳人",很像斯波林的 3 行字母。

实验也采用全部报告法和部分报告法,见表 6-2。应用部分报告法时,在被试面前的屏幕上打出一个光条,这个光条可在屏幕的左、中、右不同位置出现。被试见到左光条时,报告左声道的项目;看到右光条时,报告右声道的项目;看见中光条时,报告全声道项目。呈现声音刺激的时间为 1 秒,当光条线索延迟 4 秒出现,被试报告的项目为 4.25 个,相当于采用全部报告法所测得的记忆广度。若声音刺激呈现后,延迟 2 秒给出光条信号,这时部分报告法所回忆的项目优于全部报告法。可见,声象记忆的保持时间大约为 2 秒,比图像记忆保持的时间稍长,但保持的项目仅有 5 个,比图像记忆的容量小,这可能与声音刺激呈现的方式及相对较慢的速度有关。归根结底,可能与听觉系统的加工方式和特性有关。

表 6-2 声像记忆实验法

左耳	双耳	右耳
B	5	M
2	T	4

声象记忆与人的生活、学习和工作有密切关系,如果没有声象记忆,人们就无法辨别各种声音信号,也无法听懂人的话语。因为人说话总是一个音一个音地发出,如果不能把听到的每一个音暂时登记下来形成声象,就不能把一串声音连贯起来,也就不能理解它的意义。

感觉记忆的作用

你现在可能正坐在靠椅上,眼睛不自觉地扫描着每一行字。你知道我在向你讲些什么,同时你也能隐隐约约感觉到周围的动静。你能听见翻书的声音,能感觉到靠椅的舒适,还能估计今天的气温与昨天差不多,说不定你还闻到了早上刷牙后留下的清香……所有这些感觉在你看书时都是存在的,只是你在书上投入太多的注意而几乎没有意识到它们。

但是,如果有人突然推门进来,你可能会不自觉地抬起头,或者你已经从脚步声中听出来者是何人,为何事而来,这说明你确实随时都意识到周围的变化。感觉记忆的作用就在于它暂时保持了你接受到的所有器官刺激,以供你选择。我们需要它,因为判断周围环境的刺激哪些是重要的、哪些是次要的，并选择对我们有意义的刺激的过程需要时间，而且这段时间不能太长，否则，我们就可能丢失更重要的信息。

伦敦大学神经生物学家杰伊·戈特弗里德领导的科研团队发现，人对事物的记忆分散存储于大脑的各个感觉中心，并由大脑海马体进行回忆。如果一种感觉刺激令人产生某种回忆，那么由其他感觉器官所感知和记忆的场景也会随之显现。

戈特弗里德说："这就是我们记忆系统的美妙之处。设想和朋友一起在海滩上休息，海浪和啤酒的味道都可能在日后触发我们的回忆。"而且，这种和气味相关的记忆在大脑海马体不能起作用后仍能继续保存。因此，有些健忘症患者依然能回想起儿时闻过的气味。科学家指出，嗅觉记忆与人脑形成紧密联系的确切原因和具体过程仍有待进一步研究。

二、短时记忆

（一）短时记忆的概念

短时记忆是指信息一次出现后，保持时间在一分钟之内的记忆。就其功能来说，短时记忆与感觉记忆不同，感觉记忆中的信息是不被意识并且也是未被加工的，而短时记忆是操作性的、正在工作的、活动着的记忆。人们短时记忆某事物，是为了对该事物进行某种操作，操作过后即行遗忘；如果有长期保持的必要，就必须在这一系统内进行加工编码，然后才能被储存在长时记忆中。

短时记忆在现代化工业和军事通信工程中有着重要的作用。例如，在自动化控制系统中，人们需要按仪表显示的数据进行操作和控制，因此，必须暂时记住仪表显示的数据（短时记忆）。操作之后，数据没有保持的必要，则被迅速忘记，这是短时记忆在人机系统中的运用。日常生活中，人们也离不开短时记忆。打字员从看稿到打字，翻译人员从听到译，学生上课从听到记笔记，都是靠短时记忆进行操作的。

（二）短时记忆的特点

1. 信息保持的时间很短

在无复述的情况下，短时记忆中信息的保持时间一般只有 5～20 秒，最长也不超过 1 分钟。

1959 年，美国学者彼得森夫妇做了有关的实验。他们编制了由 3 个辅音组成的字母表，如 GKB、PST、RUD 等，每次给被试听 3 个辅音字母后，立即让他们从某一个三位数开始作连续减 3 的运算，还要把结果报告出来，如从 267 开始连续减 3，读出 264、261、258……直到主试发出开始回忆字母的信号。进行心算的目的是为了防止被试默默复述。从字母呈现到开始回忆经过不同的时间间隔，分别是 3 秒、6 秒、9 秒、12 秒、15 秒和 18 秒。事先被试并不知道要进行多长时间的运算，这实际上是一个不同时距的延缓回忆的测验。

实验结果表明，当延缓 3 秒再进行回忆时，被试已出现了明显的遗忘，正确回忆率仅达 80%；随着间隔时间的延长，正确回忆率继续下降，当延长到 18 秒时，被试正确回忆率仅为10%；超过18秒，正确回忆率即不再继续下降，维持在10%左右。

2. 记忆容量有限

短时记忆的容量又称记忆广度，是指信息一次呈现后，被试能回忆的最大数量。典型的实验采用3～12位随机排列的数字表，主试依次读，每读完一个序列，被试跟着正确地进行复述，直到不能再准确地复述为止，其记忆容量就是他能跟着正确地复述的那个最大位数，一般为7±2。近期研究发现，记忆广度与识记材料的性质及人们对材料的编码加工程度有关。

1956年，美国心理学家G. 米勒发表了一篇题为《神奇数7加减2：我们加工信息的能力的某种限制》的论文，文中明确提出短时记忆的容量为7±2。他从信息加工的观点出发，认为倘若人在主观上对材料加以组织、再编码，记忆的容量还可以扩大。他提出了组块概念，所谓组块，是指将若干较小单位联合成熟悉的、较大单位的信息加工，也指这样组成的单位。他认为，短时记忆容量不是以信息论中所采用的比特为单位，而是以组块为单位。一个块可以是一个数字、一个字母，也可以是一个单词、词组，还可以是一个短语。总之，组块是一个有一定的可变度的客体，它所包含的信息可多可少，通常受主体原有知识经验的影响。

例如，18个二进制数字序列为101000100111001110，如果将两个二进制数编为一个十进制的数，如10编为2，00编为0，01编为1，很快便把这18个数再编码为十进制的9个块，即220213032；若按4：1，每4个二进制的数编为1个十进制的数，1010编为10，0010编为2，0111编为7，0011编为3，那么上述18个数就编成4～5块，都能处于短时记忆容量之中。

组块化过程可从两方面进行：一是把时间和空间非常接近的单个项目组合起来，使之成为一个较大的块；二是利用一定的知识经验把单个项目组成有意义的块。要想扩大短时记忆的容量，就必须对材料进行加工和组块。

3. 短时记忆的信息可被意识到

信息在感觉通道内是被自动地登记下来的，内容不易为人们所意识，只有对感觉信息给予格外的注意或进行模式识别，并赋予一定意义时，才能被意识到。此时，信息已转入短时记忆，正处在人们当前的意识中。

4. 短时记忆的信息通过复述可转入长时记忆系统

短时记忆中的信息保持的时间既短又易受干扰，只要插入新的识记活动，阻止复述，信息很快会消失，而且不能恢复。如果通过内部言语形式默默地复述，可以使即将消失的微弱信息重新强化，变得清晰、稳定，再经精细复述便可转入长时记忆中加以保持。那些未经复述的信息或超容量的信息则随时间的流逝而自然衰退被遗忘。可见，复述是使短时记忆的信息转入长时记忆的关键。有人认为，短时记忆是感觉记忆与长时记忆之间的缓冲器。信息进入长时记忆需要一定的时间，在未进入之前，被感觉登记下来的部分信息先在短时记忆中储存，然后通过复述再转入长时记忆系统。

（三）短时记忆的编码、提取和遗忘

1. 短时记忆的编码

编码是对信息进行转换，使之适合于记忆存储的过程，经过编码所产生的具体信息形式称为代码。大量实验证实，短时记忆主要是采用言语听觉编码，少量的是视觉或语义编码。

1964 年，康拉德进行了一项实验研究。他选用了两组音近易混的字母 BCPTV 和 FMNSX 为实验材料，用速示器以每个 0.75 秒的速度逐一随机地向被试呈现，每呈现完 6 个字母就要求被试凭回忆默写出来，记不清时允许猜写，但不许不写。从被试回忆的结果可以看出，尽管字母是以视觉方式呈现的，但回忆中写错字母之处 80%出现在音近字母之间，如 B 和 P、S 和 X，很少在形状相似的字母之间，如 F 和 E。

康拉德和赫尔改用听觉方式向被试呈现声音相近的字母，如 EGCZBD 和不相近的字母系列 FGOAYQR，实验结果出现了与上述视觉呈现条件下相当一致的情况，等级相关为 0.64。事实表明，短时记忆确实是以听觉方式对刺激信息进行编码的，或者说，以听觉编码占优势。

还有实验证明，短时记忆中也有少量的视觉或语义编码，如聋哑人在他们的短时记忆中，回忆时出现混淆的主要是视觉性的或者语义性的。

由于字母、字词以视觉方式呈现，阅读时必须借助内部言语。因此，前述某些声音混淆现象也可能是发音的混淆。目前还无法将声音混淆与发音混淆区分开，但可以认为，听觉代码或声音代码也许与口语代码相并存或交织在一起。大多数心理学家常把听觉的、口语的、言语的代码联合起来，称为 AVL 单元。用 AVL 单元说明短时记忆的编码与代码是比较合适的。

2. 短时记忆的提取

短时记忆中的信息由于正处在当前的意识中，由于工作或操作的需要，可以立即被提取出来。这使人觉得短时记忆信息提取的机制很简单，但后来的研究表明，事实并非如此。从短时记忆中提取信息时，究竟是同步平行检索，还是逐项依次检索，1970 年斯特伯格（S．Sternberg）进行了实验研究。

斯特伯格向被试的视觉呈现不同系列的数字，数字系列长度都在记忆容量范围之内，然后随机地再呈现一个数字。被试的任务是判定这个数是否是刚才识记过的。被试的反应不用口，而是用按电钮，要求被试尽快作出准确回答，实验记录被试从检验项目出现到作出回答之间的反应时，以此为指标。每次实验所识记的项目和检验的项目都要更换，而且识记项目的数目多少不等，检验项目中的数字有一半是识记项目中出现的，一半在识记项目中没出现。实验结果是，提取信息的时间随项目的增加而增长，呈线性关系。所以，斯特伯格认为，短时记忆对信息的提取是按顺序系列检索，而不是平行同步检索。但后来的研究表明，顺序系列检索和平行同步检索都是短时记忆中信息提取的途径。斯特伯格实验的主要功绩在于他将简单心理变量（反应时）引入复杂的高级心理研究中。

3. 短时记忆的遗忘

信息进入短时记忆时，它的强度最大，但得不到复述时，其强度会随时间推移而衰减，

很快被遗忘。造成遗忘的原因有两种：一种是痕迹消退说。这一假说认为，记忆痕迹得不到复述强化，其强度随时间的流逝而减弱，导致自然衰退；也可能是被某种目前还不清楚的生理过程所浸蚀，像海滩上的脚印被海浪冲刷掉一样。

另一种是干扰说。这一假说认为，储存在短时记忆中的信息受其他信息的干扰而导致遗忘，尤其是新进入的较强的信息把原有的较弱的信息排挤掉而造成遗忘。为了验证上述理论，沃（N. C. Waugh）和诺尔曼（D. A. Norman）设计了一个巧妙的实验，实验程序是向被试呈现一系列数字共 16 个，最后一个数字出现时伴随一个高频纯音，表示它是一个探测数字，它在系列数字中已出现过一次，被试一旦听到声音就找出它在前面出现的位置，并把紧跟其后的那个数字报告出来。

例如，呈现的数字系列是5824617930428516*，其中，带"*"号的 6 就是探测数字，6 在系列的第五个位置，其后的数字是 1，被试报告出"1"就算回答正确。从第五个位置上的 6 到最后的 6*，中间间隔了 11 个数字，呈现这 11 个数字所需的时间称为间隔时间。根据记忆消退说，保持的信息将随时间间隔的延长而减少；而根据干扰说，保持的信息随插入的数字的增加而减少。为了检验哪种假说更有理，诺尔曼等人采用了两种数字呈现速度：快速呈现为每秒 4 个数字，慢速呈现为每秒 1 个数字，从 6 到 6*的间隔数字保持不变，只改变间隔时间。同样，也可以使间隔时间不变，只改变间隔数字。其结果是，无论快速还是慢速呈现数字，正确回忆率都随间隔数字的增加而减少，正确回忆率不受数字呈现速度快慢的影响。显然，这一实验结果是支持干扰说的，证明短时记忆遗忘的主要原因是干扰而不是忘记痕迹的衰退。

拓展阅读

短时记忆广度测验

你想知道自己记忆能力的一个重要参数——短时记忆广度是多少吗？你可以进行自我测定。不过，在此之前，我们先来做一个练习，以掌握自我测定的要领。

请你把下面一段数字朗读一遍，注意不能读第二遍，然后用纸盖住，并在下面对应的空白处尽快默写出来。不仅默写的数字要正确，而且它们的顺序也尽量不要出错。

L 4 3 9 2 8 5 6 9

默写完后进行核对和记分。现在假定你默写的是：

L 4 3 9 8 2　　9

那么前 4 个是对的；第 5、6 个位置颠倒了，应算错；第 7、8 个没有默写出来，也算错；最后一个算对。这样就是对 5 个、错 4 个。

按下来，请你根据"朗读—默写—核对"的程序，用下面各段数字一一测验，看看在仅朗读一遍的情况下能记住多少个数字。注意，默写时一定要把上面的数字和下面各段数字遮住，以免影响测验结果。

　　（1）2 9 3 7 4
　　（2）5 7 3 9 8 1
　　（3）4 1 7 9 3 2 8

（4）2 3 7 4 6 9 8 5
（5）5 2 6 4 1 7 0 6 8
（6）7 0 9 3 2 5 3 6 8 1
（7）6 2 4 8 5 0 1 8 9 3 7
（8）4 9 6 7 3 8 2 1 2 7 6 3

如果你做到第（8）段时仍能一个不错地默写下来，可以请别人再编几段更长的，继续做下去，直到不能全部默写正确为止。要注意，数字应随机排列，不能出现规律性。例如，"123456789012345"这样的排列是有规律的，不能采用。

在某一段默写出现错误的时候，数一下这一段实际对了几个数字。默写对的数目就是你的短时记忆广度。上述例子是对5个、错4个，那么短时记忆广度为5。

心理学家通过广泛研究和测定，认为一般成人的短时记忆广度为7±2，也就是5~9。当然，也有少数人记忆力特别强，甚至能够做到过目不忘。

你也许会问，刚才我们记的是数字，如果是其他东西呢？例如我朗读一遍就能背出7个数字，那么，能否也仅朗读一遍就能背出7个字母或7个汉字呢？下面，请你按上述程序检验一下自己对字母和汉字的短时记忆广度。

字母短时记忆广度测验
（1）V X K B I
（2）B W Y A M H
（3）C F K L O Q Z
（4）M J H E X D A S
（5）J D A X F K G I V

汉字短时记忆广度测验
（1）观 的 出 林 生
（2）因 说 劳 这 和 称
（3）产 工 克 定 种 是 社
（4）发 代 过 始 相 改 致 板
（5）理 问 活 也 上 人 讲 状 量

心理学家通过严格的实验证明，一个人对不同记忆材料的短时记忆广度都是差不多的。也就是说，一个人如果通过一次朗读最多能记住7个数字，那么，对字母或汉字一般也都最多只能记住7个。

第三节　长时记忆

长时记忆是指学习的材料经过复习或精细复述之后在头脑中长久保持的记忆。它的信息主要来自短时记忆阶段加以复述的内容，也有一些是在感知中印象深刻的内容一次性印入的，特别是那些引起强烈情绪体验的内容，可直接进入长时记忆系统被储存起来。

一、长时记忆的特点

（一）记忆容量无限

长时记忆是一个真正的信息库，记忆容量似乎没有限度，它可以储存一个人关于世界的一切知识，为他的所有活动提供必要的知识基础。长时记忆的容量究竟有多大，有人认为是 5 万～10 万个组块，也有人认为是 10^{15} 比特。总之，它有巨大的容量。

（二）信息保持的时间很长

长时记忆中的信息保持时间在 1 分钟以上，甚至数年乃至终生，是一种长久性的存储。

（三）长时记忆中的信息编码是言语编码和表象编码

存储在长时记忆系统中的信息分为语词和表象两类，因此有言语编码和表象编码两种信息组织方式。言语编码是通过词来加工信息，按意义、语法关系、系统分类等方法把言语材料组成组块，以帮助记忆。例如，给被试呈现钢笔、熊猫、沙发、文具盒、老虎、桌子、纸张、大象、圆规、书橱等单词，他们在回忆时往往不是按原来词出现的先后顺序，而是按它们的意义加以分类的，如文具类（钢笔、文具盒、纸张、圆规）、家具类（沙发、桌子、书橱）、动物类（熊猫、老虎、大象）。表象编码是利用视觉形象、声音、味觉和触觉形象组织材料，帮助记忆。

生理心理学认为，大脑两半球是分工的，左脑管语言，右脑管表象。一般人在长时记忆中对信息的编码往往将两种方式结合起来，互相补充，但也存在着个体差异，有人偏向于这一种编码方式，有人则偏向于另一种编码方式。

二、长时记忆的习得

识记是长时记忆习得信息的主要方式。长时记忆的识记，主要是通过对材料的复述、组织加工和有动机地努力而习得的。常言说，欲忆必先记，只有对外界信息进行反复感知、思考、体验和操作，进行充分的和有一定深度的心理加工，才能在头脑中长时间地保持下来。依据主体有无明确的识记意图和目的，是否付出意志的努力，可将识记分为无意识记和有意识记；根据所要识记的材料本身有无意义，或学习者是否了解其意义，识记又可分为机械识记和意义识记。

（一）无意识记与有意识记

1. 无意识记

无意识记又称不随意识记，是指主体事先没有识记的意图和目的，无须付出特别的努力，更不需要采用任何识记策略和手段，信息完全是自然而然地被纳入长时记忆库中的。无意识记与人的职业、兴趣、动机和需要有密切的关系，凡是对人有重大意义的、使人感兴趣的、能激发人的情感的事件，常常无意中被记住。在日常生活中，人们通过无意识记潜移默化地接受了许多知识，积累了许多经验。但无意识记带有很大的偶然性和选择性，所识记的内容带有随机性，因此，单凭无意识记，无法使人获得系统的科学知识。

2. 有意识记

有意识记也称随意识记，是指有预定识记目的，运用一定策略和方法，经过特殊的努力而进行的识记。有意识记的目的明确，任务具体，方法灵活，并伴随积极的思维活动和意志努力，因此，它是一种主动而又自觉进行的识记活动。人们掌握系统的科学知识和技能，主要靠有意识记，在学习、工作中，有意识记占主导地位。

（二）机械识记与意义识记

1. 机械识记

机械识记是指对没有意义的材料或对事物还没有理解的情况下，仅仅依据事物的外部联系，采用机械重复的方式进行的识记。例如，记人名、地名、电话号码、商品型号、历史年代等，材料本身没有什么内在联系，只能按外在的时空顺序努力强记。有些材料本身也有一定意义，但限于学习者的知识经验水平，还难以理解其意义，在这种情况下也只能采用机械识记。

机械识记的优点是可保证识记材料的准确性，缺点是花费的时间多，消耗的能量大。由于对材料很少进行智力加工，因此总的效果不如意义识记。尽管如此，这种识记仍是不可缺少的。现实生活中，总有一些缺乏意义的材料需要进行机械识记。

2. 意义识记

意义识记是指在对识记对象理解的基础上，依据事物的内在联系，并运用已有的知识经验对识记材料进行智力加工所进行的识记。意义识记的先决条件是理解，理解是通过思维进行的，如了解一个词的含义，明确一个科学概念，把握课文的中心思想等，都属于理解。只有领会材料本身的意义，并把它用已有的知识经验联系起来，纳入已有的知识系统，才能把它保留在记忆中。这种识记的优点是容易记住，保持时间长久，易于提取；缺点是记得不一定十分精确。然而，在识记的全面性、速度和牢固性等方面，意义识记均优于机械识记。

肯斯莱（Kingsley）用三种不同材料比较识记效果，结果见表 6-3。

表 6-3　三种不同材料识记效果的比较

识记材料	回忆的平均数
15 个无意义音节	4.47
15 个由三个字母组成的孤立的英文单词	9.95
15 个彼此意义相关联的英文单词	13.55

实验结果表明，在材料数量相等的情况下，彼此意义相关联的英文单词识记效果最好；三个字母组成的孤立的英文单词次之，无意义音节最差。

意义识记与机械识记的性质有所不同，但二者不是对立和排斥的，而是相互依存、相互补充的。意义识记要靠机械识记的补充，以达到对材料识记得精确和熟记的程度；机械识记也需要意义识记的帮助和指导，为了更有效地识记那些缺乏内在联系的材料，可以人为地赋予这类材料一定的联系，使之意义化，以便增强识记效果。例如，富士山的高度是 12 365 英尺，可记成一年有 12 个月和 365 天。可见，无论识记什么样的材料，都需要进行编码和智力加工，这样才有益于长时间储存。

三、对识记材料的组织加工

组织加工就是将材料加以整合，把新材料纳入已有的知识结构之中或把材料作为合并单元而组合为某个新的知识框架。具体来讲，对识记材料可以用以下方式进行组织加工。

（一）表象和语义的双重编码

美国心理学家佩沃（Paivio）于 1975 年提出长时记忆中的双重编码说。他认为，识记一件具体事物，可出现表象和语义的双重编码。例如，一块手表，既可以用一块有特定形状的手表的心理图像去表征它，又可以用更抽象、更概括的意义来描述它——"手表是一种计时工具"。前者是表象编码，后者是语义编码。人们记一件具体事物时，除了记起它的视觉图像外，总是从中汲取其意义，这充分证明双重编码是客观存在的。表象和语义是既相平行又相联系的认知系统，它们可以分别由有关刺激所激活，然而两类信息又可以互相转换。不过，识记那些抽象的概念、思想，就很难用表象编码去表征它，如"公平""真理"等，只能用语义编码理解并分析其意义、领会其实质，才便于记忆。

信息由短时记忆转入长时记忆时是如何被加工的，采用什么方式编码，这与材料本身的性质及主体的个性特点有很大关系。就语言材料而言，更多地是采用语义编码。例如，看一篇文章或听一个报告，最终保留下来的是它的意义，而不是逐字逐句地加以储存。对一些离散的语言材料，人们也是以自然语言作为长时记忆编码的中介，在识记材料之间建立某种意义联系，然后加以记忆。例如，识记"女孩""小鸟""森林""唱歌"四个词时，可用自然语言把这些离散的词重新加工为"一个女孩在森林里听小鸟唱歌"。这相当于短时记忆中的组块，但长时记忆中的这种信息加工称为"组织"，而不用"组块"表示。

（二）以自然语言为媒介的组织加工

学习外语单词时，根据发音和词义，可先从自然语言中找出与之相似的词作为媒介，进行语义编码，回忆时先提取中介词，然后解码，就可把原单词再现出来。例如，在无意义音节的识记中，把它们与相似的词联系起来，以词义为中介，将便于记忆。现在要求记住"Jon tol tat yur hir lok vey nic"八组无意义音节，如果把它们与接近的词语联系起来，作为一个句子来识记，即"John told that your hair looked very nice（约翰说你的发型看起来很美)",将有助于长久储存。

在对偶联合的识记材料中,可以利用短语或句子为中介进行组织加工。例如,记忆"小孩—鱼"这对项目时,要求看见"小孩"一词(刺激项),说出"鱼"(反应项)。可以把两个项目用一句话联系起来作为中介(小孩钓鱼),看到刺激项"小孩",想起钓鱼,反应项"鱼"自然被回忆出来。

(三)按语义归类的组织加工

当识记一系列概念时,人们不是按它呈现的顺序去记忆,而是先进行语义归类,把同一类概念倾向于群集回忆。在自由回忆的实验中,可看出这种加工倾向。例如,把 24 对联系紧密的词(如医生与教师、桌子与椅子、马与羊等)拆开变成 48 个词,按随机方式混合向被试一个个地呈现,允许他们自由回忆。结果发现,被试仍倾向于把语义联系紧密的单词归到一起进行再现。尽管"桌子"和"椅子"两个词之间由 17 个单词隔开,但回忆时仍把它们组织到一起。单词之间的语义联系越紧密,正确回忆的概率就越高,说明知识系统性对信息的组织加工起重要作用。

(四)主观组织

对本来没有什么意义联系的材料人为地加以组织,回忆时,使被加工的材料以群集方式再现,这种加工称为主观组织。1962 年,图尔文在实验中向被试呈现了 16 个无关联的单词,如音乐、兵营、发现、冰山、办公室、山谷、顽皮、女孩、发行量、丛林、谜语、叛徒、咸水湖、格言、润发油、步行者。这 16 个单词被排列成 16 种顺序,每一顺序向被试呈现一次,每秒呈现一个单词,如此反复多次,让被试按自己喜欢的顺序再现。结果发现,被试在连续的各次实验中,有以相同的顺序再现单词的倾向,他们把某些词组织在一起的情况越多,说明其主观组织的程度越高。

(五)以视觉表象为中介的组织加工

1972 年,鲍尔(Bower)进行了对偶联合的学习实验,他要求一组被试看到对偶词时尽量形成视觉表象,而对另一组被试不给这种提示。其结果是,第一组的正确回忆量高于第二组的 1.5 倍。例如,识记"香烟、狗、帽子、自行车、警察、指挥棒"等一串词时,被试加工出这样一幅视觉意象:一个警察用指挥棒把一个戴着帽子、叼着香烟、骑在自行车上的狗拦住。这样,当"香烟"刺激项一出现,被试就可以从视觉表象的画面上想起其他 5 个词。可见,以视觉表象为中介的加工组织也是有效记忆的一种编码。

以上介绍的几种长时记忆的组织加工,是对信息加以组织的技巧,称为记忆术。记忆术的基本原则包括两个方面的机制:一是学习者对识记的积极主动性;二是把新信息与熟悉的已编码的信息联系起来,从而便于记忆。

四、长时记忆的储存

（一）信息储存的动态变化

信息经过编码加工之后，在头脑中储存，这种储存虽然是有秩序、分层次的，但不能理解为像文件存放在保险柜里那样一成不变。信息在记忆中的保持是一个潜在的动态过程，随时间的推移及后来经验的影响，在质和量上均会发生变化。

在质的方面，记忆的内容比原来识记的内容更简略、更概括，一些不太重要的细节趋于消失，而主要内容及显著特征被保持；保持的内容比原识记的内容更具体、更详细，原识记内容中的某些特点更加突出、夸张或歪曲。英国心理学家巴特莱特（Bartlett）做过一个实验，他让被试看一个图，隔半小时后凭回忆画出来，然后把他所画的给第二个被试看，隔半小时后要求第二个被试凭记忆把图画出，依次做下去，直到第 18 个被试。从第一个被试识记的枭鸟，经过 18 次记忆改造，最后变成了一只猫的形象，见图 6-1。这种差距说明，信息在头脑中的储存不是静态的，而是会发生变化的。

图 6-1　记忆过程中图形的变化

卡迈克（L. Carmichael）等人做了一个经典的实验，他们让被试在短时间内观看一系列刺激图形，第一组被试在看图的同时还听到左边一排命名的名称，第二组听到的是右边一排的名称。图形呈现完毕，让两组被试画出他们所看到的图形。结果有大约 3/4 的被试所画的图形更像他们所听到的名称图形，这一实验证明了定势对保持的影响。

不仅形象记忆内容在保持的过程中有可能被改造甚至歪曲，文字材料的保持也是如此。巴特莱特在另一个实验中，让许多被试阅读一篇《魔鬼的战争》的故事，过了一段时间，让他们复述，结果发现，经常阅读鬼怪故事的被试在回忆中增添了许多关于鬼的内容和细节，而受到逻辑学训练的被试在回忆中则大量删去鬼的描述，使故事变得更合乎逻辑。从识记的内容与回忆的内容之间的差异可以看出，信息在头脑中的保持不是静止的、凝固的，而是一个重建过程。识记内容在保持的过程中受到思维的"剪辑"加工，或者使之更加简略概括,或者更加完整合理,或者被想象所补充而更加详细生动,或者被夸张突出。

在量的方面的变化,显示出两种倾向:一种是记忆回涨现象,即记忆的恢复现象;另一种是识记的保持量随时间的推移而日趋减少,有一部分回忆不起来或回忆发生了错误,这种现象就是遗忘。

(二)保持量的测量

常用的测量保持量的方法有回忆法、再认法、再学法和重构法。

1. 回忆法

原来识记的材料不在面前,让被试把它们默写出来或复述出来。保持量的计算是以正确回忆项目的百分数为指标,算式如下:

$$保持量 = \frac{正确回忆的项目量}{原来识记的项目量} \times 100\%$$

倘若识记不是以全部记住为标准,那么计算回忆的项目量时,应以识记时所达到的标准为基础。

2. 再认法

把识记过的材料和没有识记过的材料混在一起(新旧项目的数量相等),然后向被试一一呈现,由被试报告每个项目是否识记过。保持量按如下公式计算:

$$保持量 = \frac{认对数 - 认错数}{呈现材料的总数} \times 100\%$$

3. 再学法

当被试不能把原来熟记的材料完全无误地回忆出来时,就要求被试把原来识记过的材料重学或再记,直至达到原来学会的标准,然后根据初学和再学所用的次数或时间来计算保持量,即以再学比初学所节省的次数或时间来计算保持量。计算公式如下:

$$保持量 = \frac{初学的次数或时间 - 再学的次数或时间}{初学的次数或时间} \times 100\%$$

4. 重构法

要求被试再现学习过的刺激次序。给被试呈现按一定顺序排列的若干刺激,然后把这些刺激打乱,呈现在被试面前,让他们按原来次序重构,重构的成绩主要是以做对的顺序数记分。

(三)双重储存系统

信息在头脑中呈现的方式称为表征,表征既是对客观事物的加工过程,又是被加工的对象。信息在长时记忆中是以什么方式储存呢?美国心理学家佩沃(Paivio)认为,既然存在信息的双重编码,也一定存在双重储存系统。

究竟什么是双重储存系统呢?他设计了一个实验,实验材料是两张图画和与之对应的两张词卡。上面的画是小台灯与大斑马,右边的词卡字体大小与图是对应的;下面的画则是大台灯与小斑马,词卡字体大小也是与之对应的。佩沃分别把这些卡片给被试看,并要求他们立刻判定现实中谁大谁小,记录其反应时。佩沃假设,如果长时记忆中只含有语义编码的信息,被试对图画作出的判定可能会慢于词卡,因在作出判定之前,需要将图画转换为语词。如果长时记忆中也存在表象编码的信息，那么被试对画面的判定反应就不会慢于词卡，因为视觉表象可以直接从记忆中提取，无须转换。

他又进一步推论，如果长时记忆中所包含的视觉表象与实验出示的图对不一致，会引起心理冲突，并导致反应时慢于与现实相一致的图对，词卡却不会引起这些冲突，因为字词按语义编码后不具有时空特点，字体大小对语义信息的储存没什么影响。

实验结果是：① 被试对图对作出判定的反应时快于字词，说明长时记忆中确实包含表象和语义双重编码的信息。② 被试对与现实一致的图对的判定反应时快于不一致图对，证实表象编码具有时空特点。因被试一旦发现图对中对象的大小与现实中对象的大小不一致，引起心理冲突，自然延缓判定的反应时。③ 被试对词卡的反应时无差别，说明语义编码的信息无时空特点。至于为什么会出现对图对的判定反应时快于字词，这是因为判定时，语言信息必须转换为表象再行判定，因此反应时较慢。这一实验有力地证明了长时记忆中既存在双重编码，又存在双重储存系统。

五、长时记忆的提取

（一）长时记忆的提取形式

长时记忆信息的提取有两种形式，即再认和回忆。

1. 再认

再认是指经历过的事物再度出现，有熟悉之感并能被识别和确认的过程。人在识别某一对象时，要对它进行知觉分析，同时还要从长时记忆储存的信息中提取有关的信息与之对照比较，经过多层次的连续检验，最后才能完成确认。当再认发生困难时，就要努力寻找各种有关的线索，力图恢复过去已经建立的联系。可见，再认也不是一个简单的过程，它包含知觉、回忆、联想、比较、验证等一系列的认知活动。

再认的速度和准确性主要取决于对事物识记的巩固程度和精确程度。熟记了的事物一出现，几乎可以无意识地在极短的时间内作出识别。在日常生活中，错误地再认时有发生，其原因是多方面的。一是由于识记不精确，原有的联系消失或受干扰，一旦识记过的事物再度出现，不能激活原有的记忆痕迹，仅有熟悉之感而无法从整体上加以正确的再认；或者对有关信息的提取发生了错误，导致错认。二是由于联系的泛化，导致错误的再认。例如，错把一个陌生人当作一个熟人相认，这是因为他的许多特征与熟人相似，这些特征在头脑中产生了泛化，因此导致了"张冠李戴"。再如，在学习识别汉字时，常常会出现认错、写错的现象。如"戍、戌、戊"这几个字很相似，稍不细心知觉，又没有精确将它们加以分化，时间久了，头脑中的痕迹不清晰，极容易发生混淆，因此常常认错。此外，病理性障碍也会导致不识物症或不识人症。

2. 回忆

回忆是指过去感知的事物不在面前，可以重新回想起来。回忆分为有意回忆和无意回忆。前者是有预定的回忆意图和目的，在回忆任务的推动下，自觉主动地进行的回忆；后者是没有明确的回忆目的和意图，也不需要努力地搜索，完全是自然而然地想起某些旧经验。例如，一件事偶然涌上心头，浮想联翩或触景生情等，都是无意回忆。

课堂讨论

考生们都有这样的感受：做选择题比做填空题较容易一些。请分析说明其中的心理学道理。

（二）长时记忆提取的种类

1. 直接搜寻

无论再认还是回忆，若不依赖任何中介和提示线索，直接把有关信息从长时记忆库中提取出来，对信息的检索几乎是自动化的，甚至没有意识到这一程序，这种提取称为直接搜寻。例如，当某人的一位朋友在电视屏幕上一出现，他能立刻认出来，这是通过直接搜寻达到再认的，这种再认又称为直接再认。若问某人今年暑假与谁结伴旅游，他会说出张三、李四等一些人的名字。这种回忆称为直接回忆，而这种提取也是直接搜寻。

2. 联想搜寻

联想在回忆中起着重要的作用。联想就是由一种事物想到另一种事物的心理活动。当具有某种联系的事物反映到人的头脑中，并在大脑皮层建立起暂时神经联系，只要一事物出现，就会引起对另一事物的联想。回忆常常以联想搜寻的形式进行，常见的联想有以下几种：

- **接近联想**：在时空上比较接近的事物，容易在人们的经验中形成联系，只要其中一事物出现，就会引起对另一事物的联想。例如，提起北大便想起清华，这是因为两校相邻，空间接近；看到闪电便想起雷鸣、暴风雨，这是由于两种现象相继出现，在时间上接近。
- **相似联想**：是指由一件事物的感知引起与它在性质上相似事物的回忆。文学中的比喻常常借用相似联想，作诗托物寄意也是靠相似联想。
- **对比联想**：是指由某一事物的感知或回忆引起与它具有相反特征或相排斥的事物的回忆。例如，由美想到丑，由草原想到沙漠，由黑暗想到光明等。
- **关系联想**：是指由事物的多种关系而建立起来的联想。如部分与整体、种属关系、因果关系等所形成的联想均属关系联想。

（三）长时记忆提取的影响因素

从长时记忆中提取信息会受到许多因素的影响，其中既有积极的因素，也有消极的因素。

1. 积极的因素

（1）对信息合理组织有利于提取

从容量巨大的长时记忆库中检索提取信息，就像到一个藏书极多的图书馆查找某一本书一样，能否顺利地找到那本书，与对书的归类、编码、存放有关。同理，人们对信息进行合理的组织或使它们处于一定的前后关系中，可以增加线索，促进提取。

包尔（Bower）等人做了一个实验，要求被试记 4 张词表。其中，为一些被试提供的词表是按照树状层次组织起来的；而为另一些被试提供的词表上的词是随机排列的。识记后进行回忆的测验，结果表明，被试对有层次组织的词，回忆的正确率达 65%，而对随机排列的词，回忆只有 19% 是正确的。这个实验证明，合理地组织材料，按组织系统储存，可保证提取活动准确、高效地进行。

（2）使信息储存处于编码时的前后关系中，有助于提取

事物总是处在一定的环境情景中的，识记时，这种场合因素微妙地伴随着人对事物的识记，再认或回忆的场合与识记的场合越相似，就越有利于对信息的提取。也就是说，信息处于编码时的前后（或上下文）关系中，这种场合本身就是最有力的提取线索。特别是在提取复杂材料时，与材料有关的上下文线索将有助于材料的迅速恢复。

2. 消极的因素

（1）干扰对提取的影响

生活中常会遇到一个记忆线索与几个有关事物相联系的情况，其中与一个线索联系较强的项目往往会干扰与同一线索联系较弱的项目的提取。例如，一个篮球运动员改踢足球，开始时总是不能得心应手，其原因是，他对打篮球的规则与技巧已经很熟练，甚至习惯化了，改踢足球后，原来形成的技能总会干扰对踢足球运动信息的提取，多次出现犯规行为。与同一线索联系的项目越多，通过该线索提取目标项目就越困难。如果将与同一线索相联系的各个项目进行意义加工和组织，就会减少彼此的干扰。

（2）消极情绪妨碍对信息的提取

例如，考试时，一旦遇到一个难题答不出来，便会产生紧张和焦虑情绪，引起种种担忧心理，在这种心境状态下反而会更加干扰有关的信息，造成回忆的困难。

六、长时记忆的遗忘

遗忘是指识记过的内容既不能回忆也不能再认，或发生错误的回忆和再认。遗忘是保持的对立面，保持的丧失就意味着遗忘的出现。识记过的内容不经复习，保存量随时间的推移日趋下降，这就是遗忘。用信息加工的观点来说，遗忘就是信息提取不出来或提取出现错误。

（一）遗忘的类型

根据遗忘的程度和性质划分，遗忘可分为部分遗忘和完全遗忘。如果识记过的内容在头脑中留下了大部分，只是其中一部分不能回忆或再认，属于部分遗忘；如果事过境迁全部回忆不起来，属于完全遗忘。

根据遗忘的时间划分，遗忘可分为暂时遗忘和永久遗忘。若已转入长时记忆的内容一时不能被提取，但在适宜条件下还可恢复，属于暂时遗忘。例如，提笔忘字，熟人相见叫不出对方的名字，话到嘴边说不出来等都属暂时遗忘。若识记过的内容不经重新学习，记忆不可能再行恢复，属于永久遗忘。

(二) 遗忘的理论

1. 艾宾浩斯遗忘理论

德国心理学家艾宾浩斯（H. Ebbinghaus）是对记忆和遗忘现象进行实验研究的创始人。他自己担任主试和被试，独自进行实验，持续数年之久。他制作了大量的无意义音节字表作为记忆实验的材料，这种无意义音节由两个辅音和一个元音组成，如 TAJ、YIC、HUZ、CEX、GAW 等，以在德语字典中查不到为准。以无意义音节为实验材料，目的是避免受旧有知识经验的影响。无意义音节虽然本身没有含义，但它可以引起被试的联想，为了使记忆的难度尽量一致，要选用联想值较低的无意义音节作为实验材料。使用这类性质相似的实验材料，便于改变和确定数量。

实验采用再学法检查识记效果。艾宾浩斯每次识记 8 组，每组 13 个无意义的音节字表，直到能够连续两次无误地背诵为止。隔了不同的时间进行回忆，发现有些音节忘了，于是重学，再达到恰能背诵为止，以重学比初学节省的时间的百分数作为保存量的指标。根据艾宾浩斯的实验结果绘成的曲线图，称为艾宾浩斯遗忘曲线，如图 6-2 所示。从图中可以看出，遗忘的进程是不均衡的，在识记的最初阶段遗忘速度很快，以后逐步缓慢。这就是人们常说的遗忘规律。

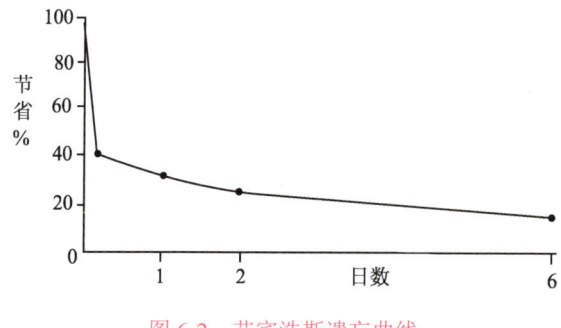

图 6-2 艾宾浩斯遗忘曲线

记忆的创纪元研究者——艾宾浩斯

艾宾浩斯，德国心理学家。1850 年 1 月 24 日生于波恩附近的巴门，1909 年卒于哈雷。1873 年在波恩大学被授予博士学位，1880—1909 年间相继在柏林大学、布雷斯劳大学及哈雷大学任教。

艾宾浩斯在担任大学讲席以前，独自进行心理学实验，对于使用数量化的实验方法研究心理活动深感兴趣，立志要将实验方法应用于较高级的心理过程，所致力的课题就是记忆。他的研究成果被载入《记忆》（1885）一书，此书是在学习、保持和回忆的整个领域中一系列创纪元的实验研究。他为了选用难度相等的记忆材料并避开过去可能已经形成的联系，特编制了 2 000 多个无意义音节供记忆实验之用。

　　他接受英国联想主义心理学的观点，以重复学习为构成联想的条件。他用一次完全回忆所需要的重复学习次数来计算实验分数，称作完全记忆法。另一计分方法称作节省法，就是在一次完全回忆之后隔了一段时间已发生遗忘，此时再来学习原先的材料，看能节省多少时间或节省多少重复次数，从而推知保持的数量。

　　他比较了学习材料的不同长度对学习速度的影响，考察了过度学习、集中学习和分散学习的效应。最著名的保持曲线，即表明遗忘的发生是先快后慢的曲线，是永远和他的名字联系在一起的。他连续五年（约1879—1884）用自己作被试，并严格控制自己的日常生活，使之不影响其实验的结果。

2. 衰退理论

　　这一理论认为，遗忘是记忆痕迹随着时间的推移而逐渐消退的结果。从信息加工心理学的观点来看，记忆痕迹是指记忆的编码。从巴甫洛夫条件反射理论来看，记忆痕迹是指在感知、思维、情绪和动作等活动时大脑皮质有关部位所形成的暂时神经联系。暂时神经联系的形成使经验得以识记和保持；暂时神经联系的恢复使旧经验以回忆、再认等形式表现出来。可见，记忆痕迹只是一种形象的比喻说法。

　　记忆痕迹随时间的推移而消失的假说接近于常识，容易为人们所接受。因为某些物理或化学的痕迹也是随着时间的推移而衰退的。但是，要证明记忆痕迹的衰退是遗忘的原因，就必须证明在原初学习之前或之后不能有其他心理活动产生，否则，这些心理活动就会对原初学习所留下的痕迹产生干扰；或者，神经组织中的记忆痕迹仅随着时间的推移而消退，而不受其他因素的影响，否则，这些痕迹就会产生新的神经联系。事实上，这是不可能的。虽然衰退理论接近于常识，但目前只能肯定，衰退是感觉记忆和维持性复述被阻断时的短时记忆信息丧失的一个重要原因。至于长时记忆的遗忘，衰退理论还没有被科学实验所证明。

　　尽管不能用实验来证明衰退理论，但也难以驳倒这个理论。因为事物都有发生、发展和衰亡的过程，记忆痕迹可能也不例外。记忆的恢复可能是痕迹的生长过程，随着时间的流逝，回忆量减少或回忆内容愈来愈不确切，愈模糊，甚至彻底遗忘，也可能是痕迹衰退在起作用。

3. 干扰理论

　　这一理论认为，遗忘是因为人们在学习和再现之间受到其他刺激的干扰。一旦排除了这些干扰，记忆就能够恢复。干扰理论的最早研究是睡眠对记忆的影响。在一个实验中，让被试识记无意义音节字表，达到一次能正确背诵的标准。一种情况是识记后即行入睡，另一种情况是识记后继续日常工作。然后分别在1、2、4、8小时后，再让被试回忆学习过的材料。结果证明，日常工作干扰了对原先学习材料的回忆，其效果低于睡眠的被试。还有研究表明，有梦睡眠比无梦睡眠的保持差，也可能表明干扰对记忆的影响。

干扰理论最明显的证据是倒摄抑制和前摄抑制。后学习的材料对回忆先学习的材料的干扰作用,称为倒摄抑制;先学习的材料对回忆后学习的材料的干扰作用,称为前摄抑制。在学习中,前摄抑制和倒摄抑制的影响是非常明显的。例如,学习一篇课文,一般总是开头和结尾部分容易记住,而中间部分则容易忘记。其原因是,课文的开始部分只受倒摄抑制的影响,不受前摄抑制的影响;结尾部分只受前摄抑制的影响,不受倒摄抑制的影响;中间部分则受两种抑制的影响,因而最易遗忘。

4. 提取失败理论

这一理论认为,提取失败可能是失去了线索或线索错误所致。例如,黄昏时分,远处站着两个人,既看不清面貌也听不到谈话声,缺乏必要的线索,往往会发生再认错误。再如,回忆实验心理学产生的时代背景,如果误把冯特1879年在莱比锡大学创立第一个心理实验室的时间当作1779年,以这个线索去回忆实验心理学产生的时代背景,就会使回忆发生错误。因此,提供检索线索就能提高回忆成绩。

在一个实验中,向被试呈现48个单词(分属于12类,每类有4个单词),让被试识记。提供线索组(被提示类别名称)平均回忆出30个单词,无线索组(没有提示类别名称)平均回忆出20个单词。此后,向无线索组提示类别名称,这时他们的回忆数达28个单词。显然,这额外回忆出的8个单词是储存在被试记忆中的,但要把它们提取出来,就必须有检索线索。

还有不少实验证明,即使记忆无意义音节,如果提供检索线索,回忆成绩也明显提高。潘菲尔德的研究表明,人确实有未被意识到的记忆保持着。所有这些事实都表明,被"遗忘了"的材料仍然被保持着,只是没有被提取出来。

5. 动机性遗忘理论

这一理论认为,遗忘是因为人们不想记,而将一些记忆推出意识之外,因为它们太可怕、太痛苦、太有损于自我。弗洛伊德是第一个把记忆和遗忘看作个体维护自我动态过程的心理学家。他在给精神病人施行催眠术时发现,许多人能回忆起早年生活中的许多琐事,而这些事情平时是回忆不起来的。它们大多与罪恶感、羞耻感相联系,因而不能为自我所接受,故不能回忆。也就是说,遗忘不是保持的消失,而是记忆被压抑。

对成年人回忆儿童时代的经验的研究发现,大多数原初经验的共同情绪与高兴相联系(占30%),其次是害怕(15%),再其次是愤怒、痛苦和激动。总之,不愉快的事件较愉快的事件更易于遗忘。另一个收集早期经验的研究表明,许多被研究者判断为创伤性记忆的被试往往将自己的经验有选择地重新编码为中性的甚至愉快的。

在一个实验中,让一个被试组学习无意义字表后,立即让其经历不幸的"失败"。后来的测验表明,被试的回忆成绩比未经历失败遭遇的控制组要差得多。接着让这个"失败"组的被试学习新的字表,但让其获得成功。结果发现,成功使他们的回忆成绩大为提高。这就是说,如果消除了压抑的原因,消除了记忆材料与消极情绪的联系,那么遗忘也就能克服了。

（三）如何克服遗忘

克服遗忘最好的办法是加强复习。复习是记忆之母，怎样复习才能达到巩固识记材料的最好效果呢？根据遗忘发展的规律，可采用以下学习方法。

1. 及时复习

艾宾浩斯遗忘曲线表明，遗忘的进程一般是先快后慢。所以，复习要在尚未大量遗忘之前及时进行。俄国著名教育家乌申斯基曾经指出，应当"巩固建筑物"，而不要等待去"修补已经崩溃了的建筑物"。

2. 合理分配复习时间

分配复习时间有两种方式：集中复习和分散复习。连续进行的复习称为集中复习，学习之间间隔一定时间称为分散复习。一般情况下，分散复习比集中复习的效果好。但是，在进行分散复习时，要根据材料的性质、数量、识记已经达到的水平确定时间间隔长短。一般是"先密后疏"，即在识记后不久的一段时间内，复习的次数要多一些，复习之间的时间间隔要短一些；随着知识巩固程度的提高，复习的次数可少一些，时间间隔可长一些。

3. 防止材料之间的相互干扰

干扰是造成遗忘的一个很重要的原因，所以，先后学习两种材料时，要防止材料之间的相互干扰。同时，复习两种材料时，中间要休息一会，类似的材料不要一起复习。复习系列材料时，要加强材料中间部分的复习。

4. 阅读与回忆相结合

在复习过程中，单纯阅读的效果并不太好，应该在材料还没有记住以前，就要积极地回忆，当回忆不起来时再阅读，这种方法花的时间少，识记的速度快，保持的时间长，而且错误也较少。盖茨的实验证明，阅读与回忆由于时间分配的比例不同，记忆的效果有显著的差异。用于回忆的时间越少，记忆的效果越好，见表 6-4。盖茨以为，时间与分配的最好比例是 80%的时间用于试图回忆，20%的时间用于阅读。

表 6-4 阅读与记忆的时间分配及其效果

时间分配	16 个无意义音节回忆（%）		5 段传记文回忆（%）	
	立刻	4 小时后	立刻	4 小时后
全部诵读时间	35	15	35	16
1/5 用于回忆	50	26	27	19
2/5 用于回忆	54	28	41	25
3/5 用于回忆	57	37	42	26
4/5 用于回忆	74	48	42	26

5. 多样化的复习

复习方法单调容易使人产生消极情绪和感到疲劳，降低复习效果；而多样化的复习方法能使人感到新颖,注意力更能集中,并能调动学习积极性,提高复习效果。例如,对同一个英语单词,可用默写、造句、应用等方法进行复习。另外,在复习时要眼到、口到、手到、脑到、心到,多种感官参与其中,也可以提高复习效果。

思考与练习

一、名词解释

1. 情景记忆
2. 感觉记忆
3. 长时记忆
4. 意义识记
5. 遗忘

二、单项选择题

1. 记忆的（　　）认为,记忆是由神经元内的核糖核酸（RNA）分子结构来承担的。
   A．定位说　　　　B．突触生长说　　　C．分子说　　　　D．激素说
2. "一朝遭蛇咬,十年怕井绳"属于（　　）。
   A．形象记忆　　　B．语义记忆　　　　C．情绪记忆　　　D．运动记忆
3. 由麦子想到稻子,这是（　　）。
   A．接近联想　　　B．相似联想　　　　C．对比联想　　　D．因果联想

三、简答题

1. 感觉记忆有哪些特点?
2. 短时记忆有哪些特点?

四、分析题

在一次识记效果的考查试验中,对甲、乙两组被试分别呈现下列两行数字,然后让他们进行书面再现。

甲组:7 1 4 2 8 5 6 1 1 2 2 2 4;

乙组:7 14 28 56 112 224。

试验结果表明,乙组被试对材料记得又快又准。请用识记原理分析其原因。

第七章

思 维

内容提要

思维是一种极其复杂的心理现象。人们在学习、生活中，每当遇到一时不能解决的问题时，往往会说"让我想一想""请你考虑考虑"等，这种"想"和"考虑"，就是指人的思维活动。借助于思维，我们可以认识复杂多变的客观世界，发现规律，掌握理论，从而使人类更好地生存和发展。

学习目标

知识目标

- 理解思维的概念、过程和种类
- 熟悉表象的特征和种类，以及无意想象和有意想象的区别
- 理解概念和推理的分类，掌握问题解决的思维过程和策略

能力目标

- 能对思维进行正确分类
- 能应用问题解决知识解释有关现象

第一节 思维概述

一、思维的概念

思维是指人脑对客观事物的本质属性和内部规律性的间接的、概括的反映。它是以已有知识为基础，以语言为中介，实现对事物的一般特征和规律性联系的反映。

思维与感觉和知觉一样，都是人脑对客观事物的认识活动。但感觉和知觉是对客观事物的感性认识，所反映的是客观事物的个别属性和整体特征，以及客观事物之间的外部联系；思维是在感知的基础上实现的高级认识形式，它反映客观事物的本质属性及其内在联系，是借助语言实现的理性认识过程。

二、思维的过程

思维是人类的高级心理活动，是复杂的信息加工过程。思维的过程包括分析、综合、比较、分类、抽象、概括、具体化、系统化等。

（一）分析与综合

分析与综合是思维过程的基本环节，一切思维活动，从简单到复杂，从概念形成到创造性思维，都离不开头脑的分析与综合。

1. 分析

分析是指在头脑中把事物的整体分解成各个部分、方面或个别特征的思维过程。例如，把植物分解为根、茎、叶、花、果实、种子，把动物分解为头、尾、足、躯体，把几何图形分解为点、线、面、角、体等，都属于分析过程。

2. 综合

综合是在头脑中把事物的各个部分、方面及各种特征结合起来进行考虑的思维过程。例如，把单词组成句子；把文学作品的各个情节联成完整的场面；把一个学生的思想品德、智力水平、学业成绩、健康状况等方面联系起来，加以评价，给出结论等，都属于综合过程。

3. 分析与综合的作用

分析与综合在人的认识过程中有不同作用。通过分析，人可以进一步认识事物的基本结构、属性和特征；可以分出事物的表面特性和本质特性，使认识深化；可以分出问题的情境、条件、任务，便于解决思维问题。通过综合，人可以完整、全面地认识事物，认识事物间的联系和规律；整体地把握问题的情境、条件与任务的关系，提高解决问题的技巧。

分析与综合是同一思维过程中彼此相反而又紧密联系的过程，是相互依赖、互为条件的。分析是以事物综合体为前提的，没有事物综合体，就无从分析。综合是以对事物的分析为基础的，分析越细致，综合越全面；分析越准确，综合越完善。例如，学生读一篇课文，既要分析，又要综合。经过分析，理解了词义和段落大意；经过综合，掌握了文章的中心思想，便获得了对文章的整体认识。对事物只有分析而没有综合，只能形成片面的、支离破碎的认识；只有综合而没有分析，只能形成表面的认识。分析与综合是辩证统一的，只有把分析与综合有机地结合在一起，才能发现事物的联系和关系，才能更好地认识事物。

分析与综合可以在不同的水平上进行。人可以在直接摆弄物体的情况下进行分析与综合，如小学生用散装的零件组装成航模的过程；也可以在直观形象的水平上进行分析与综合，如指挥员在军事图上分析敌情，服装师设计服装，建筑师设计建筑物等；还可以在思想上对抽象的事物进行分析与综合，如公安人员分析案情等，这是分析与综合的最高水平。

（二）比较与分类

1. 比较

比较是在头脑中把各种事物或现象加以对比，确定它们之间的异同点的思维过程。人们认识事物，把握事物的属性、特征和相互关系，都是通过比较来进行的。只有经过比较，区分事物间的异同点，才能更好地识别事物。例如，教师要讲清"思维"这个概念，必须将其与"思想"相比较，找出它们的共同点和差异点，以便学生对"思维"的认识更加准确。

比较与分析、综合是紧密联系的。比较总是对事物的各部分、各种属性或特性进行鉴别与区分，因此，没有分析就谈不上比较，分析是比较的前提。然而，比较的目的是确定事物间的异同，因此，比较也离不开综合。要比较事物，既要对事物进行分析，又要对事物进行综合，离开分析与综合，比较难以进行。

比较既可以是同中求异，也可以是异中求同。例如，在教学中，教师为了帮助学生清楚地了解某个对象，就把这个对象和与它十分相似的各种对象进行比较，找出它们的不同点；又把这个对象和与它差异很大的对象进行比较，找出它们的相同点。这样，学生就比较容易明确这个对象的本质特征。

2. 分类

分类是在头脑中根据事物或现象的共同点和差异点，把它们区分为不同种类的思维过程。分类是在比较的基础上，将有共同点的事物划为一类，再根据更小的差异将它们划分为同一类中不同的属，以揭示事物的一定从属关系和等级系统。

（三）抽象与概括

1. 抽象

抽象是在观念里把事物的共同属性、本质特征抽取出来，舍弃其有所不同的、非本质特征的过程。例如，人的属性有：能吃饭，能睡觉，能喝水，能活动，能知觉，能记忆，能说话，能思维，能制造工具等。通过分析、比较，抽出人类具有的共同的、本质的属性，即能说话、能思维、能制造工具等，舍弃能吃饭、能睡觉、能喝水、能活动等其他动物也有的非本质属性，这就是抽象过程。

2. 概括

概括是指把抽象出的共同的、本质的特征结合在一起。概括有不同的等级水平。初级概括是在知觉、表象基础上进行的，它只能抽取事物的外部共同特征，作出形象的概括。

例如，"树"是从一般表象得出的具体概念。高级概括以抽取事物的本质特征为前提。例如，"心理的东西是观念"这一命题是从许多现象中抽取的感觉、知觉、表象等心理现象中概括的，而这些感觉、知觉等心理现象，这时早已作为概括化了的概念来使用，才能得出上述概括的规律。

3. 抽象与概括的关系

抽象与概括的关系十分密切。如果不能抽象出一类事物的本质属性，就无法对这类事物进行概括。而如果没有概括性的思维，就无法抽象出一类事物的本质属性。因此，抽象与概括是相互依存、相辅相成的。抽象是高级的分析，概括是高级的综合。抽象、概括都建立在比较的基础之上，任何概念、原理和理论都是抽象与概括的结果。

（四）具体化与系统化

1. 具体化

具体化是指在头脑中把抽象、概括出来的一般概念、原理与理论与具体事物联系起来的思维过程，也就是用一般原理去解决实际问题，用理论指导实际活动的过程。具体化把理论与实践结合起来，把一般与个别结合起来，把抽象与具体结合起来，可以使人更好地理解知识、检验知识，使认识不断深化。

2. 系统化

系统化是指在头脑中把学到的知识分门别类地按一定程序组成层次分明的整体系统的过程。例如，生物学家按界、门、纲、目、科、属、种的顺序，把世界上所有的生物进行分类，并揭示了各类生物间的关系和联系，这就是人脑中对生物系统化的过程。又如，学生在掌握整数、分数、小数的知识之后，可以将其概括为有理数；当学习了无理数之后，又可把有理数和无理数概括为实数；掌握了虚数之后，又可把实数和虚数概括为数，从而掌握系统的数的知识。

系统化是在分析、综合、比较和分类的基础上实现的。系统化的知识便于在大脑皮层上形成广泛的神经联系，使知识易于记忆。也只有掌握了系统的知识结构，才能真正理解知识，才能在不同条件下灵活运用知识。

三、思维的种类

（一）根据思维活动的凭借物分类

根据思维活动凭借物的不同，可将思维分为动作思维、形象思维和逻辑思维。

1. 动作思维

动作思维是以实际动作为支柱的思维过程。两岁前的婴儿尚未掌握语言，他们通过摆弄物体，在实际操作中认识物体的属性，动作停止，思维也就停止。因此，动作思维的概念主要用于早期婴幼儿。成人也有动作思维，如技术工人在对一台机器进行维修时，一边检查一边思考故障的原因，直至发现问题、排除故障为止，在这一过程中，动作思维占据主要地位。不过，成人的动作思维是在经验的基础上，在第二信号系统的调节下实现的，这与尚未完全掌握语言的婴幼儿的动作思维有着本质的区别。

2. 形象思维

形象思维是以直观形象和表象为支柱的思维过程。6岁后儿童的思维就可以依靠头脑中的表象和具体事物的联想展开，他们已经能摆脱具体行动，运用已经知道的、见过的、听过的知识来思考问题。在学龄前儿童中，游戏是最好的例证。儿童模仿成人的活动，组织角色游戏，是由于他们的头脑中所储存和加工的材料多为感性情景，他们所掌握的概念也处于感性水平。

艺术家的思维属于形象思维，他们在创作和构思过程中，很大程度上是以形象材料进行的。例如，画家运用线条、阴影、空间、色彩等构造画面；音乐家以乐音的旋律、节奏、速度、力度等表达辉煌、幽静或庄严。

3. 逻辑思维

逻辑思维也称推理思维，是指运用抽象概念进行判断、推理，得出命题和规律。逻辑思维是用语言进行的，语言负载着思维的过程，词把思维中概括出来的事物的共同特征和本质特征确定和巩固下来。如果没有可以标志一般的东西的载体，任何思维的概括都是不可能的，科学思维和科学规律的概括是最好的例证。因此，人类思维的本质特征在于它是以"词"为中介的对现实的反映，是多层次概括的信息处理过程。这就是人类思维与动物思维的根本区别，也是人类思维具有创造性、预见性和超越现实能力的根本原因。

7岁以上的儿童已经开始对事物进行比较复杂、深刻的评价。早期看电视时，他们只会分辨好人、坏人，这时已经知道好在哪里、坏在哪里，还会用各种理由来说明他的看法。另外，7岁以上儿童的思维已经从事物的外表向内部、从局部到全部进行判断和推理，并且逐步加深。

逻辑思维随时都可能有必要的形象材料相伴随并起着支柱的作用，甚至还需要动作的支持。例如，飞机设计中利用鸟类飞翔的形象，技术工人在运动操作中排除机械故障等，均说明形象和动作在思维中所起的作用。因此，一般来说，上述三种思维是互相联系着的，个体思维有一个从动作思维向形象思维、逻辑思维发展的过程。成人思维可以以某种形式为主，但往往并不限于单一思维形式。

（二）根据思维活动面对的任务和目的分类

根据思维活动面对的任务和目的，可以将思维分为指导性思维和创造性思维。

1. 指导性思维

指导性思维是指在一定的任务或要解决的问题面前，思维过程的进行被所要达到的目的和所要解决的问题所指导。例如，解数学题的每一步骤都是被达到题目最后的要求所指导着；下棋的每一步骤是被最后击败对方所指导着。

指导性思维的进行有特殊规律。思维活动的每一步均被主体审视，考察对所要达到的目的是否有所推进。如果有所推进，思维活动将继续进行下一步，否则将退回到原处，寻找新的思路，这样一步步地实现目的。指导性思维是一种综合性思维过程，从根本上说，它也是推理思维。

2. 创造性思维

创造性思维是多种思维形式的综合活动。创造和创作是创新的过程，它在已有的信息模式的基础上，会提出更多的假设和尝试，需要更多的理论指导和感性支柱以及实际活动的验证。例如，德国数学家高斯在小学时就能找出解答"1＋2＋3＋…＋100"的简便方法，这就是创造性思维的表现。

（三）根据思维探索的目标方向分类

根据思维探索目标方向的不同，可以将思维分为聚合思维和发散思维。

1. 聚合思维

聚合思维又称辐合思维、集中思维、求同思维，是指思维者聚集与问题有关的信息，在思考和解答问题时，进行重新组织和推理，以求得唯一正确答案的收敛式思维方式。例如，学生从书本的各种定论中筛选一种方法，或寻找问题的一种答案；理论工作者依据许多现成的资料归纳出一种结论。

2. 发散思维

发散思维也称扩散思维、辐射思维，是指在解决问题的思考过程中，从已有的信息出发，尽可能向各个方向扩展，以求得多种不同的解决方法，衍生出各种不同的结果。发散思维是多向的、立体的和开放型的思维。

3. 聚合思维与发散思维的关系

聚合思维和发散思维是统一的。由于创造性思维中的创造性产物不可能在原有的经验和办法中产生，所以它既需要发散思维，又需要聚合思维。只有通过发散思维，才能开阔思路、拓展视野，从而提出多种新设想、新办法。因此，创造性首先表现在发散性上。但是，创造性活动并非只有发散思维才能完成。其目的是要从中找到正确的新答案、最佳的新方案和新结论等，这必须用聚合思维才能达到。从这个意义上讲，发散思维是聚合思维的基础，而聚合思维是发散思维的出发点和归宿。

第二节　表象与想象

人们在解决问题的思维过程中，往往需要想象参与，而想象的基本材料是表象。

一、表象

表象是指客观对象不在主体面前呈现时，在观念中所保持的客观对象的形象和客体形象在观念中复现的过程。例如，当人们看到或听到"大海"这个词时，头脑中很容易浮现出大海的情景，尽管大海并未出现在眼前。表象在日常生活中发挥着重要的作用。当人们从一个不熟悉的地点回家时，通常会利用表象判断哪条路离家最近；当决定把一个新买的冰箱放在房间的合适位置时，也需要利用表象。

（一）表象的特征

1. 形象性

表象在感知觉的基础上形成，首先是感知留下的形象，因此具有直观形象性。但是，表象的形象性与相关事物形象有差别，不如感知形象那样鲜明、直观、完整和稳定。例如，游览长城时，感知长城的形象和在头脑中留下的长城表象是有差别的。客观事物是有形的，记忆表象便成了记忆内容的一种主要表现形式。利用记忆表象进行想象形成的表象，本身就是一种新形象，当然也具有形象性。

2. 概括性

表象的概括性是指表象反映同一事物或同类事物的一般属性和重要特征。表象与感知的事物形象是有差别的。表象形成时，受知觉的选择性、整体性、理解性和恒常性等基本特性的作用，对具体事物的形象属性和特点有所取舍。形成的表象往往选取自认为是同一事物的，或同类事物在不同条件下所经常表现出来的一般属性、重要特征，而个别属性、次要特征则舍弃掉了。想象表象是对已有表象加工改造而形成的，更是对事物的形象属性和特征有所取舍。

> 任何表象都具有概括性，但是表象的概括性和思维的概括性有所不同。表象是对形象的概括，这种概括性往往没有通过抽象和概括的心智操作，对本质属性和非本质属性没有进行明确，表象里混杂着非本质属性。

表象的形象性和概括性是密切联系的。从表象的形象性来看，它是概括了的形象；从表象的概括性来看，它是形象方面的概括。但是，表象既不是知觉，也不是思维，而是介于知觉和思维之间的中间环节。人们有了表象而进行想象和思维，才能实现从感性认识到理性认识的飞跃。

（二）表象的种类

1. 根据创造性程度分类

根据创造性程度分类，可以把表象分为记忆表象和想象表象。记忆表象是指过去感知过的事物形象的简单重现；想象表象是指原有表象经过加工改造、重新组合创造出的新形象。这两种表象往往交织在一起，很难绝对地分开。只有从记忆表象中提取素材，想象表象才能得以进行；同时，记忆表象在某种程度上与想象表象相结合，为想象表象所补充。

2. 根据表象形成的主要感知通道分类

根据表象形成的主要感知通道分类，可以把表象分为视觉表象、听觉表象、动觉表象、嗅觉表象、味觉表象、触觉表象等。人们所从事的社会实践活动不同，各种表象形式所起的作用也各有侧重。一般而言，画家具有较发达的视觉表象，音乐家具有较发达的听觉表象，体操运动员具有较发达的动觉表象。值得注意的是，各种表象形式往往是综合起作用的，如钢琴演奏既需要听觉表象，又需要动觉表象；完成体操动作既需要动觉表象，又需要听觉表象。

3. 根据对象的范围和概括程度分类

根据对象的范围和概括程度分类，可以把表象分为个别表象和一般表象。个别表象是指对某一具体事物（如六和塔）的表象；一般表象是指对某一类事物（如宝塔）的表象。个别表象和一般表象有着密切的联系，个别表象是一般表象的基础和核心，一般表象是个别表象的高度概括。

拓展阅读

遗觉象

> 遗觉象是指在刺激停止作用后，人脑中继续保持的异常清晰的、鲜明的表象。遗觉象是记忆表象的特殊形式，它几乎与感知形象一样鲜明、生动，似乎是介于知觉和幻觉之间的状态。遗觉象是部分学龄儿童所特有的，随着年龄增长会逐渐消退。研究显示，儿童中40%～70%有遗觉象，在11～12岁时最明显。通常，较为多见的遗觉象是视觉表象。

二、想象

想象是指人脑对已有表象进行加工改造而形成新形象的过程，是思维活动的一种特殊形式。例如，人可以通过别人的描述，想象出自己从未见过的海洋或大陆（见图7-1），也可以在脑中创造出现实中不存在的事物形象（见图7-2）。作曲家创作的新乐章，工程师创造的新机器等，也都是以在头脑中构成新形象为前提的。

图7-1 儿童想象画：海底世界　　　　图7-2 想象现实中不存在的事物形象

想象是新形象的创造，想象的内容往往出现在现实以前，或是现实中不可能出现的东西。因此，想象在一定程度上是超现实的。然而，任何想象都不是凭空捏造的。想象和感知、表象一样，也来源于现实。想象在表象的基础上产生，构成想象的材料均来自表象，想象是表象的进一步加工。天生聋哑人不会产生动听的音乐想象，先天盲人不会产生美丽的色彩想象，是因为他们没有这些方面的表象作为想象加工的材料。

想象是一种意象性的反映，它在某种程度上超脱现实，因此，可有意地或在无意间发生。据此，想象可分为随意想象或不随意想象。

（一）无意想象

无意想象是指没有预定目的，在一定刺激作用下，自然而然地产生的想象。例如，当抬头仰望天空变幻莫测的浮云时，脑中就产生起伏的山峦、柔软的棉花、活动的羊群、嘶鸣的奔马等形象；当看到北方冬季玻璃上的冰花时，就会觉得它像梅花、像树叶等，都是无意想象的表现形式。无意想象的典型表现是梦和幻觉。

1. 梦

梦是在睡眠状态下产生的一种正常的心理现象，是无意想象的极端形式。巴甫洛夫认为，人在睡眠时，整个大脑皮层处于一种弥散性的抑制状态，但仍有少部分神经细胞兴奋活跃，由于意识控制力减弱，这些记载着往日经验的细胞便随意地、不规则地结合在一起，形成了一个个离奇古怪、荒诞绝伦的梦境。

2. 幻觉

幻觉是一种异常精神状态下产生的无意想象，它是人们在精神异常或某些药物作用下脱离现实的、不能自己的想象。

在患有妄想型精神分裂症的病人身上，常常可以观察到由疾病引起的无意想象。这些病人在环境没有任何危险的情况下，认为有人追踪他、谋害他。这种强烈的、难以摆脱的幻觉使他们整日为自己的安全提心吊胆，并对周围的人持怀疑、敌视的态度。

人们由于服用某些药物，也会引起幻觉。吸食或服用致幻药物的人，服药之后会产生各种奇特的幻觉，如觉得时间停滞了，静止的东西在移动，甚至觉得自己会飞等。

梦和幻觉均属特殊情况下产生的无意想象，但这并不意味着无意想象只能在这种特殊的甚至是不正常的情况下产生。事实上，在日常生活中，无意想象是经常发生的。人们随着意境的出现，可以产生无限遐想。

（二）有意想象

有意想象是指根据一定的目的，在意识的控制下，自觉进行的想象。科学家提出的各种假说，文学艺术家在头脑中构思的人物形象等，都是有意想象的结晶。

有意想象是人们从事实践活动的主要想象形式。按其新颖性、独立性和创造性程度，又可分为再造想象和创造想象。

1. 再造想象

再造想象是指根据语言的描述和非语言的描绘，在头脑中产生有关事物新形象的心理过程。例如，看鲁迅先生的《孔乙己》时，头脑中出现穿长衫、站着喝酒的人物形象；机械制造工人根据图纸想象出机器的主要结构等。

再造想象产生的新形象是相对的,对于想象者来说是新的,而实际上是已经存在的事物形象。但是,再造想象仍然有一定的创造性。由于每一个人的知识、经验、个性特征等主观因素不同,再造想象的内容和创造水平必然有一定的差异。

再造想象可以帮助人们摆脱狭小的生活圈子,生动形象地认识自己没有感知过的或不可能直接感知的事物,扩大认识范围,充实主观世界。在教学过程中,教师通过生动形象的语言表述或图表、模型的演示,可以使学生通过再造想象在头脑中形成与概念相应的形象,从而更深刻地理解和掌握知识。

形成正确的再造想象有赖于两个条件:一是正确理解语词描述和图样、符号标志的意义;二是丰富表象储备,表象是想象的基本材料,缺乏相应的表象储备,就难以进行想象。

2. 创造想象

创造想象是根据一定的目的、任务,运用自己以往积累的表象,在头脑中独立地创造出事物新形象的心理过程。飞机设计师在头脑中构成一架新型飞机的形象,作家在头脑中构成新的典型人物形象等,都属于创造想象。这些形象不是根据别人的描述,而是想象者根据生活提供的素材,在头脑中通过创造性的综合,从而构成了前所未有的新形象。这种形象越新颖,其创造性水平也就越高。

创造想象具有独立性、首创性、新颖性的特点,是人类创造性活动不可缺少的心理成分。无论是进行科学创造、技术发明,还是文艺创作,都必须首先在头脑中形成活动的最终或中间半成品的模型,即进行创造想象。可见,创造想象是创造性活动的必要环节。没有创造想象,创造性活动就难以顺利进行。

创造想象是一种比再造想象更复杂的智力活动,但二者又有密切联系。首先,它们都以感知为基础,都是在原有表象基础上进行加工改造,重新组合的新形象;其次,依据描述进行再造想象时,对想象者来说或多或少都含有不同程度的创造想象成分,而创造想象中也有再造想象的因素。

拓展阅读

幻想

幻想是创造想象的一种特殊形式。幻想是一种与个人愿望相联系,并指向未来的想象。它不同于再造想象,因为它比再造想象有较多的创造性成分。它也不同于一般的创造想象,区别有两点:一是幻想中所创造的形象体现着个人的愿望,是人们所追求、憧憬和向往的事物,如幻想自己成为一个科学家和艺术家;而创造想象中的形象不一定是个人所期望的形象,如作家创造的反面人物形象。二是幻想不与目前的行动直接联系,不一定产生现实的创造性成果,而是对未来活动的设想。

根据幻想的社会价值和有无实现的可能性,可以把幻想分为积极的幻想和消极的幻想。积极的幻想是符合

事物的发展规律，并具有一定的社会价值和实现可能的幻想，一般称为理想。它能使人展望到未来美好的前景，激发人的信心和斗志，鼓舞人顽强地去克服困难。而消极的幻想违背客观事物的发展规律，且毫无实现的可能，一般称为空想或妄想。它是一种无益的幻想，常使人脱离现实、想入非非，以无益的想象代替实际行动。

第三节　概念、推理与问题解决

一、概念

（一）什么是概念

概念是人脑反映客观事物的本质特征和数量范围的思维形式，是思维活动最基本的单位。

每一个概念都有其内涵和外延。其中，内涵是指概念所包含的事物的本质特征；外延是指概念的范围，是属于这个概念的一切事物。例如，"人"这一概念的内涵是"能制造工具并使用工具进行劳动的高等动物"；外延是"过去生活过、现在生活着和将来要生活的一切人"。概念的内涵和外延具有反比关系，即内涵越大，外延越小；内涵越小，外延越大。

知识链接

概念与词

概念是用词来标志的。如果没有词，概念就不可能存在。但概念并不等于词，它们既有联系又有区别。词是概念的物质外壳，概念赋予词以一定的意义和内容。但是，概念是心理现象，词是概念的物质标志，两者不能混淆。

不同的词可代表同一概念，如"我""吾""余"等都表示说话者自己，是单数第一人称；同一个词也可以表示不同的概念，如"仁"有时指道德概念"仁义""仁慈"，有时又指果实概念"桃仁""杏仁"等；有些词甚至不表示概念，只表示关系或联系，如"但是""而且"等。因此，我们不能把心理现象与物质现象等同起来。

（二）概念的分类

概念有助于人将大量的信息组织成有意义的单位，从而简化思维过程。不同的心理学家从不同角度将概念分为不同的类别，主要有以下几种。

1. 人工概念和自然概念

根据研究的需要，概念可分为人工概念和自然概念。人工概念是研究者为了便于实验研究而人为设计的一类概念。人工概念具有可规定数目的相关维度，每个维度又有一定的属性值。布鲁纳为了研究概念的形成，设计了人工概念，并提出了概念的假设—检验理论。

自然概念是指现实生活中的各种概念。它有具体和抽象两个维度。具体概念一般由概念所表述物体的具体物理特征来定义，如"物理性质"这个概念就是由物质的颜色、状态、气味、熔沸点等属性来定义，它可以通过感官证实。抽象概念是对各类事物的抽象所形成的概念，代表了某些无法观察到的复杂的想法、意义的聚合，如经济、环境等。

2. 日常概念和科学概念

维果茨基根据概念的掌握途径，将概念分为日常概念和科学概念。日常概念又称前科学概念，是指不经过专门的教学而在日常生活中积累个人经验而形成的概念。科学概念是通过专门的教学过程来掌握的概念。科学概念形成的过程包括抽象化、类化、检验和辨别等。

3. 具体概念与定义性概念

加涅根据学习的结果，将概念分为具体概念与定义性概念。具体概念是指可观察的概念，可通过被指认的方式来体现，如猫、椅子、树等。具体概念的学习以辨别学习为基础。定义性概念是将物体或事件加以归类的规则，有些定义性概念只能以定义的形式习得。

4. 上位概念和下位概念

奥苏贝尔将概念视作一个层次性的结构。居于结构上层的称为上位概念，代表个人对事物的整体认识。上位概念是个人的先备知识，是个人吸收新知识的基础，可长久保持记忆，相当于一般认知心理学家所说的认知结构。居于结构下层的称为下位概念，代表个人对事物特征的细微认识，多属于暂时记忆。学生在学习新概念、形成新知识时，首先从自己已有的要领概念出发，试图将新概念纳入已有的认知结构，从而同化新知识。

二、推理

（一）推理的定义

推理是由一个或几个已知命题推出新命题的思维形式。例如，人们根据气象分析，可以作出天气预报。这是一种由已知推断未知的思考活动，反映这种思维活动的思维形式就是推理。每个推理都包含着两部分的命题：一部分是已知的命题，它是推理的根据，称为推理的前提；另一部分是由此而推导出的命题，称为推理的结论。从下面三个推理的例子中可以看出：

例1：所有的商品都是劳动产品；
　　　所以，有些劳动产品是商品。
例2：自然科学是没有阶级性的；
　　　物理学是自然科学；
　　　所以，物理学是没有阶级性的。
例3：三角梅在阳光下可以进行光合作用；
　　　君子兰在阳光下可以进行光合作用；
　　　凤凰树在阳光下可以进行光合作用；
　　　三角梅、君子兰和凤凰树都是绿色植物；
　　　所以，凡绿色植物在阳光下都可以进行光合作用。

（二）推理的分类

根据从前提到结论这一推导过程的方向不同，可将推理分为演绎推理、归纳推理和类比推理。

1. 演绎推理

演绎推理是从一般性原理出发，引申出特殊性结论的推理。这种推理的推导方向是由一般到个别。例如：

凡生物都有新陈代谢；

藻类是生物；

所以，藻类也有新陈代谢。

演绎推理的前提是比结论更一般的判断，因此，推导出的结论并没有超出前提所判定的范围。换句话说，结论是可以由前提必然地推导出来的，所以，它是一种必然性的推理。

演绎推理根据前提含有命题数目的多少，可分为三段论推理、联言推理、选言推理、假言推理、假言选言推理和关系推理等。

2. 归纳推理

归纳推理是从一系列个别性的判断出发，引申出一般性结论的推理。这种推理的推导方向是由个别到一般。例如：

麻雀是卵生的；

燕子是卵生的；

大雁是卵生的；

老鹰是卵生的；

麻雀、燕子、大雁、老鹰都是鸟；

所以，所有的鸟都是卵生的。

归纳推理依其前提是否涉及一类中的所有对象，又可分为完全归纳推理和不完全归纳推理。完全归纳推理是指对同一类事物中的每一对象的考察，从而对该类整个对象作出一般性结论的推理。不完全归纳推理是指对同一类事物中的部分对象的考察，从而对该类所有对象作出一般性结论的推理。

3. 类比推理

类比推理是指从两个或两类对象的某些相同属性出发，从而引申出它们在另一属性上也相同的结论。类比推理从前提到结论的推导方向是由特殊到特殊。例如：

美国佛罗里达州与我国四川省的地理环境（地形、土壤、水文等）相似；

美国佛罗里达州与我国四川省的气候（温度、湿度、光照等）也相似；

我国四川省适宜种植油桐；

所以，美国佛罗里达州也适宜种植油桐。

三、问题解决

问题通常是指个体面临一个不易达到的目标时的情境，即通往目标的途径中存在的障碍。问题解决是指由一定的问题情境引起,经过一系列具有目标指向性的认知操作,使问题得以解决的过程。

(一) 问题解决的思维过程

由于所要解决的问题的性质不同,因而解决问题的思维过程也会有所不同。一般来说,问题解决的思维过程包括以下相互联系的四个阶段。

1. 发现问题

发现问题就是认识到问题的存在,并产生解决问题的需要和动机。在日常工作和生活中,处处都存在着各种各样的矛盾,当某些矛盾反映到意识中时,个体才发现它是个问题,并要求设法解决它,这就是发现问题的阶段。从问题解决的阶段性看,这是第一阶段,是解决问题的前提。发现问题是思维积极主动性的表现,对促进心理发展具有重要意义。

2. 分析问题

分析问题就是弄清问题的特点和条件,其依赖的基础是搜集与问题有关的大量材料。要解决所发现的问题,必须明确问题的性质,也就是弄清有哪些矛盾、哪些矛盾方面,它们之间有什么关系,以确定所要解决的问题要达到什么结果。

3. 提出假设

提出假设是指人们在理解问题的基础上,通过假定、推测,设计解决问题的方案,提出解决问题的原则、途径和方法,并加以实施。提出假设是问题解决的中心环节。

提出假设绝不是盲目乱猜,假设的提出有赖于个人的知识水平、想象力和鉴赏力。一个假设的形成常常需要经过反复酝酿,在实施中还需修正。解决复杂问题提出假设时,还要反复推敲解决方案。

4. 检验假设

假设是对问题解决方案的探索和设想,假设是否正确,需要借助一定的手段来检验。检验假设的方法有两种:一种是直接检验,即通过实验和实践活动来加以验证。实践是检验真理的唯一标准,这是检验假设最根本、最可靠的手段。另一种是间接检验,即根据已掌握的科学原理,利用思维活动对假设进行论证。对于那些不能立即通过实践直接检验的特殊活动中的假设,可采用间接检验方法。例如,医生设计的治疗方案、军事指挥员提出的各种作战方案等,总是先在头脑中反复推敲、论证,然后再付诸实施。

检验的结果如果证明假设是错误的,就得重新审查方案,提出新的假设。在提出新假设时,应认真分析先前假设失败的原因,以利于新假设的确立和解决问题的最终成功。

(二) 问题解决的策略

解决问题的策略多种多样,概括地说,可分为算法式策略和启发式策略两大类。

1. 算法式策略

算法式策略是指运用解题的一套规则来解决问题的策略。这种规则一般以公式的形式体现。平时学生学习各科知识中的有关公式包含了操作规则,在解决问题时套用公式,其采用的解题策略就是算法式策略。例如,圆柱的体积=底面积×高,即 $V_柱=S_底 \cdot h=\pi r^2 h$。掌握了这个公式,按规则进行操作,计算圆柱体体积的问题都能得到解决。这种规则也可以没有公式，只有操作规程。

算法式策略的优点是：只要一个问题找到了解题的规则，那么只要按规则进行操作，问题总能得到解决。通过科学研究，人们已经找到了很多问题的解决规则，并进行了公式化，学会这些科学解决问题的法则、公式，显然是十分重要的。

算法式策略的不足之处是：对于有些问题，按解题规则步步求解工作量大，以至于在事实上不可能运用此类策略求解。典型的例子是下棋，若用算法式策略，对所有可能的棋步逐个进行尝试，尽管理论上能保证获胜，但实际上是行不通的。有人曾计算过，用这种方法下棋将涉及 1 040 个可能的棋步，若以每毫秒考虑三步棋计算，则需要 1 021 个世纪的时间。有些问题没有或尚未发现解题规则时，这种策略也无法采用。

2. 启发式策略

启发式策略是指根据经验和理论论证，选择一种或几种方案解决问题的策略。启发式策略对答案的寻求是直接的，并不保证一定能解决问题，有时还会出错，但它却常常能较有效地解决问题。启发式策略有多种形式，比较有效的有手段—目标分析策略、目标逆向反推策略、探式搜索策略等。

（1）手段—目标分析策略

手段—目标分析策略是指从识别问题的当前状态和目标状态之间的差距着手，通过分析，运用某种手段设立一系列的子目标，并加以逐个实现，缩小差距，达到目标，解决问题。例如，某个大学生想考上研究生，他的目标与现有状态有一定学业水平差距。如果是外语考试成绩没有上线，他就必须想办法提高外语水平。如果外语学习中的主要问题是阅读理解水平差，那就必须加强阅读和词汇量；如果是听说能力差，就必须在外语听说方面下功夫，提高外语听说能力。若是专业课成绩不理想，就必须在专业课学习上下功夫。总之，他必须要实现一系列子目标：把外语学好，把词汇量加大，提高听说能力，把专业课学扎实，这样才可能考上研究生。

运用手段—目标分析策略的关键是把大目标分解为下一级的子目标，寻找清除差距的算子加以施行。算子是指在解决问题过程中所采取的使得状态改变的行为。从本质上说，手段—目标分析策略是一种缩小差别的策略，所以不能保证一定能解决问题，但只要差距消除了就能解决问题。

运用手段—目标分析策略解决问题时应注意以下几点：其一，问题的当前状态与目标状态之间可能存在多种差距，要善于发现它们之间最重要的差距；其二，在不断缩小、消除差距、实现总目标中，必须记住子目标之间以及总目标之间的联系；其三，算子必须要有效实施，它决定问题解决的成败。

（2）目标逆向反推策略

目标逆向反推策略是指从问题的目标状态出发向反方向推导，与当前状态连接起来，从而解决问题的策略。例如，查看地图确定到达目的地的交通路线就经常采用这种策略，

133

即先查目的地再逐渐逆回出发点来寻找最近路线。

在实际解决问题的过程中，有些问题要从当前状态达到目标状态，解决的途径为数很少，甚至只有一条。此时，运用目标逆向反推策略解决问题较为有效。如果解决问题要达到目标状态的途径很多，则采用手段—目标分析策略更易见效。

（3）探式搜索策略

探式搜索策略是指利用已有的条件和经验，有选择地尝试探索问题解决的突破口和最有利于达到目标的可能性途径，从而解决问题的策略。例如，解下面的密码算题：

$$\begin{array}{r}\text{DONALD}\\+\quad\text{GERALD}\\\hline\text{ROBERT}\end{array}$$

上面的算式里有 10 个字母，每个字母代表一个从 0 到 9 之间的不同数字。已知 D=5，问题是要确定每个字母所代表的数字，使得这个算式成立。如果运用算法式策略来解题，完全用逐个替换的办法来求解的话，尝试各种可能性，要大约 30 万次（3×10^5）。实际上，人们会采用探式搜索策略来解这个计算题，从 D=5 这一已知条件出发，利用已有知识经验，选择突破口，探索出达到目标的可能性途径。D=5，则 T 必然是 0；E 则必定是 9，A 必定是 4，这是个突破口。接下来，人们对其他字母与数字的匹配都可通过有选择地探索找到突破口，来达到目标。一般人最快的以十几步，最慢的以几十步便能解出此题。

探索搜索策略实质上也是一种以缩小当前状态和目标状态之间差别的策略。它与手段—目标分析策略所不同的是，其子目标是在搜索中加以选择的，试探搜索在先，然后分析推断。例如，打字员辨认潦草的字，要正确无误地打出来，需要利用语法规则和上下文意思进行猜测，搜索出其正确字形的可能性，然后分析推断，才能正确辨认出来。使用探式搜索策略也不保证一定能解决问题，但我们要想处理新情况、解决新问题，有所发明创造，只好运用探式搜索策略，这样才有可能解决问题。

人们用于解决问题的策略多种多样，有些问题往往相对适宜用某一种策略来解决。因而，并不存在某一种策略对解决一切问题都有效的情况。解决不同问题，应有针对性地采用不同的策略，才能收到较好的效果。

（三）影响问题解决的因素

问题解决的思维过程受多种心理因素的影响，有些因素能促进思维活动对问题的解决，有些因素则妨碍思维活动对问题的解决。

1. 问题表征

问题表征是在头脑中对问题进行信息记载、理解和表达的方式。要能解决一个问题，不仅有赖于分解该问题的策略，也有赖于对该问题如何进行表征。如图 7-3 所示的九点方阵和火柴排图两个问题，看似简单，做起来并不容易，不容易的原因是受到知觉情境的限制。左图中的 9 个点，很容易使人在知觉上构成一个封闭的四边，从而让人难以突破知觉经验，但四段直线必须延伸到 9 个点构成的区域之外才能达到目的；右图中的 6 根火柴是在平面上排列的，但想在平面上排成 4 个连接的三角形，6 根火柴无法达到目的，唯一的可能是将 6 根火柴组成成立体结构。

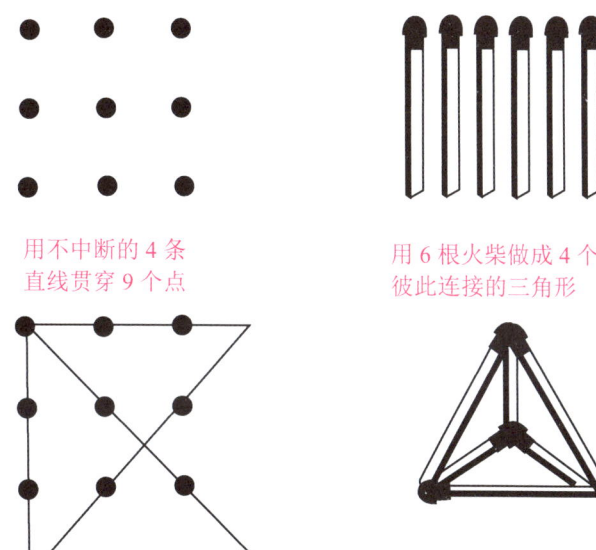

图 7-3 两个问题及其解法

2. 思维定势

思维定势是指个体先前的思维活动形成的心理准备状态对后继同类思维活动的决定趋势。思维定势常常是个体意识不到的,有时有助于问题的解决,有时会妨碍问题的解决。最初研究思维定势在解决问题中的作用的是梅尔(Maier)。他在实验中,对部分被试利用指导语给予指向性的暗示,对另一些被试不给予指向性暗示。结果,前者绝大多数被试能解决问题,而后者则几乎没有一个能解决问题。

思维定势对问题解决的妨碍作用可以从陆钦斯(Luchins)的实验中看到。在实验中,他告诉被试有三个大小不同的杯子,要求被试用这三个杯子量出一定量的水,实验程序见表 7-1。实验结果表明,通过序列 1～5 的实验,由于被试形成了利用 B－A－2C 这个公式的定势,结果,对序列 6 和序列 7,也大都用同样方式加以解决,竟然没有发现原本应该显而易见的简单办法(即 A－C 和 A＋C)。在这个例子中,思维定势使问题解决的思维活动刻板化。

表 7-1 陆钦斯的量水问题实验序列

问题	A	B	C	求 D	习惯解决	注
1	21	127	3	100	D＝B－A－2C	
2	14	163	25	99	…	
3	18	43	10	5	…	
4	9	42	6	21	…	
5	20	59	4	31	…	
6	23	49	3	20	…	D＝A＋C
7	15	39	3	18	…	D＝A＋C
8	28	76	3	25	…	D＝A＋C

3. 功能固着

功能固着是指一个人看到某个物品有一种惯常的用途后，就很难看出它的其他新用途。初次看到的物品的用途越重要，也就越难看出它的其他用途。这个概念是德国心理学家邓克尔（Duncker）首先提出的。他在一个实验中，让学生们想办法在一块垂直的木板上放置蜡烛，并要使蜡烛能够正常地燃烧。邓克尔给每个学生三支蜡烛，以及火柴、纸盒、图钉和其他东西。被试中有一半人分到的是放在纸盒里的材料，另一半人分到的东西都散放在桌面上。邓克尔发现，把东西放在盒子里提供给被试，会使问题解决变得更困难，因为此时盒子被看作是容器，而不是能够参与解决问题的物体。在这个实验中，解决问题的方法是要先将盒子钉在木板上，把它当烛台用。

另一个实验是美国心理学家梅尔（Maier）设计的摆荡结绳实验。该实验设计的问题情境是在一个房间内，由天花板上垂下两条绳子，要求被试设法将它们连接在一起。房间里还摆放有一把椅子、一把钳子和其他东西。问题是两条垂绳间距太远，被试无法同时用手将它们连接起来。实验设计的目的在于观察被试能否突破功能固着，利用现场所陈列的材料，达到问题解决的目的。这一问题的解决办法是将钳子拴在一条垂绳上，使垂绳摆动，当两绳间的距离缩短时，被试就可以同时抓住两条垂绳，将其结在一起。实验结果发现，一般大学生只有39.3%的被试能够想到上述方法。显然，大多数被试没想到钳子可以用作摆锤，在他们看来，钳子的功能就是拔钉或剪断铁丝等。

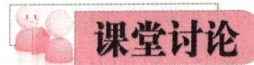

课堂讨论

当被问到钥匙的用途时，我们最先想到的是它能开锁，而想不到钥匙的其他用途。这种心理现象在心理学中是怎样解释的？

4. 酝酿效应

当反复探索一个问题的解决方法而毫无结果时，把问题暂时搁置一段时间，然后再回过头来解决，反而可能很快找到解决方法，这种现象称为酝酿效应。在酝酿期间，个体虽在意识中终止了解决问题的思维过程，但仍然在潜意识中断断续续地进行着。通过酝酿，最近的记忆和已有的记忆被整合在一起，弱化了心理定势的效应，并容易激活比较遥远的思维线索，因而容易重构出新的事物，产生对问题的新看法，使问题得以顺利解决。

有人用实验说明了这种效应。给被试提出经济项链问题（见图7-4）："你面前有四条小链子，每条链子有三个环。打开一个环要花2分钱，封合一个环要花3分钱。开始时，所有的环都是封合的。你的任务是把这12个环连接成一个大链子，但花钱不能超过15分钱。"这个问题的解法是：把一条小链的三个环都打开，用这三个环把剩下的三个小链连接起来。实验中的三组被试都用半小时来解决问题，第一组，半小时中有55%的人解决了问题；第二组，在半小时解决问题中间插入半小时做其他事情，结果有64%的人解决了问题；第三组，在半小时中间插入4个小时做其他事情，结果有85%的人解决了问题。在这个实验中，主试要求被试大声说出解决问题的过程，结果发现，第二、三组被试回头解决项链问题时并不是接着已经完成的解法去做，而是从头做起。因此，可以认为，酝酿效应打破了解决问题不恰当思路的定势,从而促进了新思路的产生。

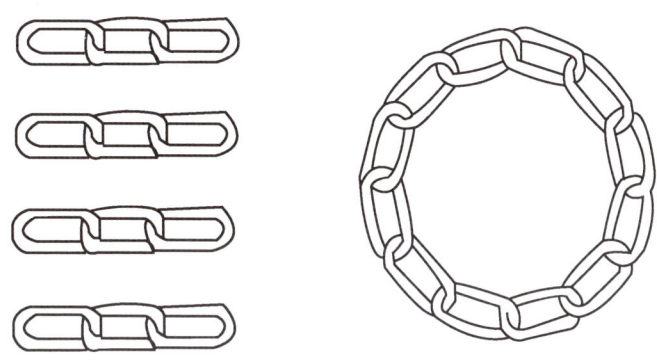

图 7-4　经济项链问题

5．知识经验

个体的知识经验越丰富,越有利于问题的解决。善于解决问题的专家与新手的区别在于,前者具备有关问题的知识经验并善于实际运用这些知识来解决问题。例如,一位老医生与一名刚参加工作的年轻医生,在面对一名具有很多症状的患者时就采取了不同的处理方式。年轻医生不确定病人患了什么病,于是便为病人开出了各种各样的医学检查单,在有了一套几乎完整的症状信息之后,才可能作出正确的诊断。但有经验的老医生很可能会立即认定这些症状符合某种或少数几种疾病的诊断模式,仅仅对病人做了有限的检查后便很快作出了相当准确的诊断。

那么,知识经验为什么能促进问题的解决呢?西蒙等人对这个问题进行过研究。他们把具有 25 个棋子的国际象棋盘以 5 秒的时间向国际象棋大师和棋艺不太好的一般棋手呈现(5 秒的时间,被试完全能看清棋盘,但不能存入长时记忆)。分两种实验条件:第一种是把象棋好手下到一半的真实棋盘布局呈现给这两组;第二种是在棋盘上随机摆上 25 个棋子的布局呈现给这两组。呈现棋盘撤走后,要求被试把刚才看过的棋盘布局在另一棋盘上摆出来。结果发现,对于真实的棋盘布局,象棋大师能恢复 25 个棋子中的 23 个,而一般棋手则只能恢复 6 个左右;对于随机排列的棋盘布局,象棋大师和一般棋手能恢复的数量相等,都是 6 个。研究还表明,象棋大师在看棋盘上的有规律的 25 个棋子时,并不是看 25 个孤立的东西,而是以组块为单元,加上组块之间的关系来观察的。

根据对国际象棋大师的研究,西蒙认为,任何一个专家必须储存有 5 万~10 万个组块的知识,而要获得这些知识,不得少于 10 年。由于专家储存有大量的知识以及把这些知识运用于各种不同情况的丰富经验,因而他能熟练地解决本领域所遇到的各种问题。需要新手冥思苦想才能解决的问题,对专家来说,也许只要检查一下储存的解法就可以了。

6．动机和人格

人在解决问题的过程中,总会伴随一定的动机,如社会责任感、学习态度、学习兴趣等都可成为活动的动机。心理学家的研究表明,适中的动机水平有利于问题的解决,过强或过弱的动机水平不利于问题的解决。因为太强的动机水平会使人处于高度的紧张状态,因而容易忽视解决问题的重要线索。而动机太弱,个体又容易被无关因素所吸引。

个体的人格差异也会影响解决问题的效率。理想远大、意志坚强、自尊、自信、自立、自强等优良的人格特点都会提高解决问题的效率；而缺乏理想、意志薄弱、骄傲懒惰、缺乏自尊、自卑等消极的人格特点则会妨碍问题的解决。

思考与练习

一、名词解释

1. 思维
2. 逻辑思维
3. 表象
4. 无意想象
5. 思维定势

二、单项选择题

1. （　　）是指把抽象出的共同的、本质的特征结合在一起。
   A．分析　　　　B．比较　　　　C．概括　　　　D．具体化
2. 根据创造性程度分类，可以把表象分为（　　）。
   A．记忆表象和想象表象　　　　B．视觉表象和听觉表象
   C．味觉表象和触觉表象　　　　D．个别表象和一般表象
3. 梦是（　　）的极端形式。
   A．无意想象　　B．幻觉　　　　C．再造想象　　D．创造想象
4. （　　）是思维活动最基本的单位。
   A．词　　　　　B．概念　　　　C．表象　　　　D．想象
5. （　　）是问题解决的中心环节。
   A．发现问题　　B．分析问题　　C．提出假设　　D．检验假设

三、简答题

1. 简述抽象与概括的关系。
2. 简述聚合思维与发散思维的关系。
3. 简述算法式策略的优缺点。

四、分析题

在课堂上，教师让学生列举砖头的用处时，学生小方的回答是"造房子、造仓库、造学校、铺路"；学生小明的回答是"盖房子、写字、打狗、敲钉子"。请分析你更欣赏哪种回答，并说明理由。

第八章

语　言

内容提要

语言是一种社会现象，是人们在生活、学习和工作中的重要沟通媒介。人们的感知、记忆、思考等重要活动都依赖于语言。语言能激发人的动机，引起人的情感，调节人的各种行为。总之，语言在个体智慧和人类文明的发展中起着重要的作用。

学习目标

知识目标

- 理解语言的概念及特征，熟悉语言的分类和表征
- 理解语言的生理机制
- 熟悉语言生成的过程
- 熟悉语言的感知与理解的相关知识

能力目标

- 能描述语言生成的过程
- 能分析影响语言感知与理解的因素

第一节 语言概述

一、语言的概念及其结构

语言是指人类通过高度结构化的声音组合,或者通过书写符号、动作手势等构成的一种符号系统,同时也是运用这种符号系统进行思想交流的行为过程。

语言的基本结构材料是词。词是一种符号,它标志着一定的事物。词按照一定的语法规则组合在一起,就构成短语和句子,这些都是构成语言的要素,它们为人类提供了最重要、最有效的交际工具。

语言是按照层次结构组织起来的,它的基本形式是句子。在句子的下面可分为短语、单词、语素和音素等不同层次,其中,音素是能够区别意义的最小语音单位。语言的每个层次又都包含一定的语言成分和将这些成分组织起来的语言规则,如语音规则、缀词法规则、句法规则等,人们可以根据这些规则将音素组成语素,然后将语素组成单词,再将单词组成短语和句子,最后由多种层次结构形成语篇。

二、语言的基本特征

人们利用语言进行思想交流和情感表达,沟通交际是语言最重要和最基本的功能。语言具有如下特征。

(一)指代性

语言中的各个组成部分都指代一定的事物或者抽象的概念。人们运用语言的符号系统来定义身边的一切存在,从而形成人类共享的沟通符号。例如,它可以指代一种物品(书、茶杯等),也可以指代一个动作(投、跑等),还可以指代一种特性(亮、强等)或者一个抽象的概念(公正、事业等)。

(二)意义性

语言中的词素、短语甚至句子,都含有一定的意义,这种意义性是人们沟通交流的精髓。没有意义的语言组合不能传达人们之间的思想和情感,就不能算是正常的语言。例如,有些失语症患者因大脑语言区神经受损伤,其说话很快,发音正常,但没有任何意义,因此其话语不能称之为语言。语言的意义性与指代性是结合在一起的,同一语言系统中,一定的语言符号指代约定俗成的相应意义。但二者没有必然的逻辑联系,在不同的语言系统中,同一意义可能由不同的语言符号来指代。

（三）规则性

语言符号不是孤立地存在的，而是作为一个有结构的整体系统存在的。即语言是不同层次的语言符号按照一定的规则组合建构起来的，只有以特定方式排列的语言才能表达相应的意义，不同的排列方式能产生不同的意义。不同的语言系统中，语言的建构规则不尽相同。例如，汉语中姓名的表达方式是"姓氏·名字"，而英语中姓名的表达方式是"名字·姓氏"。人们在日常使用的语言系统中，只有遵循相应的语言规则，才能达到与人正常沟通的目的。

（四）创造性

语言的创造性在生活中的表现随时可见，人们通过少量的词语，运用不同的组合规则，能创造出表达不同意思的无限量的句子。人的语言能力，即人对语言的创造是无限的，这种创造性包含两层意思：一是掌握了一种语言（母语或者其他语言）的人，可以通过语言规则生成无限数量的语句，这些语句中有他从未说过也从未听别人说过的；二是对于同一种观点或者思想、情感，可以用多种不同的语言模式来表达。人的一生接触到的词句数量有限，单靠模仿他人的语言进行交流是远远不够的，因此，人们应当根据不同的语境，创造性地使用语言符号来表达自己。

（五）个体性与社会性

语言是个体运用语言符号在社会中进行交际的活动，它同时具有个体性和社会性的双重特性。一方面，人在成长过程中会形成个体独特的语言模式、语言习惯等，个体的语言都具有个人独特气质的烙印；另一方面，语言作为社会人之间的交际工具，人们必须遵循共同的语言规则，同时，语言的内容也会受他人的影响。语言受个体生存和发展的影响，同时也受社会形态的制约。

（六）动态性

语言及语言规则不是一成不变的，随着社会的发展，语言的形态也会发生相应的变化。首先是词汇量的变化，有些词语会逐渐消失，新的词语会不断产生，如网络语言会根据社会的不同需求而备受冷落或者日趋繁盛；其次是语言规则的演变，如古代汉语和现代汉语的语言规则不同。

三、语言的分类

语言一般分为外部语言和内部语言两大类。

（一）外部语言

外部语言是指与他人进行交际时的语言过程，一般表现为口头语言和书面语言两种形式。

1. 口头语言

口头语言是指人凭借自己发出的语音表达思想的语言，包括对话语言和独白语言。

> **对话语言**：是指两个或两个以上的人直接进行交流时的语言，大多表现为聊天、座谈、辩论等形式。对话语言是最基本的语言形式，其他形式的口头语言和书面语言都是在对话语言的基础上发展起来的。

> **独白语言**：是指个人独自进行的，与叙述思想、情感相联系的，较长而连贯的语言。独白语言多表现为做报告、演讲、讲课等形式。

2. 书面语言

书面语言是指一个人借助文字来表达自己的思想或通过阅读来接受别人语言的影响。从人类的发展史来看，书面语言的出现要晚于口头语言。口头语言是人类一直使用的，而书面语言则是在文字出现之后才逐步为人类掌握和使用。

（二）内部语言

内部语言是一种自问自答及自己思考时使用的语言活动，它是语言表达的一种特殊形式。与外部语言不同，内部语言是一种不出声也不显形的语言活动，它不直接参与人们之间的交际活动，但它积极参与到调节外部语言活动的过程中。尤其是当人们在计划自己的外部语言时，内部语言常常起着重要作用。

内部语言与外部语言相互依存，不可分割。一方面，外部语言依赖内部语言的计划和调节，没有内部语言的预备，外部语言就不能顺利进行；另一方面，外部语言是内部语言产生和存在的基础，没有外部语言的发展，就不会有内部语言。

四、语言的表征及研究语言的意义

（一）语言的表征

语言的表征是指语言材料所负载的信息在头脑中存在的方式。由于语言具有不同的层次结构，语言的表征也具有不同的层次。它可以是词语的表征，也可以是句子的表征，还可以是篇章的表征。

语言具体以何种方式表征，目前还没有统一定论。从不同的角度看，它可能以表象表征，也可能以命题表征，或者两种方式都存在。它还可能以语言的意义表征，或者以语言的形式（如语音、句法）表征。

在语言表征的研究过程中，人们提出了一个重要概念——心理词典。心理词典是指保存在人头脑中的一部词典，它存储了大量的词条，每个词条又包括词的写法、语音及词义等各种信息。心理词典中的这些词语并不是杂乱无章的，而是按照一定的方式组织起来的。例如，按照词类组织，相同、相近或者意义相似的词语会更多地排在一起，提取某种信息时会提取相关的一类词语。心理词典中某类词语积累得越多，人对某方面信息掌握得就越全面。

在心理词典中，每个词条都包含音、形、义等多方面的信息，这种表征方式称为局部表征。近年来，人们又提出分布表征的概念。分布表征的观点认为，词的音、形、义等知识并不是存储在单个结点上，而是分布在存储网络的各个单元中。词语的每一个特征并不是单独与一个单词发生联系，相反，这种特征分布在网络的各个单元中，很多单词共同使用每一种特征信息。例如，汉语中的词语"骑马"有语素、音素、语义等方面的特征，按局部表征的观点，有关"骑马"的所有知识都存储在网络的某一个结点上；而分布表征的观点认为，"骑马"的每一种特征并不是单独与"骑马"发生联系，这些特征分布在网络的各个单元中，与其他词语共同使用每一种特征信息。

（二）研究语言的意义

语言是一种社会现象，是社会的交际工具，它具有信息传递和人际互动等社会功能；同时，语言又是一种心理现象，是人类思维的工具，是通过动脑分析、综合等认识现实世界的过程。研究语言，寻找其中相对稳定的规律性特征，具有多方面的现实意义。

1. 研究语言能够深入了解人的心理现象的特点和规律

研究语言是全面认识人类自身的重要环节。正是因为人类拥有语言交际的能力，使人的心理在本质上不同于动物的心理。人不仅会受到各种具体刺激物的影响，而且会受到语言的影响，进而形成抽象、逻辑的思维，形成意识与自我意识，并且通过内部语言自觉调节自我行为。因此，认识人类语言活动的规律，能真正揭示人的心理活动特点。

2. 从人类社会的实践看，研究语言能够指导人类各个领域的活动

语言活动是人类最重要、最频繁的活动之一，正确地表达和接受语言，是个体发展及社会发展的基本动力。对于个人来说，语言在个人成长尤其是儿童的智力发展中起着至关重要的作用。个体知识经验的积累，意识与自我意识的发展，元认知能力的发展，逻辑思维能力的发展等，都和语言能力的发展密切相关。掌握人类的语言规律，对于指导个人行为、开发智力、提高人类素质有着重要的意义。同时，研究语言对于区别不同类型的失语症，指导病人的康复也有很大的作用。

3. 研究语言有助于人工智能语言的发展

当今时代，信息发展日新月异，语言作为一种重要的信息载体，其交际功能逐渐从"人—人"交往模式发展到"人—机"模式甚至是"机—机"模式。无论何种模式，都必须依赖于正确的语言规律来理解和表达，对人类自然语言的研究越深入、透彻，程序语言、智能语言的发展就会越科学、完善。

第二节　语言的生理机制

一、语言活动的发音机制

语音不同于自然界其他种类的声波，它是以说话者的发音器官所发出的声音为载体的赋有一定意义的信息流。人的发音器官的结构及其活动方式决定了语音的产生，并表

现出不同的生理特征。它主要由呼吸器官，喉头和声带，口腔、鼻腔和咽腔等部分组成，见图 8-1。

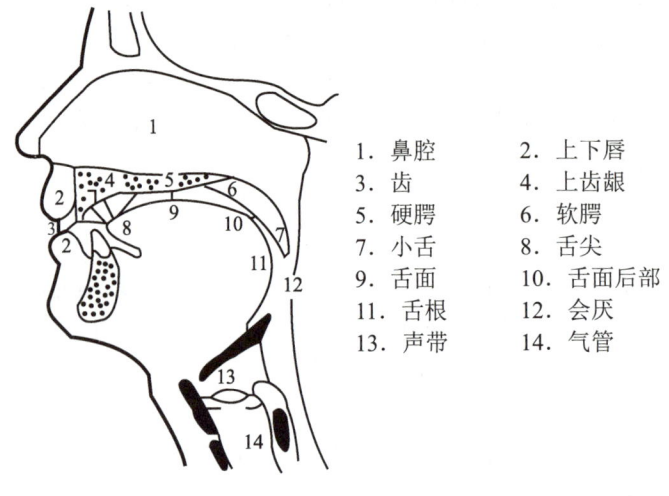

图 8-1 发音器官

（一）呼吸器官

语言发音的原动力是由呼吸器官产生的气流。呼吸器官包括气管、支气管和肺。肺是空气的存储室。由于肺部的扩张和收缩，气流从外界经口腔、鼻腔、咽喉、气管、支气管进入肺部，又由肺部循相反的方向排出体外。由于气流的出入在上述管道的某些部位发生冲击或摩擦而发出声音。语音一般在呼气时发出，只有少数语言（如非洲的某些语言）、某些语音是在吸气时产生的。

（二）喉头和声带

喉头下连气管，上接咽部，是由几块软骨构成的一个精巧的小室。声带长在喉头里面，是主要的发音体。声带由附着在喉头上的两片黏膜构成，中间的缝隙称为声门。声带附着在可以自由活动的软骨上，可自由开合，也可形成不同的松、紧状态。当气流经过声门而引起声带振动时，就会发出乐音。它是人类发音器官中形成乐音的唯一的发音体。

（三）口腔、鼻腔和咽腔

口腔、鼻腔和咽腔共同起共鸣器的作用，其中，作用最大的是口腔，它包括舌、唇、上下颚等部分。由于人嘴可自由开合，舌头可自由升降、伸缩，嘴唇可自由展平或撮圆，因而口腔可以形成不同形状的共鸣器，使气流通过时发出不同的声音。除口腔外，鼻腔、咽腔肌肉也参与发音器官的活动。鼻腔可以使声音通过时加上鼻音色彩，咽腔肌肉的收缩可使气流经过时发出噪音等。总之，由于发音器官的协同活动，形成了人类语音的不同声调、音强和音色。

（四）语言的发音机制

简单地说，语音主要是由肺部呼出的空气流，经气管，通过声带、口腔（有时也经过鼻腔）而产生的。空气流动的速度快慢、声带的松紧程度等不同，产生的语音是不一样的。当声门紧闭、声带振动时，发出的是浊音；当声门打开、声带松弛时，发出的是清音。加上口腔、鼻腔等的共鸣作用，从而产生了各种各样的语音。

二、语言活动的中枢机制

1836年，达克斯（M. Dax）根据自己对40多例失语症病人的观察，发现语言的障碍是由大脑左半球损伤引起的。从那以后，人们对人脑和语言的关系进行了大量的研究，取得了很大的进展。

语言具有异常复杂的脑机制，它和大脑不同部位的功能具有密切的联系。其中，起主要作用的有左半球（对于大多数人来说）额叶的布洛卡区、颞上回的威尔尼克区和顶—枕叶的角回等。研究这些脑区病变或损毁造成的语言功能异常，在一定程度上可以说明语言活动的大脑机制。

（一）语言运动中枢——布洛卡区

19世纪60年代，法国医生布洛卡（Broca）从两名失语症病人的尸体解剖中发现，病人左额叶部位的组织有严重病变。据此，他推测语言运动应该定位在第三额回后部，靠近大脑外侧裂处的小区。以后，这个区域就被命名为布洛卡区。布洛卡区病变引起的失语症通常为运动性失语症或表达性失语症，患有这种失语症的病人，阅读、理解和书写不受影响，知道自己想表达什么，但发音困难，说话缓慢而费力。由于病人的发音器官完整无损、功能正常，因此，语言运动功能的障碍主要是由布洛卡区的损伤引起的。

苏联心理学家鲁利亚认为，布洛卡区能产生详细而协调的发音程序，这种程序被送到相邻的运动皮层的颜面区，从而激活嘴、咽、舌、唇和其他与语言动作有关的肌肉。若布洛卡区受到损伤，就会导致发音机制的破坏，进而产生语言发音的障碍。病人不能使用代词、连词，不能处理动词的变化，不能使用复杂的语法结构，其通常采用电报式语言，有时还会出现词语的反复现象。鲁利亚还认为，包括布洛卡区在内的大脑半球额叶，特别是前额部皮层，还和语言的动机和愿望的形成有关。当大脑额叶严重损伤时，病人会丧失说话的愿望，出现自发性主动语言障碍。他们不主动说话，对话时回答很简洁，而且具有模仿和被动的特征。例如，问病人："你睡好了吗？"他会回答："我睡好了。"但如果问："你今天想干什么？"病人的回答会表现出明显的困难，因为这种问题要求在回答时引进新的概念，即说出问题中没有包含的内容。

近年来的研究还表明，布洛卡区损伤的病人不仅产生语言运动的障碍，而且对语言的理解也受到一定程度的损害。

（二）语言听觉中枢——威尔尼克区

威尔尼克区是与语言活动有关的另一个重要脑区，它是 1874 年由德国学者威尔尼克（Wernicke）发现并因此得名的。威尔尼克区位于大脑左半球颞叶颞上回处，其主要作用是分辨语音、形成词义，因而和语言的接受（或印入性语言）有密切的关系。威尔尼克区损坏会引起接受性失语症，这是一种言语失认症。

威尔尼克区损伤所带来的失语症具有以下一种或多种特征：第一，病人说话时，语音和语法均正常，但不能分辨语音和理解语义。词盲是接受性失语症的一种较轻的表现，这种病人可以听到声音，但不能分辨构成语言的复杂声音模式，正如一位病人所说的："有声音，但不是单词。我可以听到声音，但不能把单词分离出来。"第二，病人对语义作出错误的估计。这些病人能重复自己说过的单词，说明他们能知觉到声音机制的模式，但这些声音模式失去了原有的符号价值。有些病人能分辨个别单词，但对词语组合却莫名其妙。例如，给病人一件物品，他会嘴里说出物品的名字，手却指向其他无关的东西；或者回答的是与所给物品毫不相关的其他词语或无规律的词语组合。第三，与以上两种表达性失语症的症状相反，患有接受性失语症的病人谈吐自由、语流很快，但他们的话语没有意义，几乎不能提供任何信息。切断或损伤威尔尼克区与布洛卡区联系起来的神经纤维束——弓形束，也将产生同样的效果。这种情况下，布洛卡区仍在工作，但它没有接受来自威尔尼克区的信息，因而病人所说出的话在意义上发生畸变。

（三）语言视觉中枢——角回

角回在威尔尼克区上方、顶—枕叶交界处，是大脑后部一个重要的联合区。角回的主要功能是负责书面语言和口语之间的相互转化，它与单词的视觉记忆有密切的关系，在这里实现着视觉和听觉的跨通道的联合。角回不仅将书面语言转换成口语，也将口语转换成书面语言。当看到一个单词时，词的视觉信号先从视觉初级区到达角回，然后转移成听觉的形式。同样，当听到一个单词时，由威尔尼克区所接受的听觉模式也将送到角回，再做处理。因此，角回损伤会使单词的视觉意象与听觉意象失去联系，并引起阅读障碍，即病人能进行正常的听和说，但不能识别文字，不能理解书面语言。切除角回还会引起"听—视"失语症，这种病人由于在看到的物品和听到的名称之间失去了联系，因而不能理解词语的意义。他们能看到物体，也能听到单词的声音，但丧失了交际时进行正确的综合分析及正确匹配的能力。

鲁利亚曾指出，大脑左半球的顶—枕以及颞—顶部位密切参与相应的解码过程，若这些部位损伤，将破坏同时性的空间图式，因此，在语言（符号）水平上将引起一定的理解逻辑语法关系的破坏，出现语义性失语症。一些研究还表明，角回部位储存着语法和拼写的规则。

布洛卡区、威尔尼克区、角回以及把它们联系起来的神经纤维束（弓形束）对语言的产生、表达和接受都有重要的意义，它们在各自特定功能的基础上协同活动，共同执行着人类特有的语言功能。惠特克（Whitaker）于 1972 年提出了脑内语言代表区的模式图（见图 8-2）。该模式强调语言中枢系统的两个主要的解剖组织：一个包括威尔尼克区（部分）、弓形束、布洛卡区、运动皮层的声束区，它们是语言成分的基础；另一个是威尔尼克区（部分）、听觉联合皮质、缘上回和部分角回，它们是语义和句法成分的基础。

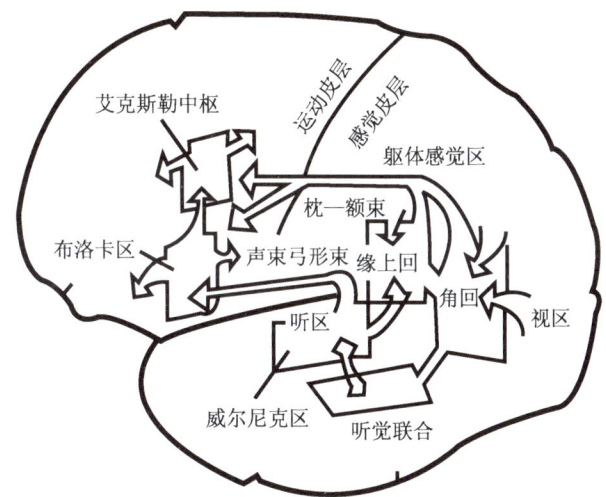

图 8-2　脑内语言代表区的模式图

近年来的研究表明，语言的加工不只局限于布洛卡区和威尔尼克区，而是可能分布在脑的更广泛的区域内。越来越多的心理语言学家和神经科学家都逐渐证实了这一观点。例如，欧杰曼（Ojeman）在医治癫痫病人时发现，在完成"命名任务"时，病人所涉及的脑区已经扩散到布洛卡区和威尔尼克区之外；普赖斯（Priceetal）等人在一项研究中，用正电子发射断层扫描技术对比了复述词、听词和安静休息时大脑的活动过程，结果发现，与静息状态相比，词的复述引起了大脑左右半球额叶和颞叶的激活，而听词主要激活了颞叶的某些区域。

第三节　语言的生成

一、语言生成的概念

语言的生成是人们利用语言来表达思想的过程。一般来说，思想存在于无形，在用语言表达出来之前别人是无法感知的，只有借助语言这一工具，思想才能传递出去。

语言的生成主要包括口语的生成和书面语言的生成。口语的生成是说话者将头脑中要传达的意义转化成声音，这些声音由具有语法结构的语音序列构成，能让听者听见；书面语言的生成是指人们利用文字来表达思想的过程，通常表现为写作过程。

语言的生成是语言活动的前提，受个人认知系统的直接支配和调节。语言的生成受说话者动机和目的的影响，同时也受说话者对情境的分析及说话者自身素质的影响。要表达同一个意思，在不同的情境中，人们会生成不同的语言，即"什么场合说什么话"；同一个意思，对不同的人，也会有不同的语言表达方式，即"对什么人说什么话"；同一个意思，同样的情境，人们的表达也会有所不同，即每个人都有自己独特的语言生成及表达模式。

二、口语生成的过程

一般认为，口语生成的过程如下：说话者在说话之前先形成思想（即要表达的意义），然后经过语言编码，将思想转化成一种具有语言结构的信息，再通过声波的传导将这一信息传送到听话者那里，由听话者进行译码，使其成为和说话者相同或极其相似的思想。具体地说，口语的生成由以下几个阶段构成。

（一）构思阶段

说话者根据自己的目的在头脑中产生所要表达的思想，确定说话的内容，古德曼称之为"说什么"的问题。口语生成是一种有目的的活动，它的基本目的是要获取信息、回答问题、发出指令影响别人等。为了达到这些目的，顺利完成交际的过程，说话者必须确定适当的说话内容。

（二）转换阶段

说话者为了表达思想，必须选择适当的语言形式。这就要对其头脑中的抽象命题进行语言编码，使它转化成语言信息。这一过程需要完成以下操作：一是为每一个成分选择适当的词汇项目，即词汇化；二是为每一成分规定语法范畴；三是为每一成分分配相对的位置，确定每一成分在将要说出的句子中应处的位置；四是引入单词的词缀和功能词，这主要是针对生成有单词形态变化的语言而言，如英语。经过这四项操作后，命题表征被转化成一个具有语法规则的词汇系列。最后，再将这一系列词汇转化成语音的形式，为语言产生的输出做准备。

（三）执行阶段

在语言生成的最后阶段，系统要通过各个发音器官的运动，产生句子的声音。这一过程是通过另一种转化活动来完成的，即将语言信息的抽象语音表征转化成一套运动指令，由运动指令支配各个发音器官的运动，形成连续的肌肉运动，产生表达语言信息的声音序列。

拓展阅读

对语言生成过程的研究

近年来，人们对语言生成的过程进行了更为深入的研究，这些研究不仅探讨了语言生成的阶段，也探讨了这些阶段之间的相互关系。

德尔（Dell）认为，语言的生成包括语义、句法、构词法、语音等四种不同的加工水平。语义水平的加工是确定语言要表达的意义；句法水平的加工是为词语选择适当的句法结构；构词法水平的加工包括确定名词单复数及动词时态等过程；语音水平的加工包括提取语音和发出的声音等过程。德尔认为，这四种水平的加工彼此之间存在相互作用。

勒韦（Levelt）认为，语音生成包括三个主要阶段：一是概念化阶段，对所要表达的概念产生前词汇的信息；二是公式化阶段，将前词汇的信息映射到语言形式表征中；三是发音阶段，将语音通过发音器官发出。其中，公式化阶段又分为两个小阶段：第一阶段是选择适当的词汇以表达语义，并确定词汇的句法特征；第二阶段为确定词汇的语音。与德尔的观点不同的是，勒韦认为这两个小阶段是严格按照前后顺序加工的，两者不存在相互作用。

三、写作的过程及影响写作的心理因素

（一）写作的过程

写作是用书面语言表达自己思想情感的过程，也是用书面语言影响别人的过程。与口语借助语音不同，写作主要借助于文字符号。由于文字符号及其组合规则的复杂性，同时，又由于写作过程中缺少对话情境和谈话对象等因素的支持，书面语言的生成活动比口语活动要困难得多。根据研究发现，儿童入学时，口语已经得到了较好的发展，而他们的写作能力只是处于萌芽状态。一般人大约在12岁时，其对话和写作能力水平才趋于接近。

写作和口语表达之间有很大的相似性，它们都是语言生成过程的具体表现形式。写作活动通常由三个阶段组成：第一阶段是构思阶段，即在头脑中产生所要表达的思想，选择所要写出的内容；第二阶段是转化阶段，即选择表达思想的语言形式，利用语法规则将要表达的思想转化为语言信息，存储于头脑之中；第三阶段是执行阶段，即把头脑中的语言信息转化为文字符号，形成文章，这一阶段还包括文章写出后的修改、加工等润色过程。其中，写作的构思阶段也称为知识的表述过程，此阶段，作者要根据题目的要求，主动从记忆中提取关于文章的体裁、主题内容等信息，并对这些知识进行合理地组织。

（二）写作的影响因素

写作是一种复杂的、有目的的语言活动，影响写作的因素主要有作者的知识结构特点和心理结构特点两大方面。具有写作的基础知识，如词汇量、语法规则、标点符号的使用方法、有关文章体裁和谋篇布局的知识，以及关于自然和社会等各方面的常识和知识等，是保证写作质量的重要因素。从心理学的角度来说，作者心理活动的特点对语言的生成至关重要。

1. 写作会受短时记忆的影响

在写作过程中，作者需要对题目进行构思，先写什么、后写什么，何处详写、何处略

写，采用什么文体等，这些构思都存在于短时记忆中。但是，由于写作的速度慢于说话的速度，同时受篇幅的限制，短时记忆的信息很容易丧失。因此，有时写出来的东西不如说的具体、详细、有感染力。

2. 写作会受书面语言的机械要求的干扰

写作时，作者要想将自己的想法表达清楚，必须选择恰当的标点符号和词汇，并做到字迹清晰，以便使别人读懂所写内容。这些机械要求是书面语言不可忽视的部分，但是，它对写作过程可能造成干扰，会打断作者流畅的思路。例如，遇到不会写的字，等通过查字典等方式找到正确的字后，原本构思好的句子或者其他部分的内容可能已被遗忘。

3. 写作会受口语表达执行系统的影响

在进行口语表达时，人们逐渐发展了一套执行系统，但在写作过程中常常会受到这种口语表达执行系统的影响。由于写作过程中缺少具体口语情境及对话者等线索的刺激及提示，其语言表达从单词的数量到质量上都会有差异。

第四节 语言的感知与理解

说话者所说出的话或写作者写出的文字，只有为别人所接受，才能起到交际的作用。换言之，对于听众或读者来说，为了了解他人语言的意义，需要对语言进行感知与理解。

一、语言的感知

（一）口语的感知

对口语的感知是指人们对语音的识别过程。语音是口语的物质外壳或形式，只有正确地知觉语音，才能正确理解并接受它所代表的意义。口语感知的效果可以用语言清晰度与可懂度为指标来进行衡量。清晰度与可懂度是指听话者理解说话者语言内容的百分率，或者说是听话者对说话者语言内容听对的百分率。例如，一段录音100个字，听者听对了其中80个字，则表明此段话语的清晰度或者可懂度是80%。清晰度和可懂度没有严格的区别。一般来说，如果听者对材料的感知不受上下文影响时，可用清晰度表示；如果感知受上下文的影响时，则用可懂度来表示。

人们对语音的知觉是一个复杂的、动态变化的过程，会受到多种因素的影响，具体表现为以下几个方面。

1. 语音规则及语音类似性

人们在知觉语音时，总是倾向于按照自己所熟知的音义去辨别。例如，在冯小刚执导的电影《没完没了》中有一片段：旅行社老板阮大伟一次派了好几辆大巴去接一个旅游团，因为他从电话里知道这次的旅游团"人全到"，但当所接人来时才发现只有一个，而这个人的名字就叫"仁权"，阮老板在电话里听到的实际上是"仁权到"。

在英语语音识别中同样存在此类问题。Day曾用两耳分听技术证明了语音规则对语音知觉的影响。他给被试两耳同时分别呈现两种语音刺激，左耳为"blanket"，右耳为"lanket"。尽管语音刺激是分别呈现的，但被试仍将两个词都知觉为"blanket"。当两个语音刺激呈现的时间间隔延长至 0.15 秒时，被试还认为是"blanket"。这是因为，在被试的语音规则里没有[læŋkit]，但有[blæŋkit]。

2. 语音强度

重音音节或语调的抑扬顿挫能为语音知觉提供很多附加信息。同样的音节结构，不同的重音音节，明显地影响到语音的知觉。例如，英语"subject"的重音在"u"和在"je"上分别表征了不同的词性。在汉语中，同样的字词句用不同的音调表达出来，能让人接收到不同的情感信息。

3. 语流速度及其特性

有人研究发现，当给人们呈现由嘶嘶声、蜂音、元音及乐音所构成的声音系列时，如果速度快于每秒 1.5 个音段，人们不能够识别它们的顺序。语音信息并不是一个音位接着一个音位地串行传递的，而是并行传递的。也就是说，不能用任何物理手段将语音切分成单一的、只表示某一音位所有特征的音段，某一个音位的发音要视它前后比邻的音位而定，这虽然提高了传递的效率，但在一定程度上增加了语音知觉的难度。语音产生的一些发音特征有时也会干扰语音知觉，引起不同语音混淆甚至错识现象。

4. 上下文语境

对某一语音的识别常常会受到前后邻近的语音的影响，尤其是在单词语音会发生变化的英语语境中，这种超前或续后的语音是以各种方式变化的，可能给语音识别带来一定的困难。但尚克维勒（D. P. Shankweiler）等人的研究发现，有上下文的元音识别比没有上下文的元音识别更加准确，这说明上下文对元音的识别的影响并不一定是消极的。

5. 语句法及语义规则

早在 20 世纪 50 年代，米勒（G. Miler）、海斯（G. Heise）和利奇坦（W. Lichten）就做了这方面的实验。他们要求被试在不同噪声背景下识别词的语音。以两种方式呈现语音刺激：一种是五个单词组成的一些句子；另一种是单个词的语音刺激。实验结果表明，在不同强度噪声的干扰下，出现在句子里的单词比起孤立单词的语音识别的正确率要高。前者的识别正确率是 70%，后者是 40%。即便是在噪声与语音强度相等的情况下，也是如此。

后来，米勒和伊查德（S. Isard）又进一步进行实验研究，他们给被试呈现三种不同类型的"句子"：第一种是合乎句法的；第二种是不规则的句子；第三种是根本不符合句法的"单词串"。结果发现，不管噪声的水平如何，在语音识别的正确率方面，合乎句法的句子是最高的，不规则的句子次之，不符合句法的"单词串"最低。由此可见，句法、语义在语音知觉中有着积极作用，人们可以根据句法、语义方面的信息来预测单词语音出现的可能性。

（二）书面语言的感知

词不仅是语音组织中的基本单位，也是阅读材料的基本构成部分。人们从文字材料中提取字词的词形、语音和语义的特征，称为单词再认。对字词的再认不仅取决于字词的物理特征，而且取决于读者头脑中已经存储的知识与经验，如对字词的熟悉程度，由阅读材料的上下文得到的信息等。影响单词再认的因素有以下几方面。

1. 单词的部位

在拼音文字中,单词是由字母构成的,它是按照一定的规则和顺序组织起来的有意义的字母串。一般情况下,人们会自然地认为,单词识别应该发生在其组成字母的识别之后,它应该是将单个字母识别的机制加以联合起来的结果。近一个世纪以来,心理学家对此问题进行了大量的研究,结果发现,单词识别的心理机制并不是人们想象中的那么简单。

1885年,美国著名心理学家卡特尔在德国莱比锡大学冯特实验室发现,在快速呈现刺激的条件下,被试只能辨认3~4个无联系的字母,但却能辨认两个互不联系的单词或4个有联系的单词。继卡特尔之后,艾得曼(Edeman)和多奇(Dodge)发现,单词比字母容易辨认,虽然英文单词是由字母组成,但是,在单一字母可能未被认出的条件下,单词就能被正确地识别出来。以后的许多研究相继指出,单词中的首字母与结尾字母在单词辨认中有重要作用,它们比其他部分的字母提供了更多识别信息。例如,结尾字母指明了单词的词性、数量和词类等。

汉字是由基本笔画构成一定轮廓图形的表意文字。特定笔画和偏旁处在不同部位,在汉字辨别中具有不同的作用。周先庚曾用省略恢复法研究了半字对汉语识别的影响。结果发现,被试由半字写出正字的平均正确率为60%,保留汉字的上半部有利于汉字的识别。周先庚认为,这种差别可能是由于汉字的偏旁多在上部或左部,而写字时也总是先上左、后下右的顺序。曾性初等使用了三种省略方法——省前、省后、保框,六种省略水平——10%、20%、30%、40%、50%、60%,对语句中的汉字进行了信息分析。结果发现,当笔画省略在30%以下时,三种省略方法几乎保持了100%的辨认率。随着省略水平的提高,汉字的辨认率会下降。三种省略方法存在着明显的差异,保框式省略的辨认效果最好,省后式稍差,省前式最差。这说明,笔画省略时,保留字的"完形"有利于汉字识别,前面的笔画提供了较多的信息,若省略了前面的笔画,对汉字的辨认将造成很大的影响。彭瑞祥等人的研究表明,在汉字识别中,左边的特征比右边的特征重要,上边的特征比下边的特征重要。

2. 正字法规则

正字法是指文字的规范,即文字的形体标准和使用规则。正字法规则是使文字的拼写合乎标准的方法。任何一种文字都有自己的正字法规则,不同类型文字的正字法规则有不同的重点。拼音文字主要是文字定型法(字母表、印刷体及手写体等)、字母名称法、字母音值法、拼音法、大小写字母使用法、连写法、分写法、缩写法、标点符号使用法、编排等。汉字主要是规范字形和字音。汉字正字法中的字形规范主要是指使用现行规范汉字,不使用被废除的异体字和繁体字,不使用没有被承认的简化字,不使用生造字等错别字。字音规范目前有《普通话异读词审音表》,从1985年12月公布之日起,文教、出版等部门和各行业所用普通话均以此为准。

在日常生活中,人们识别汉字时不一定时刻意识到这些规则,但研究表明,正字法规则在字、词汇识别中起着重要的作用。彭聃龄等人在一项研究中,给被试呈现48个左右结构的双部件人造汉字(假字和非字)和相同数量的真字,要求被试做出判断。其中,人造汉字按照"字"的左右部件分别处于不同的合法位置和不合法位置分成四组,分别是:

① 两个部件都处于合法位置；② 左部件处于合法位置，右部件处于不合法位置；③ 左部件处于不合法位置，右部件处于合法位置；④ 左右部件均处于不合法位置。结果发现，对四组刺激做出拒绝反应的反应时间，按长短排列依次是第一组、第三组、第二组、第四组。这是由于第一组材料符合正字法，容易被误认为是真字，因此需要较长的时间拒绝它，而第四组材料完全不符合正字法，最容易遭到被试的拒绝。其中，第三组材料的拒绝时间长于第二组，有可能说明，左右部件相比，汉字右部件的合法性与否对汉字识别起着更大的作用。

这一实验也说明，正字法规则是人们识别字词时必须依靠的一种内隐知识，字词识别不仅要依靠对笔画、部件或字母的检测，而且要检测这些成分的结合规则。例如，汉语中，以口、天两个部件为例，它在二维平面上可以有四种组合，但只有上下的两种组合才是合乎正字法规则的字：吴或者吞。不同的笔画或者部件只有按着一定的规则结合起来，才能构成人们认识的汉字。

3．字母长度或笔画数量

有关研究发现，无论是拼音文字（如英语）还是由笔画构成的表意文字（如汉语），在使用频率相同的条件下，一个词所包含的字母越多，或构成笔画越多，人们对其识别的时间就越长。在拼音文字中，这种字母数量对字词识别的影响称为词长效应；在汉字中，词汇的识别时间随着笔画数量的增加而增长的现象，称为笔画数效应。词长效应和笔画数效应均说明，字词的某些特征在字词识别中是起作用的。

20 世纪 20 年代，艾伟就发现，笔画少的汉字比笔画多的汉字容易辨认。20 世纪 60 年代开始，很多研究也表明了笔画数效应的存在，即在快速呈现时，笔画少的汉字比笔画多的汉字容易识别。20 世纪 80 年代以后，郑昭明、彭聃龄等人的研究表明，笔画数效应更应该在低频字中出现而不是在高频字中出现，高频字的识别过程可能是整字识别，而低频字的识别过程可能是从特征分析开始，最终达到整字的识别。

4．字形结构

教育心理学专家艾伟在一系列的研究中发现，除了笔画数量，字形结构对汉字识别也有重要影响。在笔画数量和字形结构对汉字识别的影响方面，他的研究结果主要有如下几点：① 笔画在十画以内的汉字易于观察识别；② 笔画处于十一到十三画之间的汉字，识别的难易取决于字形的结构；③ 笔画在十三画以上，而由左右偏旁结构组成的，如果左右偏旁的笔画相差十画以上，就难于辨认；④ 笔画在十画以上字形分别由三四部分斜线或曲线构成的，如疑、毅等，识别也较难；⑤ 如果一个字的某些部分与读者已知的另一字的某一部分相似，书写时易出笔误；⑥ 字形合拢的容易观察，如田、口、日、月等；⑦ 字形由横直线组成，如罪、华等，而笔画在十五画以下的，容易识别；⑧ 字形对称的容易识别，如韭、非、菲等。彭瑞祥等人研究了在迅速呈现的条件下，不同类型结构汉字再认的难易程度。结果发现，左右结构的汉字较上下结构和独体结构的汉字，再认更容易。

5．字词的使用频率

关于字词的使用频率对单词识别效果的影响，人们有不同的解释。福斯特（Forest）认为，在心理词典中，词的基本组织原则是单词频率，使用频率高的单词在心理词典中处于"前面"的位置，因而容易被搜索到。而莫顿（Morton）认为，在心理词典中，都有一个对应的单词产生器。当单词出现的时候，它的特征激活了其对应的单词产生器，当产生器的激活水平达到阈限时，这个词就被识别了。莫顿认为，高频词容易被识别，是由高频词产生器的激活阈限较低造成的。还有人认为，词的使用频率影响到人的反应偏向。在快速呈现的条件下，当被试不能清晰地感知单词时，他们倾向于用熟悉的即频率高的单词去填补当前的知觉。

库塞雷（Kucera）等人曾做过统计，在100万个单词的语言材料中，不同英文单词的出现频率有很大区别。例如，"the"的使用频率为69 971，"of"的使用频率为18 852，均属高频词；而"pistol"的使用频率是27，"lead"为1，属低频词。何伟氏（Howes）等人在一个试验中，给被试呈现使用频率不同的单词，让他们进行辨认。结果发现，单词的使用频率高，对单词的觉察阈限就低，识别单词的时间就短。相反，词的使用频率低，对词的觉察阈限就高，识别的时间就长。这就是单词识别中的频率效应。

对于汉语字词的使用频率，近年来也有很多研究成果。例如，中国现代实验心理学家刘英茂与王守珍合著的《常用中文词的出现次数》，北京语言学院语言教学研究所编写的《现代汉语频率词典》（1986年版），上海交通大学汉字编码组等编著的《汉字信息字典》（1988年版）等。我国的心理学工作者对汉字的很多研究实验都表明，在迅速呈现的条件下，汉字识别的正确率随着汉字的使用频率的上升而上升，识别的时间随着频率的上升而缩短。在汉语词汇的识别中，不仅词汇中的成分字的使用频率影响词语的识别，整个词汇的使用频率也影响词语的识别。

6．语音的作用

在词汇识别中，语音的作用是目前仍有争议的问题，主要有三种不同的观点。第一种观点是直通假设，这种假设认为，读者可以从单词的视觉信息（词形）中直接提取词义，语音在词义的获取过程中没有作用；第二种观点是语音中介假设，这种假设认为，人们要把输入的视觉信息转化成语音，然后由语音激活词义，语音在词义的获取过程中起着中介作用；第三种观点是双通路假设，这种假设认为，由形达义和由音达义两条通路并存，但最终由哪条通路提取词义取决于两条通路的加工速度。在直通假设中，当看到一个词，视觉模式就可以让人从语义记忆中找到相关词义的信息；在语音中介假设中，读者必须将词的视觉形式转换为语音形式，才能找到有关词的意义的信息；在双通路假设中，人们的阅读过程是灵活的，词汇识别既可以通过视觉通路，也可以通过语音通路。

语音对汉语的识别作用，在拼音文字中更明显。汉字是一种以笔画为主的表意文字，在字词识别中很大程度上依赖于笔画结构特征，字形和字音的关系不如拼音文字那样密切。但无论哪种文字，语音的具体作用机制还有待进一步地研究确定。

7．语境的作用

研究发现，在词汇识别中，单个单词与在句子或课文语境中出现的单词，其识别阈限有差别。图尔温（Tulving）等人让被试试读一些句子，其中最后一个单词用快速呈现的方式，要求他们尽快认出这个目标词。实验的条件是变化最后一个单词与整句的关系（有意义联系与无意义联系等），并改变语境中单词的数量（1、2、4、8）。结果发现，在单词与语境有意义联系时，随着前行单词数量的增加，识别最后一个单词的时间显著下降。相反，当最后一个单词与语境无联系时，随着前行单词数量的上升，识别最后一个单词的时间明显增加。可见，语境提供的信息促进或抑制了单词的识别。

彭聃龄等人研究了汉语语境对双字词识别的影响。他们按照语境与目标词语义联系的程度分成强语境（如牢房—监狱）、弱语境（如田野—碧绿）和无关语境（如软禁—细菌），被试的任务是词汇判断。结果发现，语境对高频目标词的促进作用不明显，对低频目标词的促进作用非常显著。朱晓平对汉语句子语境的研究也发现，句子语境能够促进词汇的识别。

8. 语义的作用

语义的特征对词汇的识别也有影响。例如，詹姆斯（James）用词汇判断法研究发现，低频具体词的识别比低频抽象词的识别容易；黑诺（Hino）等人的研究发现，在词汇判断任务中，意义较多的词（多义词）较意义较少的词或单意词更容易识别。近年来，我国学者使用汉语材料的研究也发现，语义因素在字词识别中起着一定作用。

二、语言的理解

（一）语言理解的概念和层次

1. 语言理解的概念

语言理解是指听者或读者借助于听觉或视觉的语言材料，在头脑中建构意义的一种主动、积极的过程。其实质就是人脑为揭示语言的意义与作用，对语言进行能动的加工分析。例如，当听说"饿"，就知道这是指身体的一种状态，需要吃食物补充能量；若听说"猫"，就明白这是指一种夜晚活跃、能捕捉老鼠的动物。在语言理解中，听话者有时需要对说话者的愿望和意图进行猜测，也就是将说话者的愿望或意图编码为一定的结构，在语言交流的过程中去构建意义。例如，一个人想吃饭时会说"饿"，别人就能直接明白他的意愿；可是当有人说"这碗面看起来真香"，那他的意思就可能是"我饿了，想吃这碗面"，这时听话者就需要根据具体环境来揣测说话者的意图。可见，尽管两句话的表征结构完全不一样，但它们的深层意思是一致的。

根据语言形式的不同，语言理解可分为口语理解和阅读理解两部分，二者在语言加工的早期阶段有所不同。口语理解主要依赖于短暂存在的听觉意向和听觉的单词识别，而阅读理解则依赖于相对稳定的视觉表征和视觉中的单词识别；在句子和话语理解的水平上，口语理解和阅读理解是相似的。基于此，不难发现，口语理解时，听话者可能受到说话者语速的影响；阅读理解时，读者可以根据需要自己把握加工书面语材料。

语言理解需要以正确感知语言为基础，但它并不是通过语音或字形把语义简单地移植在自己的头脑中。一般来说，语言理解具有以下特点：第一，它是一个建构意义的过程，即从语言的表征结构提取深层的命题结构；第二，对语言的理解依赖于从外部输入的语言材料的性质和听者头脑中已有的知识储备，建构意义的过程就是人们运用已有的知识加工外部输入的语言信息的过程；第三，在语言理解中，推理有重要的作用，推理可以补充语言信息的空缺，并预期将要出现的信息。在整个理解过程中，语言接受者在头脑中想象语言所描述的情境，运用已有的知识和经验，通过期待、推理的活动，去揭示语言的意义。

2. 语言理解的层次

语言理解一般可以分为三个不同的层次：一是词汇理解或者词汇识别，它是语言理解的第一层次；二是句子的理解，它是一种更为复杂的认知活动，需要借助于句法和语义的知识，需要有语境的帮助，因此，句子的理解是语言理解的第二层次；三是文章或话语的理解，它是语言理解的第三层次。语言理解的三个层次是依次深入递进的，具体表现如下：

第一，词是语言材料的最小意义单位，是各种复杂语义词句的基础。词汇识别就是对听觉或视觉形式呈现的语言刺激进行初步的编码。

第二，句子是表达思想的基本单位，句子的理解过程是一种复杂的认知活动。首先，它要以语言的感知识别为基础，通过对字词的语音或字形进行编码，达到对字义的把握；其次，人们还要在口语感知或词汇再认的基础上，借助于句法和语义的知识对句子进行分析，有时还需要语境的帮助，以达到对句义的准确把握。在句子理解中，句法分析和语义分析是紧密结合、相互作用的，二者在语言理解中发挥着重要的作用。

第三，对文章或话语的理解是语言理解的最高层次。当人们听到和阅读的不是单个孤立的句子，而是由一系列的句子连贯组成时，理解的加工水平就更加复杂。它要以词和句子的理解为基础，同时还要进行推理、整合、提取意义等更复杂的认知操作。同时，不同文章体裁的差异、不同句子结构的差异、不同语言习惯的人的表述差异等，这些都是语言理解中必须考虑的因素。

（二）句子的理解

句子由词和短语组成，句子的意义以词和短语的意义以及它们之间的语法关系为基础。但是，字词和短语只是语言的备用单位，所表示的意义只是语言中的相对固定的意义。一旦组织成句子，成为语言的使用单位，它们的意义就要受到相互组合的语法关系的制约，受到语言环境的制约，从而产生特定的意义。句子的理解就是在字词理解的基础上，通过对组成句子的各字词短语的句法分析，获得句子语义的过程。

1. 句子的类型

从句法结构的角度看，日常生活中，人们经常接触并使用到的句子不外乎肯定句、否定句、被动句、被动否定句等几种类型。不同的句子类型，在理解上的难易程度及深浅程度要求并不一致。一般来说，对否定句的理解要难于对肯定句的理解。例如，肯定句"他觉得自己很委屈"理解起来较容易，但否定句"他不觉得自己很委屈"理解上相对就难一些，有时甚至需要将它转换成"他觉得自己不委屈"来帮助理解。双重否定句"他不觉得自己不委屈"，与表达同一个意思的肯定句相比，理解要求就高多了，有时还可能与否定句发生混淆，理解成完全相反的意义。

有人曾用一张"猫追狗"的图片做实验，让被试根据图片判断句子的真假，并记录被试听到不同类型句子时的反应。结果发现，被试对真肯定句"狗追猫"的反应时间最短，用时仅 1.55 秒；对假肯定句"狗追猫"的反应时间略长，用时 1.68 秒；对假否定句"狗没有追猫"的反应时间是 1.91 秒，较长；对真否定句"猫没有追狗"的反应时间最长，为 2.14 秒。这也可以证实，理解否定句比理解肯定句需要更长的加工时间。

陈永明等人采用句子—图画验证任务考察了汉语中不同类型句子的理解过程。在实验中，首先给被试呈现一个句子，如"星号在加号的上面"，然后呈现一张包含"*"和"+"的图片，要求被试判断这张图片是否准确描述了句子的内容。实验结果显示，汉语句子的验证时间模式和英语材料所得的结果一致，即验证句子的时间依次为：真肯定句<假肯定句<假否定句<真否定句。

心理学家猜测，人们对否定句的加工过程要难于对肯定句的加工，主要是由于否定句在句法上比肯定句复杂，否定句的加工阶段多于肯定句的加工阶段，否定句较肯定句有时含有更多意义，以及含义相对不明确等原因造成的。

2．词序

词序是表达词的语法意义的手段。语言类型不同，词序也不完全一样。与拼音文字相比，汉语没有词的形态学的变化，因此，语序在句子理解中的作用更加明显。汉语的基本词序为主—谓—宾，即主语在前，谓语在后，宾语在动词之后。在一般的句子中，词序具体为"施动者"—"行动"—"对象"。例如，句子"雯雯打开了电视机"中，"雯雯"为施动者，"打开"为动作，"电视机"为行动的对象。这种相对固定的词序为人们提供了句子理解的基本线索。当遇上句子如"妞妞骂洋洋"时，就会将"妞妞"当成施动者，将"洋洋"当作妞妞施动的对象，这样就不会出现"洋洋骂妞妞"的误解了。词序的作用在某些情况下尤其明显。例如，在句子"中国女排大胜日本队"和"中国女排大败日本队"中，尽管两个句子使用了语义相反的动词"大胜"和"大败"，但人们总能根据词序将中国女排理解为胜利者。

当词序颠倒时，人们就需要借助某些句法手段来帮助理解句子。例如，句子"妞妞骂洋洋"可以说成"妞妞把洋洋骂了"或者"洋洋被妞妞骂了"这两个句子，尽管是同一个意思，但原来的语序变了，这时可以通过"被动句""把字句"等句法手段为正确理解语言提供线索，从而不至于误解甚至不懂语句的意义。

3．语境

在人们利用语言进行交际的过程中，不同的语境能为交流者提供各种背景知识，从而帮助人们更准确地理解语言。

在口语交际中，语境提供了很多的便利。例如，朋友聚会时，给每人带一份礼物，分礼物时可能会说："娜娜是围巾……小刘是珍珠粉……"在这种语境下，尽管没有说"给你带的是围巾"等正常话语，但朋友都不会误解。波拉克（Pollack）等人曾经让被试等候在实验室内，并用录音机录制下他们之间的谈话。随后，将谈话内容中的个别单词播放给他们听，结果发现，被试只能准确认出其中的50%。这说明，脱离了具体的语境，即使是自己说过的话，也难以理解。

语境在课文理解中也很重要。句子的意义有时很含蓄，在字面意义当中还蕴含着某些深层的意义，一般称为句内意义。句内意义主要是通过一定的语境来表现的，因此，必须在理解字面意义的基础上，结合语境弄清它所表达的真正意义。句内意义有时需要结合上下文来做判断。例如，"孔乙己是站着喝酒而穿长衫的唯一的人。"这句话的字面意义是：孔乙己站着喝酒，穿的是长衫，只有他一个人如此。如果只理解到这儿，那就没有弄清作者在这句话中所表达的深意，也就没有真正理解这句话的意义。小说上文曾经介绍过：站着喝酒的是"短衣帮"，"穿长衫的"都要踱到里面，要酒要菜，慢慢地坐着喝。在这个背景下，偏偏有一个人站着喝酒，穿的却是长衫，而且他是唯一一个这样做的人。那么，人们就要问一问，这到底是为什么？原来，孔乙己是个读书人，但到五十多岁了连个秀才也没"捞"到，又不会营生，越过越穷，所以只能站着喝酒；但他又看不起"短衣帮"，不肯与他们为伍，所以总是穿着一件长衫。有了这样的语境文，再来理解这句话，一个穷苦、寒酸而又非常迂腐、可笑的人物形象就清晰地呈现出来，作者的态度也就不言自明了。

具体语境有助于理解一些存在歧义（有两种或两种以上意义）的句子。例如，句子"They are eating noodles"，孤立地看，不知其确切含义是什么。但只要有具体的语境，就能分辨它到底是"这是一些可使用的面条"（"eating"做形容词），还是"他们正在吃面条"（"eating"做动词）。有些研究发现，在具体的语境中，人们甚至意识不到句子的歧义性。

4. 句法分析

句法分析的任务就是识别句子的句法结构，它决定着人们怎样对句子的组成进行切分。借助于句法分析，人们可以更恰当地理解话语中的词汇意义，同时还有利于人们发现词与词之间的句法逻辑关系。同一个句子，由于句法切分方式不同，其表达的意义可能截然不同。例如，"下雨天留客天留我不留"可以理解为"下雨天，留客天，留我不？留"，也可理解为"下雨天留客，天留我不留"。

为提高句法分析的有效性，人们应选择适当的句法分析策略，使用这些策略，能够在句子表层结构的水平上，给人们带来许多句法信息。彭聃龄等人总结的常见策略有如下几种：

（1）标准句策略

标准句就是按照"主语—谓语—宾语"的结构组织的句型，这是汉语中最基本、最常见的句子结构。人们在理解时，也是按照顺序，第一个名词为主语，中间的动词为谓语，结尾名词是宾语。这种分析句子的策略就是标准句策略，利用这种策略提取句子主干（主谓宾结构），在理解较长和较复杂的句子时也起作用。

（2）功能词策略

功能词就是指起句法作用的词，它是句法分析的重要线索。基姆鲍尔（Kimball）曾提出："不论何时你发现一个功能词，那么就开始了一个新的句子成分。"在句法分析中，限定词、介词、连词、代词、数词、冠词等不同的功能词均有不同的作用。例如，a、an、the 等冠词表明了一个名词短语的开始；介词 in、on、at 等表明了一个介词短语的开始；have、has、had 等表示时态的助动词表示一个动词短语的开始。

（3）最小依附策略

这种策略是指人们倾向于采用最简单的句子结构来理解句子，如把动词后面的名词或名词短语看成是它们的直接宾语。例如，句子"刘长山收留了村里人同情的姐弟俩"，根据最小依附原则，人们会将"村里人"看成是动词"收留"的直接宾语，但是，这种理解通常并不正确。

（4）最晚终止策略

这种策略主要是从复杂的句子中划分出从句，即在分析句子时，不要根据前面的语言材料急于对句子的结构做出判断。例如，句子"Since Jay always jogs a mile and a half seems likes a short distance to him"，人们在最初阅读时，可能会在单词"jogs"处切分出原因状语从句"Since Jay always jogs",但是,在整句话读完,大多数人会倾向于在单词"half"处切分,将"Since Jay always jogs a mile and a half"当作原因状语从句,这就是运用了最晚终止策略。

5. 语义分析

在语言理解中,单靠句法分析是不够的,在实际的语言交流中,由于说话者的语速、语音等个性特征,可能会产生一些重复、不连贯、不完整的语句,这些语句不一定完全符合语法结构,这就需要借助于语义分析来解决。例如,日常谈话中可能会出现这样的句子:"去还是不去,你到底?""有到武汉的卧铺票吗,明天下午的?""在图书馆我还了,你的那本书。"人们无法按照语法规则来划分这些句子,却能完全理解它们的意思。

在句子理解的过程中,语义分析也起着很大的作用。句子中内容词的意义及其相互关系有助于人们对各类句子的理解。例如,人们都明白"宠物""人""饭"等字词的意义,从而明白只能是"人养宠物""人吃饭"等,而不会存在"宠物养人"或者"饭吃人"的意思。这里,语义起了很大的作用。有了语义知识的帮助,有时词序出现颠倒,人们也不会对语言材料发生误解。例如,"月光充满房间"和"房间充满月光"这两个句子的词序相反,但人们脑海中理解的意义是相同的。

研究者们一致认为,只有句法分析而没有语义分析,或者只有语义分析而没有句法分析,都不能完成对句子的理解。句法分析和语义分析在语言理解过程中是共同作用的,二者紧密联系,不可分割,对语言理解都起着重要的作用。

(三)话语理解

话语是指比句子更长的语言段落,如口语中的一段话、书面语言中的一段或一篇课文等。话语理解并不仅仅是一般意义上的对话语意义的解析,它还包括对与话语意义密切相关的其他信息的解析。对词汇的识别和对句子的理解只是理解话语的基础。大量事实表明,在此基础上还必须运用关于话语已有的知识组成更高级的心理组织,才能最后完成对话语的理解。在话语的理解中,以下因素均有举足轻重的作用。

1. 语境

在话语理解中,很多句子的意义大多数是句子字面上的意义,也就是由构成它的词或短语的意义所组成的句子的表层意义,称为字面意义。例如,一个小学生在作文中写道:"我生日那天,妈妈从外婆家抱了一只小狗给我做生日礼物。小狗浑身是白色,只是左边的耳朵上有一块黑色的小花,于是我给它取名叫'花耳'。"这段话中的每一个句子表达的都是字面上的意义,因此,只要弄懂每个词和短语的意义就可以了,理解起来也不难。

但有时话语中句子的意义还有字面以外的意义,即语境所赋予的言外之意,称为句外意义。句外意义是语境所赋予的特殊意义,不是词典中能找到的静态意义,脱离了特定的语境,句子的特殊意义也就不存在了。例如:"'你放着罢,祥林嫂!'四婶慌忙大声说。她像是受了炮烙似的缩手,脸色同时变作灰黑,也不再去取烛台,只是失神地站着。""你放着罢,祥林嫂!"这句在我们看来非常普通的话,祥林嫂听了却有如此大的反应,其原因就要结合语境来理解。在这之前,她就有了不让拿祭祀用具的经历;此后,她用了一年的劳动所得在土地庙捐了门槛,以补赎自己的"罪过";又到了祭祀时节,她本以为罪过已赎，可以坦然地去做了，却没想到四婶仍然重复着那句话，而且语气更加急迫。因此，这句话在她听来不啻一个晴天霹雳：她再也无法补赎自己的"罪过"了！这该是一个多么大的打击呀，她的精神完全崩溃了！理解了这些，才算真正理解了这句话的含义。

语境既包括文字形式，也包括图画等其他形式。布朗斯福尔德（Bransford）等人在一个实验中，让两组被试阅读同一篇课文，其中一组被试事先看了与文段内容相关的图画，另一组则没看。实验发现，没有看图画的一组被试对文段内容感到很难理解，而事先看了图画的被试，理解文段就容易多了。

2. 推理

推理在话语理解中有非常重要的作用，它可以在话语已有信息的基础上增加信息，或者对新信息进行加工，并通过整合新旧信息，在话语的不同成分之间建立起联结。

很多情况下，语言与具体语境紧密结合，它不像专有名词或数字那样只需要被识别确认就可以了，而是需要进一步结合表述者的动机、情绪、态度、角色、社会心理、文化背景等，进一步揣摩表述者的目的，以更准确地把握语言的潜在语义。这一过程与个人头脑中相关联的经验、记忆等密切联系，并伴随着大量诸如推理、联想等大脑思维活动。需要注意的是，由于潜在语义的多样性以及个人文化背景、社会经历的不同，人们对潜在语义的推测和选择未必是正确的，即表述者对潜在语义的表达与听者或读者对潜在语义的选择可能不完全一致，甚至可能造成受语者（听众或读者）的误解。

在话语理解的推理过程中，有很多线索给人们提示作用。文章中会有助词"的""了"等，疑问代词"为什么""什么时候"等，表示频率、时间等的副词如"又""再""也""马上"等，某些表示状态变化的动词如"开始""停止""解决"等，某些表示心理活动的动词如"后悔""忘记"等，表示假设、选择、让步等关系的词语如"要么……要么……""不是……就是……"等，以及某些限定语和修饰语等，这些词语都会为人们推理额外的信息提供很好的支持。例如，"她开始认真学习俄语了"中的"开始"就说明在此之前她没有好好学习俄语；"你要么去考博，要么被单位淘汰"，连词"要么……要么……"含有单位要求"你"必须考博深造的前提；"它可以与小花猫和谐相处了"，从一个助词"了"可以推知，它曾经不能和小花猫和谐相处。如此很多例子中，隐含前提的恢复实际上就是受话者根据话语信息及相关语境进行的合理假设和推测，从而为理解整篇话语内容奠定基础。

3. 图式作用

图式是知识表征的心理组织形式，是相互关联的知识构成的信息系统。康德曾论述过图式的哲学意义，认为图式是人们连接概念和感知对象的纽带，它反映了信息在头脑中的排列方式或者是可以预期的排列方式。人头脑中的图式与自己的生活环境、生活经验有着密切联系，在认识世界的过程中所获得的知识都是以自己的思维方式即心理图式的作用固着下来。

语言理解的过程就是图式与具体语境相结合的过程。一般来说，符合图式的文本相对比较容易理解，并能更好地记忆或回忆。同时，大脑中已有的图式也会制约读者对文章的理解程度，而且并非储存的图式越多，阅读的效率就越高，而是符合文本内容的图式越多，阅读的效率越高。只有在阅读过程中激活更多合适的图式，才会有助于话语的透彻理解。因为图式可以将文本中的信息有效结合在一起，从而形成联系和建立逻辑关系。

有研究认为，读者在阅读过程中会涉及三种图式：语言图式、内容图式和形式图式。语言图式是指读者对语言知识的掌握；内容图式是指读者对文章主题的知识背景的把握；形式图式是指读者对文章结构知识的了解。为了提高话语理解能力，必须有意识地建立这三种图式，并根据需要及时激活相应的图式。

拓展阅读

地主与长工

塞尔维亚有一个民间故事：一个长工在地主家干活，辛苦劳动了一年，盼望着拿到工钱回家过年。一天，地主将长工叫到跟前，对他说："你想要拿到工钱，必须答对我的四个问题。"不等长工是否同意，他就指着家里的猫问道："这是什么？"长工一看，放心了，即刻回答："这是猫。"谁知地主却摇头说："不对，这叫'清洁'。"没容长工争辩，地主又指着自家的小楼问："那是什么？"长工自信地回答："那是楼。"不料地主又摇头说："又错了，那叫'崇高'。"接着，地主又指着桶里的水和灶中的火问："那两样东西叫什么？"长工懊恼地回答："水和火。"果然，地主又连连摇头，说："都不对，它们叫'善良'和'美丽'。"

长工没能拿到工钱，决心报复。一天晚上，他抓住地主家的猫，用火点燃猫的尾巴，让猫窜上小楼。等楼上的火烧起来之后，长工将正在酣睡的地主推醒，并高声叫道："'清洁'带着'美丽'窜上了'崇高'，快拿'善良'把'美丽'扑灭吧！"地主听了一头雾水，不明白长工在说什么，翻了个身又继续睡觉。结果，大火将地主家的小楼烧了个精光……

思考与练习

一、名词解释

1. 语言
2. 心理词典
3. 语言理解

二、单项选择题

1. 语言的基本结构材料是（　　）。
   A．词　　　　　B．短语　　　　　C．句子　　　　　D．语法
2. 对于同一种观点或者思想、情感，可以用多种不同的语言模式来表达。这说明了语言的（　　）。
   A．指代性　　　B．意义性　　　　C．创造性　　　　D．动态性

3．独白语言不可能表现为（　　）。
　　A．做报告　　　　B．辩论　　　　C．演讲　　　　D．讲课
4．语言听觉中枢是（　　）。
　　A．布洛卡区　　　B．威尔尼克区　　C．角回　　　　D．弓形束
5．（　　）是口语的物质外壳或形式。
　　A．语音　　　　　B．音调　　　　　C．音强　　　　D．音色

三、简答题

1．简述外部语言与内部语言的关系。
2．研究语言具有哪些现实意义？
3．简述口语生成的过程。
4．语言理解可分为哪三个层次？它们之间有何关系？

第九章

动　机

内容提要

动机是个体行为的内部动力，掌握了动机形成和发展的规律，就能够掌握人们的行为规律，从而提高社会行为的效率。行为活动的实施并非一帆风顺，它会遭遇不同方面的阻力，需要人有意识地克服困难，努力实现预期目的。因此，个体活动除了需要动机的推动作用，意志行动的作用也不可或缺。

学习目标

知识目标

- 理解动机的概念、功能及形成条件，熟悉动机的分类
- 熟悉各种动机理论
- 熟悉意志过程及意志行为中的挫折

能力目标

- 能准确描述动机的各种类型
- 遭遇挫折时能进行自我调节

第一节　动机概述

一、动机的概念

动机是指能够激发、引导并维持个体活动朝向某一目标进行的内在心理过程或内部动力。动机与目标密不可分，缺乏目标，其行为就没有指向性，动机也就没有存在的基础。

人的活动总是受动机的调节和支配，一定的行动背后总是有相应的动机存在。但动机与行为之间的关系比较复杂，二者并非简单地一一对应。同样的动机可能产生完全不同的行为，或者同样的行为背后却是截然不同的动机。例如，为了取得好成绩，张同学可能会从上课认真听讲入手，李同学则可能侧重于课外补习；张同学和李同学在学校都是认真学习，努力提高学习成绩，但张同学是为了将来有好的前途，而李同学则是出于对知识本身的渴求与热爱。

二、动机的功能

动机对人的活动具有激活、引导、激励、维持、调整的功能。

（一）激活功能

人类多样的行为活动背后总是有一定的动机，动机是活动的原动力，它对活动起着始动作用，能激发个体产生某种活动。带着某种动机的个体对某些刺激，特别是那些与动机有关的刺激反应特别敏感，从而激发个体去从事某种活动。例如，饥饿者对食物、干渴者对水特别敏感，因此容易激起寻觅活动。

（二）引导和激励功能

动机具有方向性，动机促发的行为是朝向特定的目标进行的。这也是动机与需要的根本区别，即需要是个体因缺乏而产生的主观状态，这种主观状态是一种无目标状态。而动机是针对一定目标（或诱因）的，是受到目标指引的。目标不同，人们行为活动的性质和方向也不同。例如，在学习动机的支配下，学生的活动指向与学习有关的目标，如书本、课堂等；而在娱乐动机的支配下，其活动指向的目标则是娱乐设施。

（三）维持和调整功能

当个体的某种活动产生以后，动机会指向一定目标，以维持这种活动，并调节活动的强度和持续时间。当活动与个体所追求的目标相统一时，相应的动机便得到强化，某种活动就会持续下去；反之，当活动与个体所追求的目标不统一甚至出现背离时，就会降低个体活动的积极性或使活动完全停止下来。需要强调的是，将活动的结果与个体原定的目标进行对照，是实现动机的维持和调整功能的重要条件。如果达到了目标，动机就会促使个体终止这种活动；如果尚未达到目标，动机将驱使个体维持和加强这种活动，直至达到目标。

三、动机形成的条件

（一）需要

需要是个体内部的一种不平衡状态，是内外环境的客观需求在个体头脑中的反映。它常以一种"缺乏感"存在，是个体在生活中感到某种欠缺而力求获得满足的一种心理状态，并以意向、愿望的形式表现出来，最终会形成推动个体进行活动的某种动机，成为个体活动的源泉。例如，失去父母的孤儿，会产生爱的需要；体内缺乏水分，会产生喝水的需要等。在适当的环境中，这些需要会逐渐形成动机，进而在动机的引导下产生不同的行为活动。由此，人的动机是在需要的基础上形成的，需要是动机形成的内在动力。

需要具有对象性，总是指向某种东西、条件或活动的结果等。它既包括物质的东西如衣食住行，也包括精神的东西如文化、艺术、信仰、兴趣爱好等。需要还具有周期性，并随着满足需要的具体内容和方式的改变而不断变化和发展。例如，人在成长的不同阶段，其需要是不同的，婴幼儿时期主要是生理需要，少年时期开始增加对知识、安全的需要，青年时期会发展到对恋爱、婚姻的需要，成年时期会强化对名誉、地位和尊重的需要。

生活中，各种动机都是有相应的需要做后盾，但是，并非任何需要都能够转化为动机。有时个体需要的强度较弱，人们只能模糊地意识到甚至意识不到它的存在，因而难以成为推动人们的行为活动的动机。例如，一位正在认真讲课的教师口干舌燥，但他不一定会有饮水的动机，因为他的饮水动机被另一个更强烈的动机（授课）掩盖了。只有当需要达到一定的强度后，才会转化为相应的动机。当需要的强度达到一定程度时，就能为人们清晰地意识到，这种需要称为愿望。只有当人们具有一定的愿望时，才能形成动机。当然，个体的愿望要转化为动机，还要有适当的条件。否则，愿望只能停留在大脑里成为遥不可及的梦想。例如，一个人无论多么想进入理想中的大学，但如果不能顺利以理想的分数通过高考，他的愿望就无法形成动机。

（二）诱因

诱因是指能够引起个体动机的外部刺激物，它具有刺激或诱使个体朝向目标的作用。诱因可以是物质，如衣服、食物等能够刺激人购买的动机；也可以是一个情景，如一个孤身登山的探险爱好者偶然遇见另外一名登山者，这一情景会诱发其上前与之搭讪的动机；还可能是一个事件，如一个比较自卑的学生发现平时比自己差的同学考上了好大学，这件事会促使他形成自己也要考上大学的动机。诱因使个体的需要指向具体的目标，从而引发个体的行为。因此，诱因是引起相应动机的外部条件。

诱因可以分为正诱因和负诱因。正诱因是指能使个体因趋近它而满足需要的刺激物。例如，学校设置奖学金，学生综合成绩达到一定水平时便会给予其相应的奖金奖励，学生会努力学习，以争取获得奖励。这里，奖学金就是一种正诱因。负诱因是指能使个体因回避它而满足需要的刺激物。例如，考试对一个成绩不好的学生往往意味着自尊心的伤害，因此，他往往采取种种方式逃避考试，维护自己的自尊心。在这里，考试就成了负诱因。

动机是由需要与诱因共同作用促成的。因此，动机的强度或力量既取决于需要的性质，也取决于诱因力量的大小。实验表明，诱因引起动机的力量依赖于个体达到目标的距离。距离越大，动机对活动的激发作用相对就越小。人有理想、有抱负，他的动机不仅支配行为指向近期的目标，而且能指向远期的目标。因此，空间上邻近的目标不一定具有最大的激发作用。已形成的动机推动了个体的活动结果，反过来影响个体随后的动机。

四、动机的分类

（一）生理性动机和社会性动机

根据动机的起源不同，可以将动机分为生理性动机和社会性动机。

生理性动机源于生理需要，也称为原发性动机，如饥、渴、性、睡眠、避嫌等。社会性动机又称心理性动机或习得性动机，它源于社会性需要，如社交的需要、成就的需要、权力的需要等。

生理性动机以个体的生理性需要为基础，生理性需要的满足是人类进行社会活动的基础，也是社会性动机的前提。只有生理性动机得到实现，生理性需要得到满足，社会性动机才会被更多地激发出来，就如古语所说的"仓廪实而知荣辱"，衣食住行无忧了，才会产生尊重、名誉等社会性动机。

（二）近景性动机和远景性动机

根据动机影响范围、持续作用时间的不同，可将动机划分为近景性动机和远景性动机。

近景性动机是指与近期目标相联系，持续时间相对较短的动机。远景性动机是指与较长远的目标相联系，持续时间相对较长的动机。例如，高考选报学校和专业时，有的学生是考虑与今后的职业生涯规划相吻合，选择服从于今后的需要，而有的学生则只着眼于哪些学校能够录取，哪些专业容易通过考试，他们的选择分别源于远景性动机（前者）和近景性动机（后者）。

近景目标和远景目标的划分并不是绝对的，它们具有相对性，在一定条件下还可以相互转化。在人的活动规划中，远景目标有时需要分成若干个近景目标，而近景目标也需要服从远景目标的大局。一般来说，远景性动机来自对活动意义的深刻认识，它持续作用时间长，作用范围广，不易受外界偶然情境变化的影响，具有比较稳定的性质。而近景性动机常常由对活动本身的直接兴趣所引起，它只能对个别具体活动暂时起作用，容易受情绪的支配和影响，而且不够稳定。

（三）合理动机和不合理动机

根据动机的意义或性质的不同，可以将动机划分为合理动机和不合理动机。

合理动机是指既与社会利益相一致，又有利于个体健康发展的动机，它包括高尚的、正确的以及在一定时期内有很多积极因素的动机。不合理动机是指既不符合社会利益，也不利于个体健康发展的动机，它包括低劣的、错误的和有许多消极因素的动机。

由于社会生活的多样性和复杂化，很多动机不能够简单地认为是正确或错误、高尚或低劣的动机。例如，学生为获得奖学金而学习，为获得高分而学习等，从让学生更好地完成学习任务、提高学习积极性的角度来说，这些动机是有积极作用的，或者说，在个体还缺乏学习兴趣或远大的目标时，可以起到积极的激励作用。但是，这些动机的积极作用有局限性，在运用各类手段激发学生积极性的同时，还要注意培养学生正确和高尚的学习动机。

（四）主导性动机和辅助性动机

根据动机在活动中的地位与作用大小的不同，可以将动机划分为主导性动机和辅助性动机。主导性动机是指对人们的行为起支配作用的动机。辅助性动机是指对行为活动起辅助作用的动机。

人们的动机是多层次的、复杂的，但在一段时间内，会有一个最主要的动机成为行为活动的主导性动机，决定个体行为活动的方向，其他动机退化为辅助性动机。当辅助性动机的目标与主导性动机的目标相一致时，人们行为活动的动力会增强；反之，如果辅助性动机所指向的目标与主导性动机的目标不一致甚至相互冲突，那么辅助性动机会削弱主导性动机的动力作用。

（五）意识动机和潜意识动机

根据对动机内容的意识程度的不同，可将动机划分为意识动机和潜意识动机。

意识动机是指人们有意识地用来激发、指引并维持行为达到目标的动机。潜意识动机是指个体没有完全意识到的任何内在力量，其作用在于发起、维持或指导行为，以达到目标。在弗洛伊德看来，潜意识动机就是构成个人潜意识的原始的盲目冲动、各种本能以及出生后和本能有关的欲望等。生活中，人们有很多行为都受到潜意识动机的影响。例如，对一个人的第一印象很不好时，在正式交往过程中会不自觉地用警惕甚至是充满敌意的态度去对待对方，而忽略了对方客观存在的优点。

（六）外在动机和内在动机

根据动机自主性水平的不同，可以将动机分为外在动机和内在动机。

外在动机是指个体在外在要求与外力作用下所产生的动机，它是由外部力量和外部环境（即诱因）激发而来的。外在动机行为中，个体寻求的奖励来自动机活动的外部。例如，有些人努力工作，学生努力学习，不是因为他们热爱工作或者钟情于求知，只是因为他们希望通过工作和学习获得相应的奖励。

内在动机是指由活动本身产生的快乐和满足所引起的动机，它完全由个体听从内心自主选择，没有外在条件的参与。在内在动机的指引下，个体追寻的奖励来自活动的内部，即活动过程本身就是对个体最好的奖励。例如，学生为了获得知识、充实自己而读书，父母为了给孩子更多的关爱而不惜牺牲自己的一切等，都属于内在动机的激励。

一般来说，内在动机服从内心意愿，其对行为的激励强度更大，时间持续更长；外在动机的持续时间相对较短，其激励作用会随着激励因素的撤销而消失，并且往往带有一定的强制性。外在动机往往与内在动机相对立而存在，但个体的行为不仅仅是内在动机或者外在动机单纯在起作用，而是两种动机相互作用的结果。只是在某些问题和一段时间内，外在的激励表现的作用效果更加强烈，而在另外一些情形下，内在自主的动机更占优势。

（七）动机的其他分类

根据动机对象的性质不同，可以将动机划分为物质性动机和精神性动机；根据动机所涉及活动的不同，可将动机划分为学习动机、工作动机、娱乐动机、犯罪动机等。

需要说明的是，上述各种类别的划分不是绝对的，而且不同类别的动机还存在交叉的可能性，即同一个动机根据不同的标准可分属于不同的类别。

五、动机的相互作用

现实生活中，人的动机往往不是单一的，在一个时期内可能同时存在多种动机。这些动机的目标有些是相近或者一致的，有些却不一致甚至是相互冲突的。人的行为是这些多重动机相互作用的结果。

（一）动机的联合

当个体同时出现的几种动机在最终目标上基本一致时，它们将联合起来共同推动个体的行为。例如，个体有求知的动机、有追求当前物质利益和名誉的动机（如奖学金、优秀学员等奖励）、有在将来找到好工作的动机，而努力学习取得好成绩是这些动机的共同目标。这些动机因此就联合起来，推动个体的学习活动。

（二）动机的冲突

当个体同时出现的几种动机在最终目标上相互矛盾或相互对立，且在强度上势均力敌，个体难以决定取舍，以致在行动上犹豫不决，这种相互冲击的心理状态称为动机冲突。常见的动机冲突有双趋冲突、双避冲突、趋避冲突和多重趋避冲突。

1. 双趋冲突

双趋冲突是指两种对个体都具有吸引力的目标同时出现，形成强度相同的两个动机，由于条件限制，只能选择其中一个目标。此时，个体往往会表现出难以取舍的矛盾心理，如"鱼和熊掌不可兼得"。

2. 双避冲突

双避冲突是指两种对个体都具有威胁性的目标同时出现，使个体对这两个目标均产生逃避动机，但由于条件和环境的限制，必须选择其中的一个目标，如"前遇大河，后有追兵"。

3. 趋避冲突

趋避冲突是指个体对同一目标同时产生接近和回避两种动机，但又必须做出选择而产生的冲突。如俗话说的"想吃鱼，又怕刺"。

4. 多重趋避冲突

在实际生活中，人们的趋避冲突常常以一种更复杂的形式表现出来，即人们面对着两个或两个以上的目标，而每个目标又分别有利有弊，同时具有吸引人和让人排斥两方面的作用。人们无法简单地选择或者放弃同一个目标，而必须综合多种情况进行选择，由此引起的冲突称为多重趋避冲突。例如，大学毕业后，学生有机会考研深造，也可以选择就业。但考研有风险，考不上就会耽误择业良机；择业时有两个单位可供选择，而每个单位又利弊相当，此时，个体就有可能举棋不定而陷入这种冲突中。

动机冲突需要及时适当地解决，否则，可能会造成个体不平衡、不协调的心理状态，严重的或持续时间较长的心理冲突甚至会导致个体的心理障碍。

第二节　动机理论

20世纪以来，人们从不同的层面对动机进行研究，试图能更好地解释人们的动机行为。目前，主要有以下几大理论观点。

一、本能理论

本能是指个体在进化过程中形成、由遗传固定下来的一种不学而能的行为模式，是人类行为的原动力。最早提出本能概念的是生物进化论的创始人达尔文（C. Darwin）。本能理论是从本能出发解释人的行为动机的理论，其特点是认为人的活动是先天内在安排好的，人的行为主要是受人体内在的生物模式驱动，不受理性支配。

著名的精神分析学家弗洛伊德（Sigmund Freud）提出了两种本能：一是生的本能，它代表爱和建设的力量，指向于生命的生长和增进，如饮食、自爱、爱人等；二是死的本能，它代表恨和破坏的力量，表现为求死的欲望，如仇恨、攻击、自杀等。弗洛伊德认为，人的行为主要可以用性和攻击两种动机来解释。这些本能虽然是无意识的，但却是强大的动机力量。

詹姆斯（William James）在1890年出版的《心理学原理》中，把本能定义为无须事先经过教育就能自动完成的动作官能。他提出，人除了具有饥渴、性、母性等生物的本能以外，还具有模仿、竞争、恐惧、同情、建设、清洁等社会本能。詹姆斯认为，社会生活的样式是由人的本能决定的。

麦独孤（W. McDougall）是本能论的代表，他列举了人的十几种本能，如拒绝、逃避、好斗、自信、自卑、建设、合群性等，主张本能是天生的倾向性，即对某些客体格外敏感，并在主观上伴随着一种特定的情绪。麦独孤还系统地提出了本能理论，他认为，本能是人类一切思想和行为的基本源泉和动力，即本能是一种有目的的行为，虽然由于学习，引起本能行为的外界情景的性质可以改变，某些行为反应的模式也可以调整，但本能的核心情绪却是不可以改变的。

本能理论在20世纪初叶风靡一时，据伯纳德1924年计算，当时提出的有上千种本能，即有什么行为便有什么样的本能与其相应。例如，攻击是由于好斗的本能，学习是由于求知的本能。如此说来，本能理论不能确切地解释行为的原因，它对人类行为的解释是一种循环论证的过程。如问人为什么会产生攻击的行为，回答是人有好斗的本能。再问人为什么会有好斗的本能，回答是人有各种攻击性的行为。因此，20世纪20年代末，本能理论开始受到人们的怀疑和批评。

从一定程度上说，本能理论过分强调先天和生物因素，忽略了后天的学习和理性因素。事实上，本能虽然在人类的生理性动机方面起着主要的作用，但人类更多的社会性动机和行为中，纯粹的本能力量是比较弱小的，而且其存在也无一不受社会因素的影响或社会动机的调节。例如，随着社会的发展和人们行为方式的改变，人们的饮食行为已不纯粹是一种本能行为了，人们一般是适应大众生活规律，定时就餐，而不是饿了就吃。即在很多情况下，饮食行为并不是由躯体的饥饿感引起的。因此，本能论者没有把握住人类行为的社会本质，用本能理论来解释人类广泛的复杂的社会行为是有局限性的。

二、驱力理论

驱力是指个体由于生理需要所引起的一种紧张状态，它能激发或驱动个体行为，以满足生理需要，从而消除紧张，恢复机体的平衡状态。

驱力理论产生于20世纪20年代，最早是由霍尔（G. S. Hall）提出的，其主要观点是，机体的需要会触发一种强烈的唤醒状态，这就是驱力，这种未分化的驱力状态为随机活动提供能量，直至随机活动消除驱力紧张的状态，机体便停止随机活动。驱力理论认为，驱力可以来自内部刺激，也可以来自外部刺激。由此，可区分成两种驱力：由内部生物需要引发的驱力称为原始驱力，原始驱力是不需要习得的，如饥渴时求食求饮；通过条件作用而获得的驱力称为获得驱力，如希望获得他人的尊重，获得名誉、权力等。

让驱力理论得以大力推广的是赫尔（C. L. Hull），他认为，机体的需要产生内驱力。内驱力激起个体的行为，内驱力是一种中间变量，其力量大小可以根据需要持续时间的长短、引起行为的强度或能量消耗从经验上加以确定。在赫尔的理论中，内驱力主要有两种：原始性内驱力和继发性内驱力。原始性内驱力与生物性需要状态相联系，并与个体的生存有密切的关系。这些内驱力产生于机体组织的需要，如饥、渴、呼吸、睡眠、性交、回避痛苦。继发性内驱力是对情境或者环境中的其他刺激而言，这种情境会随着原始性内驱力的降低而产生作用，成为个体的另一种内驱力。

赫尔还提出了驱力减少理论。即驱力是一种动机结构，它供给机体力量或能量，以使需要得到满足，进而减弱驱力。例如，缺少食物（需要）会产生饥饿感（驱力），它推动个体去寻找食物并产生进食的行为，进而驱力就会降低直至消失。赫尔强调经验和学习在驱力形成中的作用，认为学习对机体适应环境有重要的意义，而人的行为主要是由习惯支配的。因此，产生某种行为的反应潜能（P）等于内驱力（D）和习惯强度（H）的乘积，可用下列公式来表示：

$$P=D\times H$$

如果 D 等于零，则 P 也等于零而不发生反应。同时，不论驱力水平有多高，在未形成习惯的情况下也是没有行为反应的。相反，不论习惯强度多高，驱力水平低，反应潜能也低。

驱力理论提出了行为的内在动力的作用，相对于本能理论来说，应该说是一种巨大的进步。但是，驱力理论并不能解释人类所有的行为，即这种内在的动力仍不能构成动机的全部。例如，为什么会有人会过量地强制性进食？人为什么会通宵达旦地工作？为什么会有人宁肯挨饿也不食"嗟来之食"？因为在这些行为中，驱力减少理论的作用似乎不起作用了。

三、诱因理论

20 世纪 50 年代，人们在研究中发现，用驱力降低的行为动力理论来解释所有的行为是远远不够的，诱因在唤起行为方面也起着重要作用。心理学家们认为，应该用外在刺激（诱因）与机体的特定生理状态之间的相互作用来解释行为动力。例如，吃饱了的动物看到另一个动物吃食时，将会继续吃食，这时的动机是由刺激引起的。人类经常追求刺激，并不是力图消除紧张，使机体恢复平衡。诱因理论强调了外部刺激引起动机的重要作用，认为诱因能够唤起行为并指导行为。

赫尔接受了诱因理论后，将诱因作为行为的决定因素之一，修改了行为的反应潜能公式。在公式中，他增加了诱因（K）这一变量，即：

$$P=D\times H\times K$$

即个体的行为不仅仅受内驱力和习惯强度的影响，同时还受诱因的影响，动机行为是三种力量共同作用的结果。

诱因作为个体行动的原动力之一，主要由外部环境所激发，但只有诱因与个体需要相结合，才能更有力地推动某种行为。

四、唤醒理论

唤醒理论又称激发论，是环境心理学中一种解释个人活动空间大小与情绪变化关系的理论。它是由英国行为主义心理学家贝里尼（Berlyne）等人提出的。这种理论认为，人总是被唤醒，并维持生理激活的一种最佳水平，既不是太高也不是太低。一般来说，个体偏好中等强度的刺激水平，因为它能引起最佳唤醒水平。当个体活动范围逐渐缩小时，唤醒水平会随之上升，例如，当个体被蒙上眼睛或者塞上耳朵，会变得渴望刺激。当活动范围缩小到使之感到不便或困难时，就会产生攻击行为。

贝里尼在对人的感觉经验进行考察时发现，人对新奇的刺激的感觉是随着刺激的重复出现和历时的长短而展开的，刺激重复得越多，时间越长，感知表象的新奇性就越低。研究还表明，在强烈光线或噪声的作用下，人们会尽量使自己处于一种低的唤醒水平上。这与人们的日常生活经验是一致的。例如，幼儿园教师在一天热情的工作之后，回到家里会希望好好安静一会；经历了几场考试的考生，会受到安静考场的影响，考试过后会倾向于做各类活动放松一下。

人在行为活动中获得的满足、愉悦等积极的感受，通常是由两种"唤醒"引起的。一种是渐进性唤醒，即审美情感的紧张度是随着感知和接受的过程而逐步增加的，最后到达度的临界点产生愉悦体验。例如，比赛前，运动员会被唤醒到最佳水平，在正式比赛中能发挥出最好的潜能。另一种是亢奋性唤醒，就是情感受到突发的冲击迅速上升到达顶点，然后在"唤醒"衰退时获得一种解除紧张的落差式愉悦感。例如，父母对孩子的学习提了很高的要求，最初孩子在内心是厌恶和排斥的，因为孩子感到有很大的压力，但经过努力奋进，逐渐达到父母的要求后，孩子会逐渐放松，并对自己的行为过程感到很满意。

总之，唤醒理论可以总结为三个原理。第一个原理是人们偏好最佳的唤醒水平，当高于这个水平时，个体就需要减少刺激，低于这个水平时，就需要增加刺激。第二个原理是简化原理，即重复进行刺激能使唤醒水平降低。例如，对一件新款式的衣服，人们都会很喜欢，希望自己能拥有它，此时，它的唤醒水平时最佳的。但当这种衣服越来越多，甚至随处可见时，人们就会变得厌烦它，由它所激活的水平就降低了。多年后，这种款式再开始流行时，它的唤醒水平就会恢复到最佳状态。第三个原理是过去的经验会对偏好的水平产生影响。研究表明，富有经验的个体偏好于更复杂的刺激。例如，懂音乐的人偏好于欣赏更复杂的音乐，下棋经验丰富的人所构思的棋局比初学者的构思要复杂得多。

五、强化理论

强化理论也称操作条件反射理论、行为修正理论，是以斯金纳（Skinner）为代表的一些心理学家提出的动机理论。斯金纳认为，人们选择做或不做某种行为，只取决于一个因素，那就是行为的后果。人或动物为了达到某种目的，会采取一定的行为作用于环境。当这种行为的后果对他有利时，这种行为就会在以后重复出现；不利时，这种行为就会减弱或消失。人们可以用这种办法来影响行为的后果，从而修正其行为。

根据强化对行为的不同作用形式，斯金纳把强化区分为正强化（也称积极强化）和负强化（也称消极强化）。当在环境中增加某种刺激，机体反应概率增加，这种刺激就是正强化，即给予被试奖励性刺激，以提高行为发生的概率。例如，当饥饿的白鼠按动开关时会出现食物，白鼠就会常去按动开关，食物便是正强化物。当某种刺激在环境中消失时，机体反应概率增加，这种刺激便是负强化，即个体力图避开的那类刺激。例如，当白鼠一直处于电击状态，直至其按动开关时停止电击，白鼠便会很快学会按动开关以避免电击，停止电击就是负强化。

斯金纳将强化理论用于人的学习上，强调在学习中应遵循小步子和及时反馈的原则，将大问题分成许多小问题，循序渐进。斯金纳认为，行为之所以发生变化，是由于强化作用的结果，人的学习是否成立，关键在于强化。在学习中，练习虽然重要，但关键的变量却是强化，练习本身并不提高效率，它只是为进一步强化提供机会。

强化理论已被广泛地应用于激励和人的行为改造上。在具体运用强化理论时，应遵循以下原则：

第一，经过强化的行为趋向于重复发生。例如，当人的某种行为后果受人称赞时，就增加了这种行为重复发生的可能性。

第二，要根据不同的强化对象采用不同的强化措施。人们的年龄、性别、职业、学历、经历不同，需要就不同，强化方式也应不一样。例如，有的人学习深造是为了获得金钱和地位，有的仅仅是出于对知识的渴求；有的人追求物质奖励，有的人更重视精神奖励。针对不同的情况，应采用不同的强化措施。

第三，分阶段设立目标，并对目标予以明确规定和表述。对于人的激励，首先要设立一个明确的、鼓舞人心而又切实可行的目标，只有目标明确而具体时，才能进行衡量和采取适当的强化措施。同时，还要将目标分解成许多小目标，完成每个小目标都及时给予强化，这样不仅有利于目标的实现，而且通过不断的激励可以增强信心。

第四，及时反馈。即通过一定的形式和途径，及时将工作结果告诉行动者。要取得最好的激励效果，就应该在行为发生以后尽快采取适当的强化方法。一个人在实施了某种行为以后，即使是领导者表示"已注意到这种行为"，也能起到正强化的作用；如果领导者对这种行为不予注意，这种行为重复发生的可能性就会减小以至消失。

六、成就动机理论

成就动机是指个人追求成功的内在动力。它是一种社会性动机，意味着人们希望从事有意义的活动，并在活动中取得完满的结果。成就动机理论是美国哈佛大学教授麦克利兰（David McClelland）通过对人的需求和动机进行研究，于20世纪50年代在一系列文章中提出的。麦克利兰把人的高层次需求归纳为对成就、权力和亲和的需求。

他在研究中发现，高成就需求者有三个主要特点：一是喜欢设立具有适度挑战性的目标，不喜欢接受那些在他们看来特别容易或特别困难的工作任务。他们总是想有所作为，希望靠自己的努力而不是运气获得成功，如果赢了，会要求应得的荣誉，如果输了，也会勇于承担责任。二是在选择目标时会回避过分的难度。他们喜欢中等难度的目标，对他们而言，当成败可能性均等时，才是一种能从自身的奋斗中体验成功的喜悦与满足的最佳机会。三是喜欢能及时给予反馈的任务。目标对于他们非常重要，所以，他们希望得到有关工作绩效的明确的反馈信息，从而了解自己是否有所进步。麦克利兰认为，成就动机低的人，一般选择风险较小、独立决策少的职业；而成就动机高的人，喜欢从事具有开创性的工作，并在工作中勇于作出决策。

阿特金森（Atkinson）将麦克利兰的成就动机理论进一步深化，提出了具有广泛影响的成就动机模型。他在模型中提出了需要、期望、诱因价值的综合动机理论，把动机的情感方面和认知方面统一起来，并用数学模式简明地表述出来。随着研究的深入，许多学者扩展了阿特金森的成就动机理论。雷陆（Rayor）认为，过去的成就动机理论强调当前的目标，其实，长远的目标对现在的行为也有很大的影响。应该把即时的目标和长远的目标结合起来，真正的成就动机是由两者结合而产生的。

七、动机的认知理论

随着认知心理学的发展，许多心理学家开始运用认知观点来解释人的动机现象。这些动机理论统称为动机的认知理论。

（一）期待价值理论

期待即期望、预期，是指个体对自己或他人行为结果的某种预测性认知。它是一种可变化的心理状态，是在人们行为的内在需求和人们对外界信息不断反应的基础上产生的。期望价值理论是动机心理学最有影响的理论之一，该理论将个体对达到目标的期待作为行为动机的决定因素，即个体自认为达到目标的可能性越大，从这一目标中获取的激励值就越大，个体完成这一任务的动机也越强。

新行为主义者托尔曼（Tolman）在动物实验的基础上提出，行为的产生不是由于强化，而是由于个体对某一目标的期待。托尔曼将期待定义为刺激与刺激的联系（S1-S2）或反应和刺激的联系（S1-R-S2），如看见闪电（S1）就期待雷声（S2），这是由刺激引起的期待；平时努力学习（S1-R），期待在考试中获得好成绩（S2），这是由反应引起的期待。

美国心理学家弗洛姆（Vroom）认为，个体从事某种行为的动力，取决于行为目标的价值（效价）与他对达到该目标可能性的期望值。期望值是指如果进行某种行为，必定会得到某种结果的主观概率，其最大值为1，最小值为0。行为的动机强度是由效价和期望值相结合所决定的。

阿特金森（Atkinson）试图将需要、期待和价值统一到一个综合的理论中。他认为，行为的倾向（T）是需要、期待和价值三个变量的乘积函数，并将这三个变量分别命名为动机（M）、成功的可能性（P）和激励值（I）。用公式表示为：

$$T = M \times P \times I$$

阿特金森重视冲突的作用，尤其重视人的渴望成功和害怕失败之间的冲突。他将人的成就动机分为两个部分：争取成功的意向和避免失败的意向，即成就动机涉及对成功的期望和对失败的担心两者的心理冲突。如果争取成功的动机高，那么个体很可能会接近或参与成就任务；相反，在回避失败的动机高的情况下，会使个体避免从事某种任务。

（二）归因理论

归因是指人们从行为的结果寻求行为的内在动力因素，这是个体对某一行为的原因进行解释和推测的过程。例如，学生看见老师进教室后没有像往常那样微笑着上课，似乎很不高兴。大家就会试图解释是什么原因：也许是昨天的考试大家考得不理想，也许是哪位同学表现不好影响了老师的情绪等。这种推测的过程就是归因。

归因理论最早由海德提出，该理论主要用于帮助人们在日常生活中找出事件的原因。海德认为，事件的原因无外乎有两种：一种是内部因素，即存在于个体本身的因素，如情绪、态度、人格、能力、兴趣、努力等；另一种是外部因素，即环境因素，如外界压力、天气、情境、任务难度、外在激励等。罗特（Julian Bernard Rotter）提出了控制点理论，并将人分为"内控型"和"外控型"。内控型的人认为成败是由自身的原因造成的，外控型的人认为成败是外部因素造成的。

韦纳（Winner）系统地提出了动机的归因理论，证明了成功和失败的因果归因是成就活动过程的中心要素。韦纳也把成就行为的归因划分为内部原因和外部原因，同时，他把稳定性作为一个新的维度，将行为的原因分为稳定的因素（如个人能力、任务难易度等）和不稳定的因素（如运气），并以稳定性和内部外部作为两个维度提出了二维归因模式。韦纳根据研究提出，如果一个新的结果和过去不同，人们一般会归因于不稳定的因素，如运气的好坏；如果结果和以前的一致，则会归因于稳定的因素，如个人能力。同时，归因会使人产生情绪反应，把成就行为归因于内部原因时，成功时会感到满意和自豪，失败后会感到内疚和羞愧；把成就行为归因于外部原因时，不论成功或失败，都不会产生太突然的情绪反应。

琼斯和戴维斯（E. E. Jones & Davis）认为，归因活动的目的在于对行为作出一致性推断，即行为和引起行为的意图总是与人的某种重要的、稳定的特点（即倾向性）相一致。简而言之，一时出现的念头不如时常出现的意图更能说明一个人的本质。一个人所拥有的信息越多，他对该行为所作出的推论的对应性就越高。一个行为越是异乎寻常，则观察者对其原因推论的对应性就越大。所以，对他人行为的倾向性的归因使人们能够理解和预测他人的行为。

琼斯和戴维斯总结出判断行为原因的若干因素，其中主要因素有三种：一是非共同性结果，即所选行动方案有不同于其他行动方案的特点。例如，一个人站起来，走去关上窗户、穿上毛衣，此时可以推断他感到凉了。单是关上窗户的行动也可能表示防止窗外噪声，而穿上毛衣这个非共同性结果就可以使人推断这个行动是由于凉。二是社会期望，当一个人表现出符合社会期望的行动时，就很难推断他的真实态度。例如，一个客人在吃饭时对主人说菜做得很好，这是符合社会期望的说法，从这个行动很难推断其真实态度。但是，当一个人的行为不符合社会期望或不为社会所公认时，该行为很可能与其真实态度相对应。例如，上述客人在吃某道菜时对主人说似乎盐放得有点多，这是不符合社会期望的行为，它很可能反映出行动者的真实态度。三是选择自由，如果知道个人从事某个行动是自由选择的，便倾向于认为这个行为与个人的态度是对应的；如果不是自由选择的，则难于作出对应推论。

凯利（Kelley）对归因研究的重要贡献是协变分析模型。协变是指多个事件同时出现的现象，如果两件事情总是同时出现，它们之间就是高协变性，如果只是偶尔同时出现，则是低协变性。例如，小娜一不高兴就会煲电话粥，这就是高协变性；而如果小娜只是偶尔在不高兴时煲电话粥，就是低协变性。想要了解某个结果出现的原因，就应该考察结果与各种可能的原因之间的协变性，将结果归因于协变性最高的原因。例如，"小娜不高兴"和"小娜煲电话粥"之间的协变性很高，就可以推测小娜煲电话粥是因为想排解情绪。凯利提出，可以从三个不同的维度解释行为的原因。一是归因于从事该行为的行动者，看行动者对其他对象是否以同样方式做出反应（特异性）；二是归因于行动者的对手，看在其他情境、其他时间行动者的这种行为是否发生（一贯性）；三是归因于行为产生的环境，看该行动者的行为是否与其他人的行为相一致（一致性）。凯利强调了这三维信息的重要性，所以，他的理论又称为三维归因理论。

（三）自我决定理论

自我决定理论是由美国心理学家德西和瑞安（Deci & Ryan）等人在20世纪七八十年代提出的一种关于人自我决定行为的动机过程理论。这一理论强调自我在动机过程中的能动作用，认为人是积极的个体，具有先天的心理成长和发展的潜能。自我决定就是一种关于经验选择的潜能，是在充分认识个人需要和环境信息的基础上，个体对行动所做出的自由的选择。自我决定的潜能可以引导人们从事感兴趣的、有益于能力发展的行为，这种对自我决定的追求就构成了人类行为的内部动机。

作为一种新的动机理论，自我决定理论强调人类行为的自我决定程度，将动机按自我决定程度的高低视为一个连续体，其基础是有机辩证元理论，认为社会环境可以通过支持自主、胜任、关系三种基本心理需要的满足来增强人类的内部动机、促进外部动机的内化、保证人类健康成长。也就是说，要充分地发挥个人的主体性，要让个体主动选择，让个体有机会体现他的能力，让个体有归属感。

自我决定理论把动机分为内部动机、外部动机和无动机三种类型。其中，无动机是最缺少自我决定的动机类型。它的特点是，个体认识不到他们的行为与行为结果之间的联系，对所从事的活动毫无兴趣，没有任何外在的或内在的调节行为以确保活动的正常进行。

德西等人认为，人们通常有个人取向和非个人取向等两种解释信息的不同的因果取向。个人取向又称自主取向，是指个体把自己知觉为行为的原因；非个人取向又称控制取向，是指个体的行为受外部因素的影响。在此基础上，自我决定理论将人类的行为区分为两大类：自我决定行为和非自我决定行为。自我决定行为基于对人们需要的认识，行为本身在于满足人的需要；非自我决定受外在刺激的控制，是无动机的。

（四）自我效能理论

自我效能感是指个体对自己是否有能力完成某一行为的推测与判断，推测的结果将直接影响到一个人的行为动机。个人自我效能感的形成会受多方面因素的影响：一是成败经验，一般来说，成功的经验能够提高个人的自我效能感，多次的失败经验会降低个体的自我效能感。二是替代性经验，是指学习者通过观察他人的行为而获得的间接经验，它对自我效能的形成也具有重要影响。三是情绪反应和生理状态，个体在面临某项活动任务时，强烈的心身反应、激动情绪等通常会妨碍行为的表现而降低自我效能感。四是言语说服，试图用说服性的建议、劝告、解释和自我引导来改变人们自我效能感。言语劝说的价值取决于它是否切合实际，缺乏事实基础的言语劝说对自我效能感的影响不大，在直接经验或替代性经验基础上进行劝说的效果会更好。五是情境条件，陌生而又易引起焦虑的情境中，个体会感到难以适应和控制，其自我效能感水平与强度就会降低。

社会学习理论的创始人班杜拉（Albert Bandura）最初是从社会学习的观点出发，在1982年提出了自我效能理论。班杜拉在他的动机理论中指出，人的行为受行为的结果预期与效能预期的影响。其中，结果预期是指人对自己某种行为会导致某一结果的推测。如果人预测到某一特定行为将会导致特定的结果，那么这一行为就可能被激活和被选择。例如，学生感到上课认真听讲就会获得他所希望取得的好成绩，他就有可能认真听课。班杜拉认为，除了传统的期望概念中人们对结果的期望以外，还有一种效能期望，即人对自己能否进行某种行为的实施能力的推测或判断。它意味着人是否确信自己能够成功地进行带来某一结果的行为。当人确信自己有能力进行某一活动，他就会产生高度的"自我效能感"，并会去进行那一活动。例如，学生不仅知道注意听课可以带来理想的成绩，而且还感到自己有能力听懂教师所讲的内容时，才会认真听课。人们在获得了相应的知识、技能后，自我效能感就成为了行为的决定因素。

自我效能理论克服了传统心理学重行轻欲、重知轻情的倾向，日益把人的需要、认知、情感结合起来研究人的动机，具有极大的科学价值，但仍然没有形成一个比较完整的、统一的理论框架。

（五）成就目标理论

成就目标在学术界暂时还没有统一的定义。埃利奥特和德韦克（Elliott & Dweck）将成就目标定义为"具有认知、情感和行为结果的关于认知过程的计划"，强调了成就目标对个体在成就活动中的认知、情感和行为结果的影响；平瑞克（Pintrich）认为，成就目标是指"关于个体追求成就任务的理由和目标的认知表征"，它"反映了个体对成就任务的一种普遍取向，是有关目的、胜任、成功、能力、努力、错误和标准的有组织的一种信念系统"。总之，成就目标表达了个体为获得或达到有价值的结果或目标而参与成就活动的原因，它反映了个体对成就情境的一种认知倾向。

20世纪70年代末80年代初，德韦克和尼克尔斯（Dweck & Nicholls）等将成就目标概念引进动机理论。20世纪80年代中期，德韦克在社会认知框架最新研究成果的基础上，提出了较为完善的成就目标理论。

德韦克提出，在成就情境中存在着两种动机模式：掌握模式与无助模式。与此相对应，成就目标可划分为掌握目标和成绩目标。两种模式的本质区别在于认知、情感和行为方面的不同。掌握模式促进富有挑战性的、有价值的成就目标的建立、维持和实现，个体的目标定位在掌握知识和提高能力上，认为达到了目标就是成功。无助模式具有回避挑战、面对困难时坚持性低的特征，个体的目标定位在好成绩和好名次上，认为只有赢了才算成功。例如，具有掌握目标的个体关注自身能力的提高与知识的掌握，因而在学习过程中易形成掌握模式。相对而言，具有成绩目标的个体将注意力更多地集中在自己的能力与他人的比较以及别人对自己能力的评价方面，这就使得他们在学习过程中更易形成无助模式。

在成绩方面，德韦克认为，一个具有无助模式的个体在面临失败时，其自尊心受到严重威胁。这种威胁可能导致焦虑和羞耻感，使个体采取更保守的自我保护姿态，而对完成任务表现出厌倦，他们更向往低努力的成功。而对于掌握模式的个体，即使失败也仅仅意味着需要付出更多努力和进行策略方面的变化,所以,他们在努力时会产生愉悦感。与无助模式的个体相反,掌握模式的个体厌倦低努力的成功。

在行为方面,具有无助模式的个体倾向于选择较易的、更能保证成功的任务。他们回避挑战,认为挑战将意味着令人厌恶的经历。对于掌握模式的个体来说,理想的任务能增加知识、发展能力并带来愉快。以此为出发点,掌握目标的个体更愿意寻求挑战性任务。他们并不在意结果以及别人对自己的评价,而是注重在完成任务的过程中学习新东西和提高能力水平。

安德曼和迈尔(Anderman & Maehr)总结了掌握目标和成绩目标的不同特征,见表9-1。

表9-1 两种成就目标的特征

项目	掌握目标	成绩目标
成功是	提高、进步、掌握、创新	高成绩,比他人更好的表现,在标准化测量中取得相当的成就,不惜一切代价地取胜
有价值是	努力,挑战困难的任务	避免失败
满足感的产生是基于	进步、掌握	成为最好的,低努力的成功
喜欢的工作环境	有助于个人潜能的成长、学习	能建立不同成绩等级
努力的理由是	活动内在的、个人的意义	证明个人的价值
评价依据	绝对标准,进步的证据	常模,社会比较
错误是	成长过程的一部分,具有信息	功能失败,缺乏能力和价值的证据
能力是	通过努力发展的	天生的、固有的

米勒和德韦克(Mueller & Dweck)在研究中还发现,掌握目标与成绩目标的个体在反馈信息的选择上也存在差异。在经历失败以后,掌握目标定向者关心的是如何掌握任务,提高能力,他们倾向于选择策略信息即关于完成此类任务的新策略的信息;而成绩目标定向者则倾向于选择成绩信息即关于其他被试的成绩的反馈信息,他们关心的只是自己与他人相比表现如何,至于任务本身,既然已经结束,再去了解解决策略似乎也就没什么必要了。

平瑞克(Pintrich)指出,只将成绩目标区分为两种状态是不够的,他主张引入接近—回避状态,从而将成就目标分为四种,即掌握—接近目标、掌握—回避目标、成绩—接近目标、成绩—回避目标,形成一个2×2的对称结构,见表9-2。

表9-2 二维成就目标的划分和界定

	接近状态	回避状态
掌握目标	个体关注的是掌握任务、学习和理解;根据自己的进步和对任务的理解深度来评价自身表现	个体关注的是如何避免不能理解或不能掌握任务的情况;判断成功的标准是在自我比较的基础上准确无误地完成任务
成绩目标	个体关注的是如何超越他人,显得自己最聪明、最棒;根据常模标准来评价自身表现,如在班上考得最好	个体关注的是如何不让自己显得低能,显得比别人笨;根据常模标准来评价自身表现,如不是班里最差的

八、需要层次理论

需要层次理论也称基本需求层次理论,是由美国心理学马斯洛(Maslow)在《人类激励理论》论文中提出的。该理论将需求分为五个层次(见图9-1),即生理需要、安全需要、情感和归属的需要、尊重的需要、自我实现的需要。这些需要由低到高,按层次逐级递升,其中还有两种需要(求知需要和审美需要)未被列入需求层次中,马斯洛认为,这两者应居于尊重需要与自我实现需要之间。

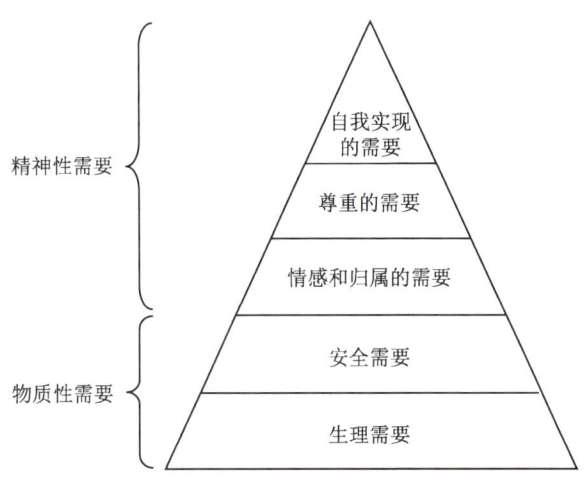

图9-1 马斯洛的需要层次理论

(一)生理需要

生理需要是人类维持自身生存的最基本的需要,主要包括对呼吸、性、睡眠、水、食物等的需要。如果这些需要得不到满足,人类个人的生理机能就无法正常运转,甚至生命也会受到威胁。从这个意义上说,生理需要是推动人们行动的首要动力。马斯洛认为,只有生理需要满足到维持生存所必需的程度后,其他的需要才能成为新的激励因素,与此同时,这些已相对满足的基本需要也就不再成为激励因素了。

(二)安全需要

安全需要是指人类期盼稳定、安全和避免灾害、威胁、混乱的需要,主要包括对人身、健康、工作、家庭、资源等方面的保障需求。马斯洛认为,整个有机体是一个追求安全的机制,人的感受器官、效应器官、智能和其他能量主要是寻求安全的工具,甚至可以把科学和人生观都看成是满足安全需要的一部分。当然,当这种需要一旦相对满足后,也就不再成为激励因素了。

(三)情感和归属的需要

情感和归属需要是指人希望与他人建立感情和实际的联系,并被他人或组织群体承认、接纳和支持，成为组织中的一员而有所归依。主要表现在人们对友情、爱情及性亲密关系的追求上。

（四）尊重的需要

尊重的需要是指人们对自己尊严和价值的追求，包括自尊和他尊两个方面。自尊是指个人通过对实力、成就的追求，使自己充满自信和富于创造力；他尊是指希望自己的工作、能力和才华得到他人的赞赏和重视。马斯洛认为，尊重需要得到满足，能使人对自己充满信心，对社会充满热情，体验到自己的人生价值。

（五）自我实现的需要

自我实现的需要是最高层次的需要，它是指人渴望自己的潜能得到最大限度的发挥，实现自己最大的目标，达到人生最高境界的动机和趋势。马斯洛提出，为满足自我实现需要所采取的途径因人而异，它需要个体努力挖掘自己的潜力，使自己逐渐成为自己所期望的人物。

上述五种需要可以分为两级，其中，生理需要、安全需要属于物质性需要，是相对低级的需要，它们通过外部物质条件就可以满足；而情感和归属的需要、尊重的需要和自我实现的需要则是高级需要，它们通过内部精神力量才能满足，而且一个人对尊重和自我实现的需要是无止境的。同一时期，一个人可能有几种需要，但每一时期总有一种需要占支配地位，对行为起决定作用。各层次的需要相互依赖，高层次的需要发展后，低层次的需要仍然存在，只是对行为影响的程度减小了。

第三节 动机与意志

一、意志概述

（一）意志的概念与特点

意志是人自觉地确定目标，并积极调节支配自身的行动，克服困难，实现预定目标的心理过程。它是人类特有的心理现象，在人主动地变革现实的行动中表现出来，是人的意识能动性的集中表现。意志对个体的行为也有维持和促进作用，比一般动机更具有坚持性。意志具有如下特点。

1. 意志具有明确的目的性

意志的目的性让它既能发动符合目的的某些行动，又能制止不符合目的的某些行动。意志对行为效应的大小，会受人的目的水平的高低和目标的社会价值的影响。一般来说，目的越高尚、越远大、越有社会价值，意志表现水平就越高。例如，人们在涉及自己利益的事情上，会很容易选择做与不做，而在牵涉他人或公众利益的时候，会认真权衡，不到万不得已不会轻易放弃。

2. 意志是与克服困难相联系的

克服困难的过程也就是意志行动的过程。困难有外部困难和内部困难两种。内部困难是指个体自身的障碍，如胆怯、知识经验欠缺、能力有限、身体疾患等；外部困难是指意志行动过程中遇到的外部环境的障碍。人的意志坚强与否、坚强程度如何，是以困难的性质和克服困难的难易程度来衡量的。内部困难通常还会影响人们对外部困难的客观判断。例如，人们可能会由于在心理上无法克服内部障碍而过分夸大和惧怕外部困难，以致不敢行动或者是行动中半途而废，甚至一蹶不振。

3. 意志以随意动作为基础

人的行动是由动作组成的，动作可分为不随意动作和随意动作两种。不随意动作是指无预定目的的动作，如一个不会作画的人信手涂鸦。而随意动作是指受意识支配的，具有一定目的性和方向性的活动，通常是一些已经熟练掌握的动作。例如，运动员自如地运球上篮，画家持笔作画，音乐家操琴谱曲，都是意志行动的表现。一般来说，随意动作越熟练，意志行动也就越容易实现。有了随意动作，人们就可以根据目的组织、支配和调节一系列的动作，实现预定的目的。

（二）意志品质

意志品质是指构成人的意志的诸因素的总和，主要包括自觉性、果断性、自制性和坚持性等几方面。

1. 意志的自觉性

意志的自觉性是指对行动目的有明确的认识，尤其是认识到行动的社会意义，主动以目的调节和支配行动方面的意志品质。自觉性是意志的首要品质，贯穿于意志行动的始终。自觉性强的人，能够广泛地听取别人的意见并进行取舍，吸收有益的成分，独立自主地确立合乎实际的目标，自觉地克服困难，执行决定，对行动过程及结果进行自觉反思和评价。在行动中能主动积极地完成符合国家和人民利益的任务，并能自觉调整个人利益与集体利益、国家利益三者之间的关系，不为物质利诱而动心。

与自觉性相反的意志品质是易受暗示性与独断性。易受暗示性的人，行动缺乏主见，没有信心。容易被别人左右，因而会随便改变自己原来的决定。独断性的人则盲目自信，拒绝他人的合理意见和劝告，一意孤行，固执己见。易受暗示性与独断性都是缺乏对事物自觉、正确的认识，分不清是非曲直，是需要人们去克服的不良的意志品质。

2. 意志的果断性

意志的果断性是指善于明辨是非，迅速而合理地采取决定和执行决定方面的意志品质。果断性强的人，当需要立即行动时，能迅速地做出决断对策，使意志行动顺利进行；而当情况发生新的变化，需要改变行动时，能够随机应变，毫不犹豫地做出新的决定，以便更加有效地执行决定，完成意志行动。

与果断性相反的意志品质是优柔寡断和草率决定。优柔寡断的人遇事犹豫不决，患得患失，顾虑重重，在认识上分不清轻重缓急，思想斗争时间过长，即使执行决定也是三心二意。草率的人则相反，在没有辨明是非之前，不负责任地做出决断，凭一时冲动，不考虑主、客观条件和行动的后果。优柔寡断和草率决定都是意志薄弱的表现。

3. 意志的自制性

意志的自制性是指善于控制和支配自己行动方面的意志品质。自制性强的人，在意志行动中，不受无关诱因的干扰，能控制自己的情绪，坚决制止不利于自身达到目的的行动，

坚持完成意志行动。例如，邱少云在敌人阵地前埋伏，被敌人的燃烧弹火焰烧着，仍严守纪律，克制着自己一动不动，最后壮烈牺牲，使部队完成了潜伏任务。

与自制性相反的意志品质是任性和怯懦。任性的人自我约束力差，不能有效地调节自己的言论和行动，不能控制自己的情绪，行为常常为情绪所支配。怯懦的人胆小怕事，遇到困难或情况突变时惊慌失措、畏缩不前。

4. 意志的坚持性

意志的坚持性是指在意志行动中坚持决定，百折不挠地克服困难和障碍，完成既定目的方面的意志品质。这是最能体现人的意志的一种品质。坚持性强的人能根据目的要求，在长时间内毫不松懈地保持身心的紧张状态，在任何情况下都坚持不变，直至达到目的。在遇到困难时，它能激励自己树立起克服困难的信心，始终如一地完成意志行动。"锲而不舍，金石可镂"，是意志坚持性的表现。要想在工作、生活中做出一番成就，必须具有极强的意志坚持性。

与坚持性相反的意志品质是顽固执拗和见异思迁。顽固执拗的人对自己的行动不做理性评价，执迷不悟，或者是明知不可为而为之。见异思迁的人则是行为缺乏坚定性，容易发生动摇，随意更改目标和行动方向，庸庸碌碌，终生无为。

（三）动机、意志与行为的关系

1. 动机与行为

人的行动是由各种不同的动机决定的，这些动机是为了保证生存和满足各种需要而产生的。动机除了对行为的激活、引导及维持调整功能之外，与行为还有着细微复杂的关系，这是由人的行为的多样性及动机的复杂性决定的。个体在生活中，同时会存在多种不同的动机，但一定时期只能有个别或少数动机占主导地位，其余动机都处于从属地位，这一时期的行为主要受主导性动机的控制，从属性动机起着促进或阻碍行为的辅助作用。人们的行为选择通常是由主导性动机和从属性动机的共同作用决定的。

动机与行为的效果之间的关系也较复杂。从应然角度来说，好的动机应该产生好的效果，坏的动机对应着坏的效果。例如，萌萌希望能孝顺父母，让父母高兴，就利用周末时间帮父母做家务，那么，父母应该为之感到高兴；反之，萌萌懒惰，宁愿在家看电视也不帮父母的忙，那么父母应该不高兴。但实际生活中，动机产生的效果不是这么简单。如前例，萌萌在打扫卫生时打碎了花瓶，可能会使父母生气；萌萌看益智儿童节目使其学习成绩有了很大的提高，父母反而为其不做家务而感到高兴。

动机与工作效率的关系也类似。人们倾向于认为动机强度越高，对行为的影响越大，

工作效率也越高；反之，动机强度越低，则工作效率越低。但事实并非如此。心理学的研究表明，中等强度的动机最有利于工作的完成，过高或过低的动机都会导致工作的低效。"欲速则不达"也许能概括动机太高的情况。例如，太重视某场考试，可能会造成紧张、怯场，以至于不能正常发挥。心理学家耶克斯和道德森（Yerkes & Dodson）研究表明，各种活动都存在一个最佳的动机水平，动机不足或太强烈，都会使工作效率下降。研究还发现，动机的最佳水平随任务性质的不同而不同，在比较容易的任务中，工作效率随动机的提高而上升；随着任务难度的增加，动机的最佳水平有逐渐下降的趋势。这一规律也称为耶克斯—道德森定律。

2. 动机与意志

心理学上，动机与意志既相互区别，又相互联系。动机是行为的内在动因，意志是有意识地支配、调节行动，通过克服困难，以实现预定目的的心理过程。意志行为有着很大的动机成分。

当一个人意识到自己或社会有某种需要时，就会产生满足需要的愿望，从而进一步有意识地确定目标，拟定达到目标的计划，并做出行动。这种行动始终是由意识调节支配的，是自觉的、指向一定目的并与努力克服达到目标途中所遇到的障碍相联系的。从产生动机到采取行动的这种心理过程就是意志。一般来说，只有当产生了动机，同时实现动机的行为遇到阻碍时，才更能体现意志的含义。例如，当出现动机冲突时，选择其中之一作为行动的目的，并克服其他动机的障碍将行动坚持下去，就需要意志的努力；在行动中遭遇到环境的挑战、外在的干扰时，也需要通过意志努力与艰苦的环境做斗争。意志行动不同于生来具有的本能活动和缺乏意识控制的不随意行动，而是属于受意识发动和调节的高级活动。人的生活、学习和劳动都是有目的的随意行动，都是人类所特有的意志行动。

二、意志过程

意志过程是指人自觉地确定目标，克服内部和外部困难并力求实现目标的心理活动。它是人的意识能动性的体现，即人不仅能认识客观事物，而且还能根据对客观事物及其规律的认识自觉地改造世界。人的意志是一个复杂的心理活动过程，通常被分为采取行动与执行决定两个阶段。

（一）采取行动阶段

采取行动阶段也称准备阶段。在准备阶段，需要确定行动目标，选择行动方法，制定行动计划。

1. 确定行动目标

目标对于行动十分重要，它是意志行动的灵魂，是意志行动未来的趋向。例如，某人要完成某项科研课题，或者看完一本学术专著等，这些都是具体的目标。在现实生活中，最终目标尤其是对人有重要意义的行动目标，都需要经过复杂的动机斗争才能确立，不同目标之间的吸引力越接近，动机斗争就越激烈，最终目标的确定也就越困难。

2. 选择行动方法

在意志行动之前，个体需要选取适当的方法途径达成目标。例如，要完成某项科研课题，人们可以去翻阅学术资料、进行实验设计或者进行相关情况调查。如果达到目标的途径与方法多种多样时，还需要通过动机斗争选择最佳方法。具体方法的选择既受个体知识经验和环境条件的制约，又受道德品质的影响。

3. 制定行动计划

确定行动目标和方法之后，还要制定具有针对性与可行性的行动计划，即落实目标的具体措施。与目标性质相一致，行为目标可以分为短期目标、中期目标和长期目标，行动计划也可以分为短期计划、中期计划和长期计划。一般来说，越是近期的计划，应该越明确、清晰、具体。

（二）执行决定阶段

执行决定阶段是实现目标的关键阶段，它是意志行动的中心环节，是将计划付诸行动的全过程。个体在行动中经常会遭遇挫折，这就需要个体借助意志力，不失时机地执行决定，不断地进行目标定向和面对困难决断对策。因此，个体意志的强弱对执行决定有重要影响。在意志行动中，个体既要坚持既定目标，防止新动机目标的引诱和干扰，又要能经受挫折而锐气不减，同时，还要根据客观情况的变化及时修订计划。

一般来说，采取行动而不执行决定，任何美好的目的和决定都会变得毫无意义。只有一经决定立即着手行动，并积极发挥主观能动性克服困难，朝着目标的方向努力，直至目标实现，才能真正体现意志的作用。执行决定的过程是人的意志坚强与否的试金石，如果在困难与挫折面前选择退缩甚至放弃，或者改变已有的决定，这些都是意志薄弱的表现。当然，一个意志坚强的人，会根据具体情况，对曾选定的方法和拟定的计划进行必要的修正，坚持正确的、有利于目标实现的方法。固执并非意志坚强，灵活机动并非意志薄弱。

三、意志行为中的挫折

（一）挫折的概念

挫折是指人们在有目的的活动中，遇到无法克服或自以为无法克服的障碍或干扰，使其需要或动机不能得到满足而产的紧张状态与情绪反应。挫折主要包括以下三层含义。

1. 挫折情境

挫折情境即干扰或阻碍意志行为的情境。一般情况下，造成挫折情境的因素有主观因素和客观因素两个方面，主观因素是指个体的生理和心理因素，客观因素是指自然和社会环境因素。

2. 挫折认知

挫折认知即个体对挫折情境的认知、态度和评价。挫折认知是产生挫折和如何对待挫折的关键。挫折情境能否真正构成挫折，在很大程度上取决于个体对挫折情境的态度和评价。例如，有人在一次考试失败后即产生强烈的挫折感，认为自己太无能；有的人遇到同样情况后只是认为试卷中题目的难度太大，不适合当前的学习内容，没有产生挫折感。

3. 挫折行为

挫折行为即伴随着挫折认知而产生的情绪和行为反应。例如，有的人遭受挫折后变得更加顽强和努力，直至取得更辉煌的业绩；也有人在遭受挫折后变得消沉颓废，不仅事业的发展受阻，而且长期处于失败阴影的笼罩下。当个体同时存在挫折认知和挫折行为或者三者同时存在时，便构成心理挫折。这是因为，挫折认知既可以是对实际遭遇到的挫折情境的认知，也可以是对想象中可能出现的挫折情境的认知。例如，一个人总是怀疑自己周围的同事议论自己、看不起自己，虽然事实并非如此，但他会因此而形成与同事关系上的挫折感，产生紧张、烦恼、焦虑不安等情绪反应。

（二）挫折反应

人们对挫折的反应有所不同，有的情绪反应强烈，有的则不明显；有的以各种偏激的行为表现出来，有的则以积极的方式来对待。一般来说，对挫折的反应主要表现在以下三个方面。

1. 情绪性反应

情绪性反应是指人们在受到挫折时，伴随着强烈的紧张、愤怒、焦虑等情绪所做出的反应，可能表现为强烈的内心体验，也可能表现为特定的表情或行为反应。情绪性反应多为消极反应，主要表现为攻击、退化、冷漠、逃避等。

（1）攻击

攻击是指一个人受到挫折后产生的强烈的侵犯和对抗的情绪及行为。攻击有直接攻击和转向攻击两种。直接攻击是指一个人受到挫折以后，把愤怒的情绪指向对其造成挫折的人或者物，多以动作、表情、言语、文字等形式表现出来。转向攻击是指将挫折引起的愤怒和不满的情绪转向发泄到自我或与挫折来源不相关的其他人或其他物上，即日常生活中的迁怒。

（2）退化

退化是指个体遭受挫折时表现出与自己的年龄和身份不相称的幼稚行为，即成熟倒退现象。例如，有的中老年妇女钱包被偷以后，坐在地上嚎啕大哭。退化的另一种表现是易受暗示性，即人在受到挫折后，对自己丧失信心而盲目相信别人，或盲目执行某人的指示。例如，个体遭受挫折后易轻信谣言，盲目忠实于某个人或某个组织。

（3）冷漠

冷漠是指当个体遭受挫折后，所表现出来的对于挫折情境漠不关心与无动于衷等情绪反应。这是一种十分复杂的行为表现方式，它并非不包含愤怒的情绪成分，只是个体的愤怒被暂时压抑，以间接的方式表现出来而已。这种现象表面显得冷淡退让，内心深处则往往隐藏着很深的痛苦，是一种受压抑的情绪反应。

（4）逃避

逃避是个体不敢面对自己预感的挫折情境而逃避到比较安全的环境中去的行为。例如，有的人在生活中碰了钉子，或者追求的目标、理想一时不能实现，便心灰意冷，沉迷于赌博、烟酒之中，甚至有人沉迷于自己的幻想中，脱离现实的世界。

2. 理智性反应

理智性反应是指人们在受到挫折后，采取积极进取的态度，在理智的控制下所做出的反应。理智性反应是正确对待挫折的反应方式，主要表现在以下两个方面。

（1）坚持目标，逆境奋起

遇到挫折时，首先要客观冷静地分析，如果预期目标是现实的和正确的，当前的挫折只是暂时的，是在实现目标的道路上遇到的曲折，那么应该设法排除障碍，克服困难，坚定地朝着目标迈进。历史发展实践证明，许多科学发现和发明都是在重重困难的阻碍下，经过多次失败才获得成功的。

（2）调整目标，继续努力

由于自身条件或社会因素的限制，一定时期内人们的目标并不是都能实现的。因此，在意志行动中，一定要客观地分析导致失败的原因。如果在当时的条件下某些计划不具有可行性，就需要根据实际情况对目标进行适当的调整。例如，有人想成为歌唱家，就苦练唱歌，但由于自己的嗓音不够圆润，音乐基础又不太好，怎么练都达不到理想效果，这时就可以考虑其他的发展方向了。如果发现目标是可以实现的，只是计划不够周密或者方法不正确，就可以有针对性地进行局部调整，以求最终目标的实现。

3. 个性的变化

一般情况下，挫折对人的影响是暂时的，随着挫折情境和条件的改变，随着时间的推移或个体认识上的变化，受挫时所感受到的紧张状态会逐渐消失。但持续的或重大的挫折可能会使个体产生持续的紧张状态和挫折反应，甚至影响到个性的形成与发展。例如，有些学生在儿童时期长期受到父母过分严厉的管教甚至责难和打骂，就易形成畏缩拘谨、胆小怕事、逆来顺受或者倔强执拗、偏执敌对等不良的个性特点。但挫折对个性的影响并不一定都是消极的，对个性形成与发展也可能产生积极的影响。例如，有人长期身处逆境之中，反而养成了坚强、刚毅和不屈不挠的个性特点。总之，挫折对个性的影响在很大程度上取决于人们对挫折的适应情况。

（三）挫折的自我调节

在意志行为中遇到挫折，可进行自我心理调节，通过个人的自我力量应对挫折。

1. 正确认识挫折，客观分原因

以正确的心态看待挫折，认真总结经验教训，寻找自身的不足，可以更好地促进个人的发展，同时还能够磨炼性格和意志，增长知识和才干。面对挫折，应冷静客观地分析自

己的目标、方法、有利因素和不利因素，找出造成挫折的真实原因，对挫折做出符合实际的准确归因。

2. 学习心理防御方式，减轻心理压力

挫折会使人的心理平衡遭到破坏，使个体产生焦虑、自卑等诸多负面情绪。在精神极度痛苦时，可适当地学习运用心理防御方式，如幻想、否认、文饰等，以暂时摆脱痛苦、减轻

不安，恢复情绪稳定和心态的平衡。然而，各种心理防御方式只能作为应急机制，它们大多带有自欺欺人的色彩，并不能真正解决问题。因此，在运用心理防御方式使自己的心理恢复平衡后，还必须进一步地分析原因。

3. 适时调节抱负水平

抱负水平是指个体在从事活动前，对自己所要达到的目标或成就的预期。个体根据主客观情况确定适度的抱负水平，是目标顺利达成的关键。抱负水平过低，可能造成个体的身心潜能被埋没；抱负水平过高，个体在意志行动中会力不从心，难以达成目标，从而产生失败感，打击自己的自信心和自尊心。

4. 改善挫折情境

挫折情境是产生挫折和挫折感的主要原因，如果挫折情境得以消除或改善，挫折感自然会随之发生变化。改善挫折情境可从多方面入手：行动前采取及时有效的防范措施，预防挫折的产生；当挫折发生之后，认真分析原因，努力改变一些可以改变的挫折情境；努力减轻挫折引起的不良影响，从中吸取经验教训。

5. 加强意志力的锻炼

在感到将要产生或已经产生了自我挫败感时，应充分发挥主观能动性，通过自我激励的方式进行调节，将挫折当成自我磨炼的机会，从而减轻内心的不平衡感，解除由挫折而产生的不良情绪的困扰，恢复乐观、积极的态度，唤起自信心。同时，在生活中不断培养自己面对困难的心理承受力，以提高对挫折的应对能力。

思考与练习

一、名词解释

1. 动机
2. 意识动机
3. 趋避冲突
4. 本能
5. 意志
6. 挫折

二、单项选择题

1. （　　）是指能够引起个体动机的外部刺激物。
   A．诱因　　　　B．动机　　　　C．需要　　　　D．本能
2. 根据动机的意义或性质的不同，可以将动机划分为（　　）。
   A．生理性动机和社会性动机　　　B．近景性动机和远景性动机
   C．合理动机和不合理动机　　　　D．主导性动机和辅助性动机

3. "鱼和熊掌不可兼得"属于（　　）。
   A．双趋冲突　　　B．双避冲突　　　C．趋避冲突　　　D．多重趋避冲突
4. 自我效能理论是由（　　）提出的。
   A．德西　　　　　B．班杜拉　　　　C．德韦克　　　　D．尼克尔斯
5. 在马斯洛的需要层次理论中，（　　）是人类维持自身生存的最基本的需要。
   A．生理需要　　　　　　　　　　　B．安全需要
   C．情感和归属的需要　　　　　　　D．尊重的需要
6. 意志的（　　）是指善于明辨是非，迅速而合理地采取决定和执行决定方面的意志品质。
   A．自觉性　　　　B．果断性　　　　C．自制性　　　　D．坚持性
7. 某中年妇女钱包被偷以后，坐在地上嚎啕大哭。这种挫折反应属于（　　）。
   A．攻击　　　　　B．退化　　　　　C．冷漠　　　　　D．逃避

三、简答题

1. 动机具有哪些功能？
2. 在具体运用强化理论时，应遵循哪些原则？
3. 意志具有哪些特点？
4. 简述动机与意志的关系。
5. 在意志行为中遇到挫折，应如何进行自我调节？

四、分析题

基斯等人做了"挨饿实验"，让36个被试在24个星期中处于半饥饿状态。实验期间，这些被试的主要食物包括面包、地瓜、萝卜等。他们每天获得的能量不到正常人的一半，但仍要从事劳动和其他活动。挨饿的结果是：体重减轻了25%左右，在心理上变得冷淡，忧虑代替了幽默，对社交失去了兴趣，有的变得神经过敏，心情暴躁易怒，注意力不集中，自信心下降，乃至产生了自卑感。实验期间唯一能使他们关心的就是食物。请分析上述实验结果说明了什么问题。

第十章 情绪

内容提要

我们每个人都经历过强烈的情绪体验，有时欣喜若狂，有时焦躁不安，有时忧虑孤独，有时平静愉快。心情好时，我们会觉得一切都很美好，世界充满了色彩；心情不好时，我们会觉得看什么都不顺眼，世界变成了灰色。情绪最能表达人的内心状态，可以说它是人的心理状态的"晴雨表"。

学习目标

知识目标

- 理解情绪的概念、状态和功能
- 了解情绪的脑中枢机制和外周神经机制
- 熟悉情绪的外部表现
- 了解各种情绪理论
- 掌握情绪调控的方法

能力目标

- 能运用情绪的相关理论解释实际问题
- 能自主调节不良情绪

第一节 情绪概述

一、情绪的概念

情绪是指人对于客观事物是否符合自己的需要而产生的态度体验。

人在反映客观世界并进行各种活动时,对于所接触到的事物总会产生一定的态度。如果事物符合人的需要,就会对它产生肯定的态度,从而引起爱、尊敬、满意、愉快、欢乐等内心体验;如果事物不符合人的需要,就会对它产生否定的态度,从而引起恨、不满意、不愉快、痛苦、忧愁、恐惧、愤怒、悲哀等内心体验。这些内心体验并不反映事物本身的属性,而是反映具有一定需要的主体与客观事物之间的关系。所以,情绪是对主体客观世界的一种特殊的反映形式。

二、情绪的状态

情绪状态是指个体在事件或情境的影响下,在一定时间内持续的某种情绪。其中,较典型的情绪状态有三种,分别是心境、激情和应激。

(一)心境

心境是指人比较平静而持久的情绪状态。心境具有弥漫性,它不是对某一事物的特定体验,而是以同样的态度体验对待一切事物。心境持续时间的长短有较大差别,这种差别主要取决于引起心境的客观刺激的性质,如失去亲人往往使人产生较长时间的郁闷心境,取得重大成就会使人在一段时期内处于积极、愉快的心境中。另外,人格特征也能影响心境的持续时间,同一件事对某些人的心境影响较小,而对另一些人的影响则较大。心境一经产生,则对人的生活、工作、学习、健康有很大的影响。积极向上、乐观的心境可以提高人的活动效率,使人对未来充满希望,有益于健康;消极悲观的心境则会降低人的活动效率,使人丧失信心和希望,处于焦虑之中。

(二)激情

激情是一种强烈的、爆发性的、为时短促的情绪状态。这种情绪状态通常是由对个人有重要意义的事件引起的。例如,重大成功之后的狂喜、惨遭失败后的绝望、亲人突然死亡引起的极度悲哀、突如其来的危险所带来的异常恐惧等,都属于激情状态。人处于激情状态时,一般伴随着生理变化和明显的外部行为表现。

例如，盛怒时全身肌肉紧张、怒发冲冠、咬牙切齿、紧握双拳等；狂喜时眉开眼笑，手舞足蹈；极度恐惧、悲痛和愤怒之后，可能导致精神衰竭、晕倒、发呆，甚至出现激情休克，有时表现为言语紊乱、动作失调。激情状态容易导致人意识狭窄，出现认识活动范围缩小、理智分析能力和自我控制能力减弱、行为失去控制等现象，甚至做出一些鲁莽的行为或动作。但是，认为"激情时完全失去理智，自己无法控制"这种说法是不对的。人能够意识到自己的激情状态，也就能够有意识地调节和控制它，故任何人对自己在激情状态下的失控行为所造成的不良后果都要承担责任。

（三）应激

应激是指人对某种意外的环境刺激所做出的适应性反应。应激状态的产生与人面临的情境及人对自己能力的估计有关。当人意识到自己无力应对当前情境的要求时，就会体验到紧张而进入应激状态。例如，海啸、地震、车祸时，人们体验到的情绪状态就是应激。在应激状态下，人会产生一系列生物性反应，如肌肉紧张、血压升高、心率加速等。这些生物性的反应有助于人们适应急剧变化的环境刺激，维护机体功能的完整性。

加拿大学者汉斯·塞里（Hans Selye）把这种变化称为适应性综合征，并指出，这种适应性综合征包括动员、阻抗和衰竭三个阶段。动员阶段是指个体在受到外界紧张刺激时，会通过自身的生理机能的变化和调节来进行适应性的防御；阻抗阶段是通过心率和呼吸加快、血压升高、血糖增加等变化，充分动员人体的潜能，以对付环境的突变；衰竭阶段是指引起紧张的刺激继续存在，阻抗持续下去，此时必需的适应能力已经用尽，机体会被其自身的防御力量所损害，结果导致适应性疾病。可见，应激是在某些情况下可能导致疾病的机制之一。

三、情绪的功能

（一）适应功能

个体在寻求生存和发展的过程中，形成了许多种适应的方式，情绪是个体生存和发展的一种重要方式。人出生早期主要依赖情绪来传递信息、与成人交流，从而得到成人较好的抚养。成人以后，情绪直接反映着人们生存的状况，是人们心理状况的晴雨表，如快乐表示处境良好，痛苦表示处境困难。情绪还有社会适应的功能，如通过移情维护人际关系、通过察言观色了解对方的情绪状况，以便采取相应的措施或对策等。

（二）动机功能

情绪是动机的源泉之一，是组成动机系统的一个成分。它能激励人心，提高活动的效率。适度的兴奋可以使身心处于最佳状态，进而推动人有效地完成工作任务。研究表明，适度的紧张和焦虑能促进人积极地思考和解决问题。

（三）组织功能

情绪有其发生机制和发展的过程，它是一个独立的心理过程。什劳费（Sroufe）认为，情绪作为脑内的一个检测系统，对其他心理活动具有组织的作用。具体表现为积极情绪有协调作用，消极情绪有破坏和瓦解作用；中等强度的愉快情绪，有利于提高认知活动的效果，而消极的情绪对操作效果有负面的影响。消极情绪的激活水平越高，操作效果越差。

（四）信号功能

情绪具有传递信息、沟通思想的功能。信号功能是通过情绪的外部表现来实现的。表情是思想的信号，在一些场合，只能通过表情来传递信息。从信息交流的发生时间上来看，表情的交流早于言语交流。情绪的适应功能也是通过信号交流作用来实现的。

第二节 情绪与脑

一、情绪的脑中枢机制

随着脑成像技术的快速发展，产生了情绪研究的前沿学科——感情神经科学。该学科是考察情绪和心境神经基础的生物行为科学的一个分支，其研究集中在感情过程上。

20世纪80年代起，很多研究表明，情绪是由大脑中的神经元回路所控制的，由神经元回路加工情绪信息，产生情绪行为。它包括前额皮层、杏仁核、海马、前部扣带回、网状结构等。

（一）前额皮层

有关动物和人类的大量研究资料显示，前额皮层（PFC）的各个部分与情绪有关。灵长类动物的PFC可分为三个子区：背侧PFC、腹内侧PFC和眶额皮层。PFC的机能具有不对称性，左侧PFC与积极感情有关，右侧PFC与消极感情有关。有关研究主体来自以下三个方面。

1. **正常人的研究**

戴维森（Davidson）及同事报告，由情绪电影诱发的厌恶和恐惧能提高右侧前额叶和前部颞叶的激活，而诱发的积极感情能引发相反的不对称激活模式；沙顿（Sutton）等人用正电子发射断层显像技术测量大脑的区域葡萄糖代谢，发现在消极感情产生时，右侧的前眶额、前脑回的代谢率提高；在积极感情产生时，左侧后中央脑回的代谢率提高；彼瑞盖德（Beauregard）研究表明，在对消极图片的反应中，右前颞叶出现激活。

2. **脑损伤病人的研究**

通过比较左侧和右侧大脑损伤病人的心境发现，左侧PFC损伤后出现抑郁症。莫瑞斯（Morris）等人的研究表明，左侧PFC损伤和抑郁症有关系。

3. 情绪障碍的研究

戴维森等人发现，当社交恐惧症者期待公开演说时，与控制组相比，右侧前额皮层被强烈地激活。同样，右侧前颞区的激活也显著高于控制组，而左侧前颞区的激活低于控制组；瑞奇（Rauch）等人发现，在实验诱发焦虑时，焦虑患者的右下 PFC 和右中央眶额被激活。

（二）杏仁核

有关脑损伤的研究发现，杏仁核损伤的病人不能识别恐惧的面部表情，而能识别其他面部表情。双侧杏仁核损伤的病人对恐惧和愤怒声音的识别有困难（Scott），对厌恶刺激也无反应（Angrilli，Bechara），说明杏仁核对识别威胁或危险线索是重要的。

有关精神病人的研究也表明，给焦虑病人呈现特定的诱发焦虑的刺激时，觉察到杏仁核的激活（Breiter）。在抑郁病人中，杏仁核的激活非常高（Ketter）。在药物治疗使抑郁减轻后，杏仁核的激活降低到正常值（Drevets）。

有关正常人的研究也表明，在厌恶条件作用的早期阶段观察到杏仁核的激活。诱发消极感情的实验程序可以观察到杏仁核的激活。对消极图片的反应中，杏仁核也被激活。

（三）海马和前部扣带回

近年的研究显示，海马在情绪调节中有重要作用。戴维森等人提出，海马在情绪行为的背景调节中起关键作用。海马损伤的个体，其正常背景调节作用受到损害，因而在不适当的背景中表现出情绪行为。

前部扣带回在情绪反应中也有重要作用。在情绪单词的斯特鲁普任务中，观察到背侧前部扣带回的激发。布什还提出，扣带回前下部主要与情绪加工有关，扣带回后上部主要与认知功能有关。

（四）网状结构

网状结构对维持大脑皮层的兴奋水平、保证机体处于清醒状态有重要作用。研究表明，网状结构对情绪的激活也有重要的影响。美国心理学家林斯里（Lindsley）指出，网状结构的功能在于唤醒，它是情绪产生的必要条件。

网状结构靠近下丘脑部分，既是情绪表现下行系统中的中转站，又是上行警觉激活系统的中转站。这就是说，网状结构靠近下丘脑部位接受来自中枢和外围两方面的冲动，向下传递引起各种情绪的外部表现；向上传送可使某种情绪处于激活状态，并经过大脑皮层的活动产生主体体验。有人推论，精神病患者的情绪障碍可能是由网状激活系统的活动失常引起的。抑郁症患者情绪低沉、淡漠，对一切都无兴趣，内心体验极为贫乏，麻木不仁，甚至医生告诉他母亲去世了，他也无动于衷；在行为表现上，抑郁症患者无面部表情，沉默不语，不吃、不喝、不动等。这些表现可能和网状结构的机能减弱或破坏有关。

（五）大脑皮层功能的一侧化与情绪

大脑两半球对情绪的控制和调节存在一定的差异。戴维森（Davidson）和福克斯（Fox）

在一系列研究中发现，在积极情绪时，左半球出现较多的电位活动；而在消极情绪时，右半球出现较多的电位活动。戴维森的实验是让被试先看能唤起愉快情绪的影片，如动物图片"小狗戏花"和"大猩猩洗澡"，接着看引起厌恶的影片，如三级伤残尸体和可怕的残肢等。用摄像机记录被试的面部表情，用脑电记录系统记录被试的脑电（EEG）。结果说明，愉快的影片使左半球的脑电活动加强，而厌恶的影片使右半球的电位活动加强。福克斯在研究婴儿时发现，新生儿在喝甜水时，激活了大脑左半球皮层的电位活动，而喝酸水时激活了右半球皮层的电位活动。10个月的婴儿在接近陌生人时，大脑右半球的电位活动也会增强。

在另一项研究中，让一组4岁的儿童在一起游戏和学习。两周以后，向他们呈现视觉刺激并记录他们的脑电活动（EEG）。结果发现，那些合群的儿童左半球的脑电活动更活跃些，而表现孤独和退缩的儿童，右半球的脑电活动相对高一些。戴维森的另一个研究也表明，负性的厌恶和恐惧情绪增强了右侧前额叶和前颞叶的脑电活动，而正性的愉快情绪引发了相反的不对称激活模式。左侧颞叶的激活强于右侧颞叶，而右侧额叶的激活强于左侧额叶。

二、情绪的外周神经机制

（一）情绪与自主神经系统

当情绪产生时，总伴随着一系列生理变化，也就是引起自主神经系统的反应。自主神经系统包括交感神经系统和副交感神经系统。一般而言，交感神经系统引起兴奋活动，副交感神经系统引起抑制活动。

在情绪活动时，交感神经系统开始活动，这时肾上腺素和去甲肾上腺素分泌增多，心血管系统会发生一系列变化，如心率加快、血压升高、机体处于唤醒状态。同时，为了获得更多的氧，呼吸会加快，肝脏也会输出更多的糖进入血液。为了把血液送给大脑和骨骼肌肉，消化系统的供给减缓，瞳孔放亮，唾液的分泌活动受到抑制。这一切都说明，肾上腺素和去甲肾上腺素为人们的激情提供了生理燃料。

在情绪活动后，副交感神经系统恢复活动，使身体状况恢复到情绪活动前的平静状态。心率平缓、血压降低、瞳孔收缩、呼吸减缓、唾液再次分泌、消化系统恢复正常功能，能量供给也处于正常水平。血管中的肾上腺素和去甲肾上腺素的水平降低，情绪的强度也随之逐渐下降。

（二）情绪与分泌系统

人体内存在两种腺体：外分泌腺和内分泌腺。情绪变化会引起内外腺体的变化，继而影响激素分泌量的变化，这种变化可以作为判定某种情绪状态的客观指标。

在某种特定的情绪状态下，外部腺体的活动会产生相应的变化。例如，人在悲伤或过度高兴时往往会流泪，焦急和恐惧时会冒汗等。人在产生某种负性情绪，如焦虑、恐惧时，会抑制消化腺的活动和肠胃的蠕动，因而感到口渴、食欲减退或消化不良。相反，愉快情绪产生时，可增强消化腺的活动，促进唾液、胃液及胆汁的分泌。

研究表明，不同的情绪状态会引起不同的内分泌腺的变化，从而影响激素的分泌。例如，考试和临赛前的紧张情绪常常增强肾上腺的活动，促进肾上腺的分泌，从而引起血糖提高，加强交感神经的活动，并引起一系列的机体变化。

（三）情绪与躯体神经系统

情绪活动过程中伴随着一定的外部行为表现，即表达情绪状态的面部表情、姿态表情和声调表情，这些都是由躯体神经系统所支配的随意运动。躯体神经系统是以由感觉神经和运动神经所形成的神经回路为基础的生理反馈系统，它支配和调节人体的骨骼肌肉系统的活动。这种调节具有随意性和指向性，是一种有意识、有目的的活动。躯体神经支配着人的各种表情行为，是这些表情活动的生理基础。

三、情绪与唤醒模式

情绪发生后，必然伴随着一系列的生理变化，即生理唤醒状态，而且这种状态会相应增强情绪的体验。关于不同的情绪会伴随同样的唤醒状态，还是每一种情绪都有自己独特的状态这个问题，情绪心理学家进行了多年的探索。有的研究者认为，每一种情绪都有自己独特的、自主的活动模式，故每种情绪的内部状态是不一样的（James）；有的研究者认为，所有情绪激起同样的生理唤醒，如爱、愤怒和恐惧，都会使心率加快（Cannon）。

研究表明，这两种看法都有其可取之处。20 世纪 80 年代，艾克曼和他的同事训练被试（他们中的许多人都是演员）用面部肌肉表达愉快、发怒、惊奇、恐惧、悲伤或厌恶等。用一面镜子辅助确定面部表情的模式，要求被试将每种表情保持 10 秒钟，并对各种自主唤醒进行测量。结果表明，各种面部表情的生理反应是有差异的，如发怒和恐惧时心率都会加快，但发怒时皮肤升温，而恐惧时皮肤降温。利文森等人在 20 世纪 90 年代初研究了印度尼西亚的西苏门答腊岛上的敏纳格卡巴种族的成员，这一种族的文化是母系制度，信仰伊斯兰教，从事农业劳动。在公众面前，他们一般表现出负性情绪，在文化上与美国人有差异，但是，在自主唤醒模式上却与美国的被试是一致的。

第三节 情绪的外部表现——表情

情绪是人的一种内部主观体验，而在情绪发生时，总会伴随某种外部表现。这种与情绪有关的、可观察到的行为特征称为表情。表情可分为面部表情、姿态表情和语调表情。

一、面部表情

面部表情是指通过眼部、颜面和口部肌肉的变化来表现各种情绪状态。人的眼睛是最善于传情的，不同的眼神可以表达不同的情绪。例如，高兴和兴奋时"眉开眼笑"，气愤

时"怒目而视",悲伤时"两眼无光",惊奇时"双目凝视"等。眼睛能传情,还能交流思想。人与人之间有些事情只能意会,不能或不便言传,可以通过观察人的眼神来了解他人的内心思想和愿望,推知他们的态度。因此,眼神是一种十分重要的非言语交往手段。另外,口部肌肉的变化也是情绪表现的重要线索。例如,憎恨时"咬牙切齿",紧张时"张口结舌"等,都是通过口部肌肉的变化来表现情绪的。

艾克曼的实验证明,人脸的不同部位具有不同的表情作用。例如,眼睛最能表达忧伤,口部最能表达快乐与厌恶,前额能提供惊奇的信号等。林传鼎的实验研究证明,口部肌肉比眼部肌肉更能表达喜悦、怨恨等少数情绪,而眼部肌肉更能表达忧愁、怨恨、惊骇等情绪。

汤姆金斯(Tomkins)假定存在 8 种原始的情绪,即兴趣、欢乐、惊奇、痛苦、恐惧、羞愧、轻蔑、愤怒,并假定每种情绪都是在某种先天性的皮层下神经(丘脑)的控制下出现的一种面部肌肉反应,因而有相应的面部表情模式,见表 10-1。

表 10-1　不同情绪的面部表情模式

情绪	面部表情模式
兴奋	眉眼朝下、眼睛追踪着看、倾听
愉快	笑、嘴唇朝外朝上扩展、眼笑(环形皱纹)
惊奇	眼眉朝上、眨眼
悲痛	哭、眼眉拱起、嘴朝下、有泪有韵律地啜泣
恐惧	眼发愣、脸色苍白、脸出汗发抖、毛发竖立
羞愧—羞辱	眼朝下、头低垂
轻蔑—厌恶	冷笑、嘴唇朝上
愤怒	皱眉、眼睛变狭窄、咬紧牙关、面部发红

关于面部表情的识别,吉特(Gitter)、布拉克(Black)和莫斯托夫斯基(Mostofsky)等人对辨别不同情绪的表情照片的难度差异进行了研究,结果发现,最容易辨认的是快乐、痛苦;较难辨认的是恐惧、悲哀;最难辨认的是怀疑、怜悯。

达尔文(Darwin)认为,不同的面部表情是天生的、固有的,并且能为全人类所理解。当代一些研究证明了达尔文的观点。艾克曼等人对 10 个不同国家和地区的被试呈现 30 张不同情绪面孔的照片,如愉快、恐惧、发怒、悲伤、惊奇和厌恶等,要求他们辨认每张图片的情绪,结果表明,被试在识别这些情绪的照片时出现了高度的一致性。

二、姿态表情

姿态表情分为身体表情和手势表情两种。身体表情是表达情绪的方式之一,人的情绪状态不同，身体姿态也会不同，如高兴时"捧腹大笑"，恐惧时"紧缩双肩"，紧张时"坐立不安"等。手势常常是表达情绪的一种重要形式。手势通常和言语一起来表达赞成还是反对、接纳还是拒绝、喜欢还是厌恶等态度和思想，当然，手势也可以单独表达情感、思想或做出指示，如"振臂高呼""双手一摊""手舞足蹈"等手势，分别表达了个人的激愤、无可奈何、高兴等情绪。有关心理学的研究表明，手势表情是通过学习得来的，它存在个体差异，且存在民族或团体差异。后者表明了社会文化和传统习惯对手势表情的影响。

三、语调表情

语调表情是面部表情、姿态表情之外的另一种表达情绪的重要形式。语言是人类沟通思想的工具，语音的高低、强弱、抑扬顿挫等也是表达说话者情绪的手段。例如，当播音员转播篮球比赛的实况时，他的声音尖锐、急促、声嘶力竭，表达了一种紧张而兴奋的情绪；当播音员播出某位领导人逝世的公告时，语调缓慢而深沉，表达了一种悲痛而惋惜的情绪。

总而言之，面部表情、姿态表情和语调表情等构成了人类的非言语交往形式，也可称为"体语"。

课堂讨论

心理学家得出这样一个公式：感情表达＝7%的言词＋38%的声音＋55%的面部表情。你认为这个公式告诉人们一个什么道理？

第四节　情绪的理论

情绪理论发展经历了三个阶段：第一个阶段是情绪的早期理论；第二个阶段是情绪的认知理论；第三个阶段是情绪的动机—分化理论。

一、情绪的早期理论

（一）詹姆斯—兰格理论

美国心理学家詹姆斯（Willian James）和丹麦生理学家兰格（Carl Lange）分别于1884年和1885年提出了内容相同的情绪理论，他们强调，情绪的产生是植物神经系统活动的产物。后人称他们的理论为情绪的外周理论，即詹姆斯—兰格情绪学说。

詹姆斯根据情绪发生时引起的植物神经系统的活动和由此产生的一系列机体变化，提出情绪是对身体变化的知觉。他说："情绪只是一种身体状态的感觉，它的原因纯粹是身体。"又说："人们的常识认为，先产生某种情绪，之后才有个体的变化和行为的产生，但我的主张是先有生理变化，而后才有情绪。"当一个情绪刺激物作用于人们的感觉时，立刻会引起身体上的某种变化，激起神经冲动，传至中枢神经系统而产生情绪。在詹姆斯看来，悲伤乃由哭泣而起，愤怒乃由打斗而致，恐惧乃由战栗而来，高兴乃由发笑而生。

兰格认为，情绪是内脏活动的结果。他特别强调情绪与血管变化的关系："情感，假如没有身体的属性，就不存在了。""血管运动的混乱、血管宽度的改变以及各个器官中血液量的改变，乃是激情的真正的最初原因。"兰格以饮酒和药物为例来说明情绪变化的原因。酒和某些药物都是引起情绪变化的因素，它们之所以能够引起情绪的变化，是因为饮酒、用药都能引起血管的活动，而血管的活动是受植物性神经系统控制的。植物性神经系统支配作用加强，血管舒张，结果就产生了愉快的情绪；植物性神经系统活动减弱，血管收缩或器官痉挛，结果就产生了恐怖的情绪。因此，情绪取决于血管受神经支配的状态、血管容积的改变以及对它的意识。

兰格与詹姆斯在情绪产生的具体描述上虽有不同，但他们的基本观点是相同的，即情绪刺激引起身体的生理反应，而生理反应进一步导致情绪体验的产生。

詹姆斯—兰格强调植物性神经系统在情绪产生中的作用，有其合理的一面。但是，他们只强调植物性神经系统的作用，忽视了中枢神经系统的调节、控制作用，因而引起了很多争议。

（二）坎农—巴德学说

坎农（Cannon）对詹姆斯—兰格理论提出了疑问：第一，机体上的生理变化，在各种情绪状态下，并无多大的差异，因此，根据生理变化很难分辨各种不同的情绪；第二，机体的生理变化受植物性神经系统的支配，这种变化缓慢，不足以说明情绪瞬息万变的事实；第三，机体的某些生理变化可由药物引起，但药物（如肾上腺素）只能使生理状态激活，而不能产生某种情绪。坎农认为，情绪的中心不在外周神经系统，而在中枢神经系统的丘脑。

坎农认为，外界刺激引起感觉器官的神经冲动，其通过内导神经传至丘脑，再由丘脑同时向上向下发出神经冲动，向上传至大脑，产生情绪主观体验，向下则传至交感神经，引起机体的生理变化，如血压增高、心跳加速、瞳孔放大、内分泌增多和肌肉紧张等，使个体生理上进入应激状态。所以，情绪体验和生理变化是同时发生的，它们都受丘脑的控制。

坎农的情绪学说得到巴德（Bard）的支持和发展，故后人称坎农的情绪理论为坎农—巴德情绪学说。

二、情绪的认知理论

（一）阿诺德的评定—兴奋学说

20世纪50年代，美国心理学家阿诺德（M. B. Arnold）提出了情绪的评定—兴奋学说。该理论认为，刺激情景并不直接决定情绪的性质，从刺激出现到情绪的产生要经过对刺激的估量和评价，情绪产生的基本过程是刺激情景—评估—情绪。同一刺激情景，由于对它的评估不同，会产生不同的情绪反应。评估的结果可能是对个体"有利""有害"或

"无关"。若是"有利",就会引起肯定的情绪体验,并企图接近刺激物;若是"有害",就会引起否定的情绪体验,并企图躲避刺激物;若是"无关",人们就予以忽视。

评定—兴奋学说的理论模型是,引起情绪的外界刺激作用于感受器,继而产生神经冲动,其通过内导神经上送至丘脑,在更换神经元后,再送到大脑皮层,在大脑皮层上刺激情景得到评估,形成一种特殊的态度。这种态度通过外导神经将皮层的冲动传至丘脑的交感神经,将兴奋发放到血管或内脏,所产生的变化使其获得感觉。这种从外周来的反馈信息,在大脑皮层中被评估,使纯粹的认识经验转化为被感受到的情绪。

(二)沙赫特的两因素情绪理论

20世纪60年代初,美国心理学家沙赫特(S. Schachter)和辛格(J. Singer)提出,对于特定的情绪来说,有两个因素是必不可少的:一是个体必须体验到高度的生理唤醒,如心率加快、手出汗、胃收缩、呼吸急促等;二是个体必须对生理状态的变化进行认知性的唤醒。

沙赫特等设计了实验检验两因素理论。实验是这样进行的:把自愿当被试的若干大学生分成三组,给他们注射同一种药物,并告诉被试注射的是一种维生素,目的是研究这种维生素对视觉可能发生的作用。但实际上注射的是肾上腺素——一种对情绪有广泛影响的激素,因此,三组被试都处于一种典型的生理激活状态。然后,主试向三组被试说明注射后可能产生的反应,并做了不同的解释:告诉第一组被试,注射后将会出现心悸、手颤抖、脸发烧等现象(这是注射肾上腺素的反应);告诉第二组被试,注射药物后,身上会发抖、手脚有点发麻,没有别的反应;对第三组被试不做任何说明。接着把注射药物以后的三组被试各分一半,让其分别进入预先设计好的两种实验环境里休息:一种是惹人发笑的愉快环境(让人做滑稽表演),另一种是惹人发怒的情境(强迫被试回答繁琐问题,并强词夺理、横加指责)。根据主试的观察和被试的自我报告结果,第二组和第三组被试在愉快环境中显示出愉快情绪,在愤怒情境中显示出愤怒情绪;而第一组被试则没有愉快或愤怒的表现和体验。如果情绪体验是由内部刺激引起的生理激活状态决定的,那么三组被试注射的都是肾上腺素,引起的生理状态应该相同,情绪表现和体验也应该相同;若情绪是由环境因素决定的,那么不论哪组被试,进入愉快环境中就应表现出愉快情绪,进入愤怒环境中就应表现出愤怒情绪。

实验证明,人对生理反应的认知和了解决定最后的情绪体验。这个结论并不否认生理变化和环境因素对情绪产生的作用。事实上,情绪状态是由生理状态、环境因素和认知过程(期望)在大脑皮层中整合的结果。生理因素通过内部器官、骨骼肌的活动,向大脑输入生理状态变化的信息;环境中的刺激因素,通过感受器向大脑皮层输入外界信息;认知过程是对过去经验的回忆和对当前情境的评估,来自这三个方面的信息经过大脑皮层的整合作用,才产生了某种情绪经验。

(三)拉扎勒斯的认知—评价理论

拉扎勒斯是情绪认知理论的代表,他认为,情绪是人与环境相互作用的产物,在情绪活动中,人不仅反映环境中的刺激事件对自己的影响,还要调节自己对刺激的反应。情绪活动必须有认知活动的指导,这样才能理解环境刺激事件的意义,才可能选择恰当的、有价值的动作反应。每一种情绪均包含三种成分：情绪成分、认知成分、行为成分，三者相互作用、互为因果。

认知—评价理论认为，在情绪活动中，人们需要不断地评价刺激事件与自身的关系，有三种层次的评价：初评价、次评价和再评价。初评价是指人确认刺激事件与自己是否有利害关系，以及这种关系的程度。清醒状态下的人随时都会发生这种评价。次评价是指人对自己反应行为的调节和控制，它主要涉及人们能否控制刺激事件，以及控制的程度。在这种评价中，经验起着重要的作用。再评价是指人对自己的情绪和行为反应的有效性和适宜性的评价，是一种反馈行为。

拉扎勒斯的认知—评价理论把现象学、认知理论和情绪生理学的研究综合起来考虑，较为合理，有助于推进情绪和认知关系的研究，但是，该理论在涉及情绪相关因素的研究中不够彻底和深入。

三、情绪的动机—分化理论

弗洛伊德、利珀（Leeper）、汤姆金斯（Tomkins）和伊扎德（Izard）等认为情绪具有动机的性质，其中，以汤姆金斯和伊扎德为代表，建立了情绪的动机—分化理论。该理论以情绪为核心，以人格结构为基础，论述了情绪的性质与功能。

（一）情绪与人格系统

伊扎德认为，情绪是人格系统的组成部分，而人格由体内平衡系统、内驱力系统、情绪系统、知觉系统、认知系统和动作系统等六个子系统组成。人格系统的发展是这些子系统的自身发展与系统差异之间联结不断形成和发展的过程。

在这些子系统中，伊扎德认为，认知过程引起比较和辨别活动，是知识的学习、记忆、符号操作、思维和言语过程。情绪具有动力性，它组织并驱动认知和行为，为认知和行为提供活动线索。可见，情绪是人格系统的核心动力，这是伊扎德理论的重要观点。

（二）情绪系统及其功能

伊扎德认为，情绪包含着神经生理、神经肌肉的表情行为、情感体验三个子系统，它们相互作用、联结，并与情绪系统以外的认知、行为等人格子系统建立联系，实现情绪与其他系统的相互作用。

伊扎德认为，情绪活动涉及广泛的神经结构，包括脑干中央灰质、丘脑、杏仁核、下丘脑、蓝斑、松果体、鼻周皮层、新皮层、前额皮层等神经结构。从感觉信息的产生到情绪的产生，有两条通道是不涉及大脑皮层的：一条是由感受器所接受的信息，它通过丘脑直接进入杏仁核产生情绪反应；另一条是杏仁核的传出信息，它进入下丘脑，经脑干中央灰质产生情绪。大脑皮层可以加工从丘脑传入的信息，产生情绪，或将信息下传到杏仁核、海马等产生情绪。另外，神经—内分泌、躯体神经系统、自主神经系统也都参与活动，使情绪得到放大和维持。

表情行为包括神经肌肉的活动和感觉反馈活动两部分，表现在脸部、言语、躯体姿势、手势等活动。他认为，表情活动由大脑皮层中决定种系发展的那些古老皮层调节，在生物进化过程中发挥着一定的适应意义。在个体成长过程中，表情的社会功能逐渐增强，表情表达着情感体验、社会动机、行为意向或者由这三个成分构成的混合意义。

伊扎德认为，神经化学活动通过一些内在的程序激活脸部和躯体的活动模式，这些活动的反馈信号进入意识状态，形成情感体验。情感体验可以进入认知系统，并接受认知系统的调节。情感体验是情绪系统与人格的其他系统相互作用的主要成分，对形成系统间的稳定和特定的联结有重要作用。

总之，伊扎德认为，情绪特征主要来源于个体的生理结构，遗传是某种情绪的阈限特征和强度水平的决定因素。

（三）情绪激活与调节

关于情绪的激活与调节，伊扎德提出了四个基本过程：生物遗传—神经内分泌激活过程、感觉反馈激活过程、情感激活过程和认知激活过程。

伊扎德认为，生物遗传—神经内分泌系统不仅可以直接激活情感体验，而且可以影响其他三个情绪激活过程，见图10-1。

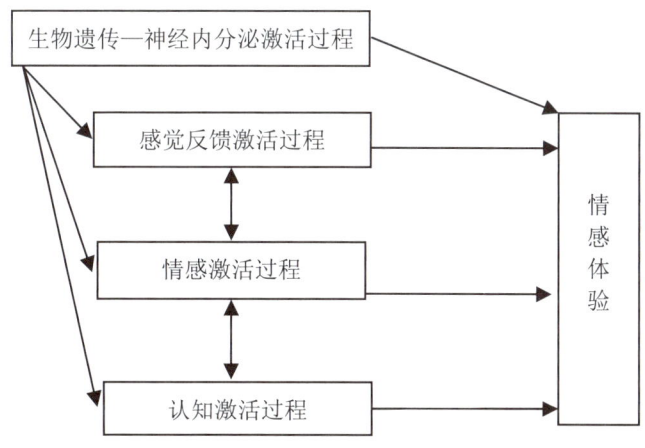

图10-1 情绪激活和调节的多系统模型

伊扎德在一项研究中发现，产妇的四种负性情绪（羞愧、轻视、羞怯、厌恶）在产后6个月内的四次测评中，强度都逐渐下降，这是由于内分泌物质水平的改变。这在某种程度上说明，生物遗传—神经内分泌系统是情绪激活和调节过程的决定者。

伊扎德指出，体内、外的感觉输入信息作用于皮层下的有关部位，传出的运动信息使个体产生表达情绪的肌肉活动，肌肉活动所引起的感觉反馈信息进入边缘皮层区，使情绪达到意识水平，产生情感体验。这就是情绪产生的神经肌肉—感觉反馈原理。

伊扎德在论述情感体验在情绪激活和调节过程中的作用时还认为，一种情绪可以引起另一种情绪。例如，极度悲伤会引起愤怒，极度疲劳会引起痛苦，疲劳与痛苦结合可能引起愤怒，快乐能激活兴趣，兴趣也能带来快乐等。

伊扎德认为，认知是情绪产生的一个重要因素，但认知不等于情绪，也不是产生情绪的唯一原因,而只是参与情绪激活与调节过程。他还提出,激活情绪的认知因素包括认知评价、比较、分类、推测、判断(决定)、归因、信念、记忆、期望等。

第五节 情绪的调控

一、情感智商

情感智商简称情商,用 EQ 表示,是 Emotional Quotient 的缩写。美国耶鲁大学彼得·沙洛维(Peter Salovey)教授和新罕布什尔大学的约翰·梅耶(John Mayer)教授正式提出了"情感智商"这一术语,他们在 1990 年把情感智商描述为由三种能力组成的结构,它们分别是:准确评价和表达情绪的能力,有效调节情绪的能力,将情绪体验运用于驱动、计划和追求成功等动机和意志过程的能力。

1993 年,沙洛维和梅耶对情感智商做了进一步的研究,将其定义为社会智力的一种类型,并对其应包含的能力内容做了重新界定,即区分自己与他人情绪的能力,调节自己与他人情绪的能力,运用情绪信息去引导思维的能力。1995 年 10 月,美国《纽约时报》专栏作家戈尔曼(D. Goleman)出版了《情感智商》一书,把情感智商这一学术研究新成果以非常通俗的方式介绍给大众,并迅速成为世界性的畅销书。戈尔曼在书中声称,情感智商包括五个方面的能力,即认识自身情绪的能力、妥善管理情绪的能力、自我激励的能力、认识他人情绪的能力、人际关系的管理能力。他提出的这五种能力偏重于人们日常生活中所强调的自知、自控、热情、坚持、社交技巧等非智力方面的一些心理品质,这些心理品质也构成了生活智慧。

如今,EQ 在国外已经纳入正式教育。美国的学校已开设 EQ 课程,并将其与传统的数学、语言等课程并列。随着独生子女时代的到来,我国面临的最大的情绪问题可能是自尊心和挫折的承受能力问题。我国学者对情感智商的研究基本上以戈尔曼《情绪智商》一书作为理论基础,认为 EQ 的主要因素有五个,分别为自我意识、自我激励、情绪控制、人际沟通、挫折承受能力。

自我意识是指对自身情绪的认识,它包括自我认识感觉、自我体验感受与自我监控情感。自我激励实质上是指抱着希望想问题,它依赖于完成任务的动机水平、兴趣和意志的影响、人生的基本信仰、明确的生活目标、乐观与自信的生活态度。善于自我激励的人能保持高度热忱完成任务,做事情效率高。情绪控制建立在自我意识和自我激励的基础上,它需要自我安慰、摆脱焦虑和不安。人际沟通包括认知他人情绪、管理人际关系。同情心是基本的人际沟通技巧,具有同情心的人较能从细微的信息中觉察他人的需求。人际沟通还需要保持互利互惠的原则,这样关系才能维持长久。挫折承受能力在国外不作为 EQ 的指标,我国儿童由于受传统社会文化家长制的影响,独生子女从小养成了依赖的习惯,从而使其承受挫折的能力相对来说较差,所以,注重培养其承受挫折能力就显得尤为重要。

拓展阅读

高情商者可以自救

有关情商的研究自开始以来,一直层出不穷:有研究发现,成功 80%来自情商,20%来自智商;也有科学家指出,情商高的人更具创造力;更有人认为,只要能调动情绪,就能调动一切。事实上,情商高的人不仅容易成功,而且可能在困境中自救。

古今中外,凡成大业者无一不是历经磨难。贝多芬在双耳失聪的情况下,"扼住了命运的喉咙",创作了著名的《命运交响曲》;曹雪芹在家破人亡后,著成《红楼梦》。在种种磨难面前,他们没有低头,反而迎难而上,走出了生活的泥沼。

灾难幸存者中,也不乏类似高情商的人。1976 年唐山大地震的幸存者卢桂兰老人在废墟下足足被埋了 13 天。她事后回忆说,被埋期间自己一直暗暗唱歌,唱《下定决心》《东方红》,"我一想到死,就觉得解放军会来救我。"2008 年汶川地震后,参与抢救的解放军某总医院医师方庆表示,就营救情况看,获救女性的比例要稍高于男性,这与女性的心理状态和身体构造有很大关系。"在心理方面,女性更能稳得住情绪,平和的心态会减少能量消耗,能让人在恶劣的环境下支撑更久。"北京大学精神卫生研究所教授吕秋云则表示,人在困境中,心态非常重要。心态积极的人会想"我会得救的,我会活下去的",这使他们会比较冷静地想办法活下去;而心态消极的人就容易放弃。

美国心理学专家、研究者、培训咨询专家保罗·斯托茨博士自 20 世纪 90 年代初开始,连续进行了 10 年研究。在 1 500 项研究结果中,他发现,在刚做完手术、生死未卜的患者中,情商高的患者度过危险期的几率更大,身体恢复得也更快。他指出,生死攸关时,高情商的人更善于察觉自己惊慌、恐惧的情绪。之后,他们会尽快清除这些不良情绪,把寻求解决之道作为最紧要的任务。同时,他们又都执着于某个目标,此时,争取胜利的希望就成了他们坚持的动力。

二、健康情绪所需要的条件

情绪能够影响一个人的精神面貌,提高或降低一个人学习和工作的效率。情绪也是观察一个人对于某人或某事真实情感的窗口,它能反映出一个人的志向和胸怀,标志着一个人个性的成熟程度。一个具有良好修养的人,懂得保持健康情绪,能够自觉而有效地控制和调节自己的情绪。

(一)拥有正确的人生追求

人生追求是一个人学习、工作与生活的精神支柱,有了精神支柱,人就能在遭受挫折、打击和失意时，仍能保持坚强的精神和健康的情绪。正确的人生追求应当是使别人过得更美好，对社会有所贡献。

（二）拥有宽广的胸襟

一个人只有把眼光放在远大的事业上，才会有宽阔的胸怀。看问题应从全局和长远出发，不因暂时的不利境遇而烦恼沮丧，不为那些微不足道的小利而大动感情。在为人处事上，应当从渺小的个人感情中解脱出来，摆脱"自我中心"的小圈，以宽广的胸怀去接纳他人，以真心、诚心去打动他人。

（三）理性地适应生活

每个人都生活在一个现实的情感世界中，情感世界是复杂多变的，有顺心的时候，也有不顺心的时候；有甜的时刻，也有苦的时刻；有泪水，也有欢笑；有冷嘲热讽，也有热情和友谊。人的情绪则随着这多变的现实而起伏动荡，如果人能够主动适应它，不管生活怎样起伏变化，始终不改愉快、乐观的精神面貌，坦然处之，理智对待，则能在现实生活中形成并保持健康情绪。

理性适应生活包括三个层次的水平，分别为理智接受现实生活的水平、理智评估自己的水平以及理智控制情绪的水平。具备理智接受现实生活的水平是理性地适应生活的前提；具备理智评价自己的水平，是理性地适应生活的关键；具备理智控制情绪的水平，是理性地适应生活的重要保证。

（四）善于寻找身边的欢乐

乐观的情绪是身心和谐的象征，是心理健康的标志之一，它能使人从内心到外表都感染上愉快的色彩，更使人享受到对于生活的满足感，从而更加热爱生活、热爱人生。生活中既有欢乐，也有忧伤，有的人善于看到其欢乐的一面，故而感到生活很美好；有的人总是看到忧伤的一面，故而感到生活很不称心。善于发现生活中的快乐，并不是指否认痛苦和困难存在，生活中的现实是无法逃避的。无论是欢乐还是忧伤，都要以乐观的情绪去面对。虽然乐观的情绪并不能改变客观事实本身，但是，乐观却可以使人们勇敢面对现实，使人们鼓起勇气改变所遇到的挫折和失败。

欢乐或乐观建立在自我效能感上，即相信自己是人生的主宰。这种心态能使人最大限度地发挥既有能力，努力培养欠缺的能力。

三、不良情绪的控制

（一）暴怒情绪的控制

暴怒是因对客观事物不满而产生的一种情绪反应，一般都是由外在的强烈刺激所引起的。加拿大生理学家谢尔耶通过多年的研究，认为暴怒能够击溃一个人的生物化学保护机制，使人降低抵抗力以至于为疾病所侵袭。当暴怒时，机体往往能发挥出超乎寻常的力量。人的机体处于高度兴奋的应激状态，交感神经受到刺激，消耗活动被抑制，糖从肝脏中释放出来，肾上腺素分泌增多，以致血压升高，脉搏加快，呼吸变深，肌肉中消耗能量增多。因而，在持续的暴怒状态的刺激下，心脏、脑、胃、肠等都会受到损害。暴怒会给高血压、心脏病等患者带来生命危险，而持续的暴怒会给人们的生理带来持续的危害。同时，暴怒也会妨碍团结，导致争吵和冲突，最后伤己及人。

控制暴怒情绪的基本程序有三步：第一步，认识到自己正处于暴怒中。只有承认自己的情绪处于什么状态，才有可能从这种不良状态中解脱出来。第二步，对暴怒情绪进行原因分析。弄清楚为什么会暴怒，进行理智分析后，暴怒情绪就会得到消解。第三步，寻求制怒的方法。制怒的方法很多，如做点体力活或跑几圈，当累得满头大汗、气喘吁吁时，会感到筋疲力尽，情绪就会基本平静下来。另外，采用逆向思维把思路从"恨"的方向调回头，朝相反的方面想，也是制怒的一种较好的方法。

（二）过度焦虑情绪的控制

焦虑主要是指预感将要发生某种不利情况而产生的一种不愉快的情绪反应。心理学家通过实验证实，适度焦虑对学习或工作都有一定的益处。学习或工作之前的适度焦虑可以激发人更用心地去准备，以便顺利完成任务。心理学中以倒"U"曲线来表示焦虑程度与行为表现（包括心智的表现）之间的关系。关系最佳时是倒"U"的顶端，即中等程度的焦虑行为表现最佳，左半表示焦虑太少从而导致动力不足，右半表示过度焦虑而严重影响行为表现。

过度焦虑无论对人的生理，还是对人的心理都将产生不利的影响。在生理方面，焦虑使人自主神经系统活动增加，肾上腺素输出量提高，血压和心率增强，皮肤出汗，面色苍白，嘴发干，呼吸加深、加快，肌肉失去弹性，大便和小便频率增加。若这种状态持续时间较长，则会出现坐立不安的运动状态，而且会影响消化和睡眠。在心理上，焦虑破坏一个人的精神面貌，使人变得颓废、沮丧和消沉，使人过早衰老。如《红楼梦》中，林黛玉因焦虑而不能自制，当听到贾宝玉娶亲时，悲愤交加，最后在极度焦虑中饮恨而亡。

焦虑在实质上是一种对人本身的折磨和贻害，应当采取有针对性的方法来消除焦虑。第一，积极进入放松状态。适当的放松练习可使焦虑者的思绪专注在放松的感觉上，从而让焦虑者停止忧虑。第二，以新压旧法。当处于某种焦虑状态时，新的焦虑可以压制原来的焦虑，从而减轻焦虑感。第三，倾诉法，即向他人陈述自己心中的忧虑。向他人倾诉自己的不快、恐惧时，他人会针对陈述者的情况进行开导，从而使焦虑源自主消失。同时，说出忧虑也会使人更加轻松，有时甚至会醒悟到这完全是不必要的焦虑。

（三）过度紧张情绪的控制

紧张是指由一定环境对个体所产生的压力而引发的一种情绪反应。紧张经常产生于人们知觉到不同的要求和自己的能力之间的不平衡，即感到自己的能力太小，解决不了需要解决的问题或要完成的任务。紧张情绪产生需要满足四个方面的条件：一是人的体质上的脆弱性。即体弱多病的人容易产生紧张感，孩子也容易产生紧张的不安全感。二是人的性格特征。抑郁型的人具有内向的个性，他们容易产生紧张的情绪。三是难以解决的互相矛盾冲突的目标或活动，以及已经发生在人身上的危险或伤害，在通向目标中遇到的障碍等。四是存在着的威胁，即预料即将要发生的生理的、心理的或社会的危害。

紧张对人体影响较大，虽然适度紧张有助于完成任务，但过度长时间的紧张会损害人的健康，妨碍行为的正常进行，甚至引起人格特征的变化。控制紧张的方法有以下几种：第一，阻断导致紧张情绪的有关环节或途径，从根本上消除导致紧张的根源或刺激，以此消除紧张；第二，改善环境，包括改善生活与工作的物质环境，调节各种物质环境的刺激，使人能够较好地适应环境和改变心理环境，防止或消除各种矛盾、冲突和挫折因素；第三，改善和培养个体的应对能力，即培养克服困难和适应环境的能力；第四，进行放松训练。

（四）抑郁情绪的控制

抑郁是一种极端的情绪表现，它与其他许多不良情绪相关，并受许多情绪如焦虑等的影响而加重。抑郁情绪严重危害身体，破坏人体的身心平衡。处于抑郁情绪的人一般都处于压抑状态，内心隐存着某种能量，这种能量积聚过量会破坏人的理智，使人出现思维混乱、记忆力衰退等现象，继而使人无法感受到乐趣，最终走向自杀。

对于抑郁情绪的控制可采用的方法较多，如大哭一场。哭能释放积聚已久的能量，并调整机体的平衡。很多人在痛哭一场后，抑郁症状就减轻了许多。有人经过实验研究，发现抑郁症状与眼泪有关。美国生物学博士福雷曾做过一个实验，他组织被试观看令人悲痛欲绝的电影或戏剧，并嘱咐他们在痛哭之前把事先发的试管放在眼睛下面，把眼泪收集起来。该实验发现，一个正常的人在哭泣的时候，流出的眼泪有 100～200 微升，嚎啕大哭时流出的眼泪有 1～2 毫升。经过分析可知，眼泪中含有一些生物化学物质，这些物质能引起血压升高、消化不良或心率加剧，将其排出体外有利于身体健康。因而，大哭可化解由于抑郁情绪所带来的对机体的不良影响。

以刻意安排的较愉快的事件来转移注意力也是控制抑郁情绪的一种好方法。抑郁情绪往往是自发性的，它不请自来地入侵人的心灵。通过刻意安排较愉快的事件，可以唤醒抑郁者，使其对生活产生乐趣，忘记悲伤，忘记忧愁，进而缓解内心积压的抑郁。另外，语言暗示法、请人疏导法、环境调节法、自我表达法等都是比较好的疏导方法。而以独处反思来化解抑郁的方法是不可取的，它会加重抑郁症状，使人在抑郁中更加消沉。

（五）自卑情绪的控制

自卑是指由于发展受挫而产生的轻视自己的一种情绪。自卑是人奋发上进的一种反作用力，表现为自我怀疑和自我压抑，最后以自我消沉和自我埋没结束。

一般而言，自尊比自卑更符合人的自然本性。在正常情况下，人们都有着比较强烈的自尊心。只有人的自尊的本性在挫折经历的压力下被扭曲了，才会导致自卑产生。导致自卑情绪产生的因素较多，归纳起来主要有以下几个方面：一是自身出现了某种不如他人的因素，如身体有缺陷、工作能力差、工作岗位不如别人理想等；二是好胜心受到挫折，多次经历失败往往会导致自卑情绪的产生；三是自尊心得不到应有的尊重；四是体验不到集体的温暖，若一个人在集体中经常被轻视、嫌弃和冷落，个人困难得不到应有的照顾和帮助，则会产生自卑情绪；五是意志薄弱和性格软弱，这是自卑的一种重要心理病源；六是不能全面地看问题，对自己的长短和现实环境的利弊缺乏正确的、全面的认识，从而助长自卑情绪。

不利的客观因素和不良的心理素质是导致自卑情绪的重要因素，因而，克服自卑应当从正确看待客观现实和克服自身心理弱点两方面下功夫。

拓展阅读

情绪控制的八大技术

制怒术：做情绪的主人，当喜则喜，当悲则悲。发怒时，一思发怒有无道理，二思发怒后有何后果，三思有无其他方式替代，这样就可以变得冷静而情绪稳定。

愉悦术：努力增加积极情绪。具体方法有三：一是多交友，在群体交往中取乐；二是多立小目标，小目标易实现，每一次实现都能带来愉悦的满足感；三是学会辩证思维，可使人从容地对待挫折和失败。

幽默术：心理学家认为，人不是因为高兴才笑，而是因为笑才高兴；不是因为悲伤才哭，而是因为哭才悲伤。因此，生活中要多笑勿愁。

助人术：学雷锋做善事，既可以给他人带来快乐，也可使自己心安理得、心境坦然，具有较好的安全感。

宣泄术：遇到不如意、不愉快的事情，可以通过运动、看小说、听音乐、看电影、找朋友谈心诉说等来宣泄自己不愉快的情绪，也可以大哭一场。

代偿转移术：当需要受阻或者遭到挫折时，可以用满足另一种需要来代偿。例如，这一门课没考好，可争取在另一门课上取得好成绩。也可以通过分散注意力、改变环境来转移情绪的指向。

升华术：即把受挫折的不良情绪引向崇高的境界。如著名文豪歌德在失恋后，把失恋的情绪能量升华到文学写作之中，写出了名篇《少年维特之烦恼》。

放松术：心情不佳时，可以通过自上而下地放松全身，或者是通过自我催眠、自我按摩等方法使自己进入放松状态，然后面带微笑，想象曾经经历过的愉快情境，从而消除不良情绪。

思考与练习

一、名词解释

1. 情绪
2. 面部表情

二、单项选择题

1. （　　）是一种强烈的、爆发性的、为时短促的情绪状态。
   A．心境　　　　B．激情　　　　C．应激　　　　D．抑郁
2. 有关脑损伤的研究发现，（　　）损伤的病人不能识别恐惧的面部表情，而能识别其他面部表情。
   A．前额皮层　　B．杏仁核　　　C．海马　　　　D．前部扣带回
3. （　　）认为，不同的面部表情是天生的、固有的，并且能为全人类所理解。
   A．吉特　　　　B．布拉克　　　C．莫斯托夫斯基　D．达尔文
4. 以下选项中，（　　）属于情绪的早期理论。
   A．坎农—巴德学说　　　　　　　B．阿诺德的评定—兴奋学说
   C．沙赫特的两因素情绪理论　　　D．拉扎勒斯的认知—评价理论

三、简答题

1. 情绪具有哪些功能？
2. 简述情绪与躯体神经系统的关系。
3. 健康情绪需要哪些条件？
4. 如何控制过度紧张情绪？

第十一章

智 力

内容提要

智力是人的个性心理特征的重要组成部分,正如人的气质和性格一样,人与人之间有着很大的差异。有些人在政治界独领风骚,有些人在商业界叱咤风云,有些人则在科学研究方面很有造诣……这些在人类社会生活各个领域所取得的成就,均与人们的智力发展息息相关。

学习目标

知识目标

- 理解智力的定义,熟悉智力与相关因素的关系
- 熟悉各种智力理论
- 熟悉常用的智力测验量表
- 掌握智力发展的相关知识

能力目标

- 能简单描述各种智力理论
- 能简单描述常用的智力测验量表

第一节 智力概述

一、智力的定义

在心理学界，智力一直都是备受关注的话题，但对于智力的研究却存在着很多争议。智力的定义就是颇受争议的问题之一。当前，心理学家们对于智力的定义均是从自己的研究角度出发来加以界定，论述了智力的不同方面。

（一）国外学者的观点

早期有推孟（L. M. Terman）和桑代克（E. L. Thorndike）等人提出了对智力的看法。推孟认为"智力是一种抽象思维能力"；桑代克认为"智力是个体对环境的一种恰当的反应能力"。

随着对智力的不断研究，心理学家们对于智力有了新的认识。斯滕伯格认为"智力是分析性能力、创造性能力和实践性能力之间所达成的一种平衡"；加德纳（Howard Gardner）认为"智力是在某种社会或文化环境的价值标准下，个体用以解决自己遇到的真正难题或生产及创造出有效产品所需要的能力"。

（二）国内学者的观点

我国心理学者对于智力的定义也没有达成共识，但是，很多学者把智力看成是一般能力，即顺利完成各项活动共同需要的基本能力，包括观察力、记忆力、思维能力、想象力和创造力等。此外，国内也有不少心理学者依据其对智力的研究提出了不同的观点。例如，林传鼎认为"智力就是能力或智力，即人们运用知识技能的能力"；朱智贤认为"智力是一种综合的认识方面的心理特性，包括感知记忆能力、抽象概括能力和创造力"；吴天敏认为"智力是脑神经活动的结果"。

综上所述，人们对智力的认识正在不断深化，从开始的传统智力观，即把智力看成是某一方面的能力，扩展到现在的综合智力观，即认识到智力是综合性的心理能力。综合以上观点，可以将智力定义为：在遗传和环境的相互作用下所形成的一种综合性的心理能力，表现为学习知识、技能的能力，分析与解决问题以及应对环境的能力。

二、智力与相关因素

（一）智力与非智力因素

非智力因素是指除智力以外的对行为活动起着动力、导向、维持和强化作用的个性心理，它包括与认识活动没有直接关系的情感、意志、兴趣、性格、需要、动机、目标、抱负、信念、世界观等方面。这些非智力因素在人的成长过程中，有着不可忽视的作用。我国著名心理学者燕国材教授认为，非智力因素对行为的作用主要表现在六个方面：动力作用、定向作用、引导作用、维持作用、调节作用和强化作用。

智力因素和非智力因素共同影响着人的成长与发展。一个人的成功既得益于其智力因素的发展，同时也离不开非智力因素的促进作用。事实上，一个智力水平较高的人，如果他的非智力因素没有得到很好的发展，往往不会有太多的成就；相反，一个智力水平一般的人，如果他的非智力因素得到很好的发展，就可能取得事业上的成功。当然，这不是说智力因素不重要，一个弱智者一般不可能有多大的成就。因此，智力水平对于一个人的成就起着基础性的作用，而且其作用的大小与其所从事的专业领域有关。例如，从事艺术的人，其智力因素的重要性一般比从事科学研究的人要小一些。而非智力因素对于一个人的成就起着决定性的作用。不论一个人是什么身份，从事什么职业，如果其非智力因素发展不好，那么他基本不可能取得多大的成就。

此外，智力因素与非智力因素之间相互影响，相互作用。在智力因素的指导下，人的非智力因素能得到更好、更完善的发展；而非智力因素同样也能促进智力水平的提高。

（二）智力与情绪智力

1. 情绪智力的提出

传统的智力强调人的认知方面的能力，而忽视了认知因素之外的情绪情感、人际关系协调等方面的能力。人们在生活中发现，高智商者未必高能，往往在学校能取得较好学业成绩的人，却未必能很好地应对生活中的日常事件。那些以优异成绩毕业的大学生，将来在职业上的发展并不是一定最优秀。相反，那些在学校表现平平的人却可能在职业中有更好的发展。这就引发了广大心理学和教育学研究者们的思考，他们开始寻求影响人们成就的、认知因素以外的一些因素，于是有了与智力相对的另一概念的提出，即情绪智力。

最早将情绪智力作为理论概念正式提出并进行系统探讨的是美国耶鲁大学的萨洛维（P. Salovey）和新罕布尔大学的梅耶（J. Mayer）。1990 年，他们将情绪智力定义为：监察自身和他人的感情和情绪的能力，区分情绪之间差别的能力，以及运用这种信息以指导个人思维和行动的能力。后来，他们分别于 1997 年、1999 年、2000 年对情绪智力的定义及结构进行修订，最终将情绪智力界定为一种联结认知与情绪的心理能力，在此基础上确定了其结构的四个维度：

（1）情绪的感知、表达能力。包括从自己的生理状态、情感体验和思想中辨认和表达情绪的能力，以及从他人、艺术活动、语言中辨认和表达情绪的能力。

（2）情绪对思维的促进能力。包括促进认知行为，使问题解决、推理、决策和创造性行为更为有效的能力，包括情绪对思维的引导，情绪对信息注意方向的影响，心境的起伏对思维的影响，情绪状态对问题解决的影响等多方面的能力。

（3）对情绪的理解、分析能力。包括认识情绪体验与语言表达之间关系的能力，理解情绪所传送意义的能力，理解复杂心情的能力，认识情绪转换的可能性及原因的能力等。其中，最基本的是使用特定的词语来命名情绪并能有效地辨别它们之间的关系，该能力是最具有认知意味的能力。

（4）情绪管理调控能力。包括根据所获得的信息，判断并成熟地进入或离开某种情绪的能力，觉察与自己和他人有关的情绪的能力，调节与别人的情绪之间的关系的能力等。

但是，将情绪智力推向大众的是戈尔曼（Goleman），他于1995年在《情绪智力：为什么它比智商更重要》一书中，将情绪智力定义为：了解自身感受，控制冲动和恼怒，理智处事，面对考验时保持平静和乐观心态的能力。他提出了情绪智力的五因素结构模型：一是认识自身情绪；二是妥善管理情绪；三是自我激励；四是认识他人情绪；五是人际关系管理。而与现在的情绪智力相提并论的情商（EQ）概念则是由巴昂于1988年在其博士论文中首创的，巴昂也对情绪智力进行了定义，他认为，情绪智力是影响人应付环境和压力的一系列情绪的、人格的和人际能力的总和，并且是有效应对环境要求的一系列情绪的社会知识和能力。

虽然，不同学者对于情绪智力的界定有所不同，但是，这些差异更多地是表述上的不同，从他们的定义中，可以归纳出共同的因素，即都强调情绪智力是一种认识和管理情绪、情感，以适应环境的能力。

2. 情绪智力的相关研究

当前，随着研究者们对情绪智力的含义和结构的认识不断加深，他们已经编制了一些测验情绪智力的量表，如情绪智力量表（EIS）、多因素情绪智力量表（MEIS）、情商问卷（EQI）等。研究者们运用这些量表研究被试的情绪智力，取得了不少研究成果。梅耶等人1999年的研究发现，EQ值与IQ值只是略有相关，EQ所测的是与传统IQ不同的能力。成年人的EQ高于年轻人，而且女性比男性的情绪知觉能力更高。另外，一些人的研究还发现，高EQ者较少知觉到工作压力，情绪智力与工作绩效成正相关，男企业家的EQ能力比女企业家强。

从以上研究来看，高智商者情商未必高，反之亦然。美国的一项权威调查显示，近20年来，该国政界和商界成功人士的平均智商仅在中等，情商却很高。这说明，智力对个人成功只起基础性作用，成就的大小更重要的是取决于情绪智力。

3. 智力与创造力

创造力一般是指产生新的想法，发现和制造新的事物的能力。创造力是人的一种高级能力，它主要受个人的发散思维的影响。发散思维越好，其创造性越高。另外，创造力还与个体的认知因素、知识背景、动机、人格等内部因素，以及个体所在的群体、社会甚至历史背景等外部因素有关。

无论是创造力还是智力，均与认知因素有关。不同的是，智力本身就是侧重于认知方面的综合性心理能力，而创造力的核心是创造性思维，尤其与发散思维有关，而认知因素只是影响创造力的诸多因素之一。因此，智力与创造力之间的关系并非简单的线性关系，它们的关系较为复杂。综合以往的研究，可以将它们的关系概括为：第一，创造性高的人的智商高于平均智商，常在 120 以上，但并不是绝对的，在高创造性群体中也存在极少数低智商或平均智商的人。第二，智商达到 120 以上，与创造力的相关就相对变低，即仅是弱相关或根本不相关。在平均智商为 130 的建筑师的研究中（智商显著高于平均水平），智商与创造力之间的相关是-0.08。但在对军官的研究中，智商达到了平均水平，与创造力的相关为 0.33。第三，不同领域里的智力与创造力的相关程度不同。画家和雕刻家的智力与创造力相关较低，作家与诗人的智力与创造力相关则很高，而科学家和工程师的智力与创造力相关程度居中。

第二节　智力理论

智力是偏重于认知方面的综合性心理能力，它具有复杂的心理结构。从 20 世纪初开始，心理学家们依据自己的研究对智力的结构或成分问题提出了诸多不同的观点。

一、二因素说

1927 年，英国著名的心理统计学家斯皮尔曼（C. E. Spearman）提出了智力的二因素说。他认为，智力由一般因素和特殊因素组成。一般因素（简称 G 因素）是人从事任何活动都会表现出来的共同能力，是人的基本潜能，是决定一个人能力高低的主要因素。正是因为人具备智力的一般因素，人们在完成看似不同的作业时，其作业成绩才会出现不同程度的正相关。特殊因素（简称 S 因素）是从事某些特殊活动时表现出来的能力，如音乐、美术、体育运动等能力。正是因为这些因素的存在，人们在完成一些作业任务时才没有完全相关或者几乎不相关。人的智力就是由许多特殊因素和一般因素共同构成的。如果人们在完成几项作业任务时，包含的 G 因素越多，作业间的相关就越高；反之，如果包含的 S 因素越多，作业间的相关就越低。

斯皮尔曼的二因素说打破了传统的智力独立因素说，人们认识到智力不仅仅是人某一方面的能力，这在当时的心理学界引发了很多思考与讨论，推动了智力的研究。但是，斯皮尔曼的二因素说也存在不够合理的方面，例如，他将一般因素与特殊因素完全对立起来，而忽视了它们之间的联系。另外，他对一般因素和特殊因素的论述还相对抽象，不够具体，究竟哪些能力属于一般因素、哪些能力属于特殊因素等问题均有待探讨。

二、流体智力与晶体智力

20世纪60年代，美国心理学家卡特尔（R. B. Cattell）主张智力由两种成分构成：一种是流体智力；另一种是晶体智力。他认为，流体智力是个体通过遗传获得的在信息加工和问题解决过程中所表现出来的能力。它是人的一种潜在智力，主要和神经生理的结构和功能有关，很少受社会教育影响，依赖于先天的秉赋，新生儿都具有一定的流体智力。例如，瞬时记忆、思维敏捷性、反应速度、知觉的整合能力等。神经系统损伤时，流体智力就会发生变化。这种智力几乎可以转换到一切要求智力练习的活动中，所以称为流体智力。

晶体智力则主要是后天获得的，受文化背景影响很大，与知识经验的积累有关，是流体智力在不同文化环境中的产物。例如，知识、词汇、计算等方面的能力，它包括大量的知识和技能，与学习能力密切联系。这种智力表现为来自经验的结晶，所以称为晶体智力。

研究表明，流体智力与晶体智力的发展是不同的，流体智力随生理成长曲线而变化，到20岁左右达到高峰，而后逐渐下降；而晶体智力因为受后天的学习、教育和实践等的影响，所以，它在人的一生中可能一直处于发展的态势，只是到了25岁之后，其发展速度趋于平缓。当然，晶体智力的这一发展趋势也并非绝对，这要取决于个体自身的主观努力，如果一个人从来不主动学习，不接受教育，也不主动积累和丰富自己的经验，那么他的晶体智力是不可能发展的。

卡特尔将智力区分为流体智力和晶体智力，使人们对智力在人一生中的发展有了更清楚的认识，即不同的智力具有不同的发展趋势，它们发展的速度、达到成熟和开始衰退的时期均不一样，这彻底改变了过去人们对老年人智力的消极看法。

三、智力的三维结构模型

1967年，美国心理学家吉尔福特（J. P. Guilford）提出了智力的三维结构模型。他认为，智力可以分为三个维度：内容、操作和产物，见图11-1。内容是指智力活动的材料和对象，包括视觉、听觉、符号、语义和行为五个方面；操作是指智力活动的过程，它由智力的内容所引起，包括认知、记忆、发散思维、聚合思维和评价五个方面；产物是指智力操作的结果，这些结果可以按单位计算（单元），可以分类处理（类别），也可以表现为关系、系统、转换和蕴涵，共六个方面。

由于智力的三个维度中各含有多个因素，因而人的智力可以区分为5×5×6＝150种。吉尔福特认为，这些不同的智力可以运用不同的测验来检验。例如，给被试一系列四个字母的组合，如PIAS、FHKY、DSEL，要求其将它们重新组合成熟悉的单词，如FISH、PLAY、DESK等。在这一测验中，智力活动的内容为符号，操作为认知（即理解和再认），产物为单元，即按重新组合的字词数来计算成绩。根据产物的数量即可测量出一个人的符号认知能力。如果给被试呈现十种语音，然后要求他们立即（或延迟一些时间）再现出来。在这一测验中，智力活动的内容为听觉的，操作为记忆，产物为单元，这一测验的成绩即可度量一个人的听觉记忆能力。

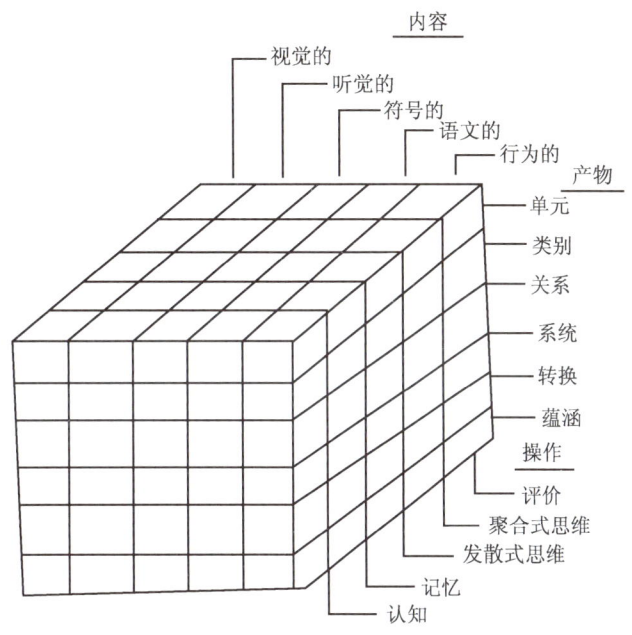

图 11-1　吉尔福特的智力三维结构模型

这一理论模型与化学上的元素周期表有些相似。根据这一系统框架，智力因素就像化学元素一样，在它们被发现之前就被假定。当吉尔福特1961年提出这一模型时，有近40种智力已经被确认。现在研究者已经发现了超过100种智力。虽然还有不少智力因素并未发现，但这给研究者提供了方向，也许研究者们最终会设计出相应的测验来测量和验证每一种智力。

吉尔福特的智力三维结构模型同时考虑到智力信息加工的内容、操作和产物，这不仅有助于智力测验研究工作的深入，也有助于发现优势能力和非优势能力，对因材施教也是有助益的。该模型及其相关的 IQ 测验几乎主宰智力领域达半个世纪之久，至今影响深远。但它也存在许多不足，特别是一味强调技术，脱离了研究对象的整体文化背景和社会实践，遭到后继者的批评。另外，尽管吉尔福特提出人的智力多达180种之多，事实上，他更多地是归纳和总结了人在智力活动中的心理过程和使用的方法与手段，这可能并未真正涉及智力的本质问题。

四、智力的层次结构模型

1971年，英国心理学家阜南（P. E. Vernon）继承和发展了斯皮尔曼的二因素说，提出了智力的层次结构模型。他认为，智力的结构是按层次排列的。他以一般因素（普遍因素）为基础，设想出因素间的层次结构，最后落脚于特殊因素，见图11-2。他认为，智力的最高层次是一般因素（G）；第二层次分两大群，即言语和教育方面的因素（V：E）以及机械和操作方面的因素（K：M），称为大因素群；第三层次为小因素群，包括言语、数量、机械信息、空间信息、用手操作等；第四层次为特殊因素，即各种各样的特殊能力。

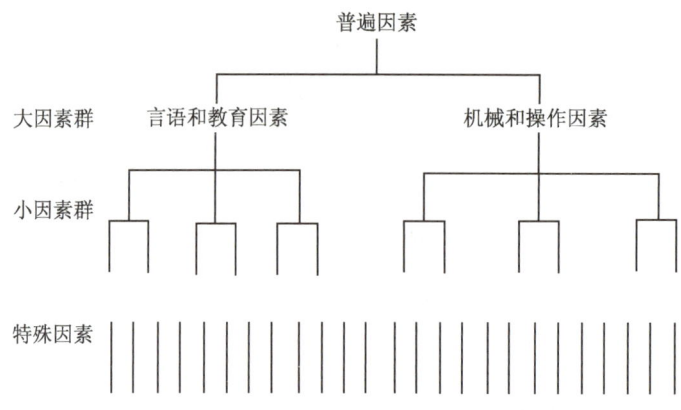

图 11-2 阜南的智力层次结构模型

阜南的智力层次结构模型像生物分类学的分类系统那样来划分智力的结构。他在 G 因素和 S 因素之间增加了大因素群和小因素群，而且明显地改变了把一般能力和特殊能力对立的局面，因此比斯皮尔曼的二因素说更进了一步。

五、多元智力理论

（一）多元智力的构成

多元智力理论是由美国心理学家加德纳（Gardner）于 1983 年提出的。他认为，智力的内涵是多元的，由七种相对独立的智力成分构成。1999 年，他又提出了一种智力，即认识自然的智力，从而形成八种智力。每种智力都是一个单独的功能系统，这些系统可以相互作用，产生外显的智力行为。

1. 言语智力

言语智力是指对语言的听、说、读、写的能力，表现为个人能够顺利而高效地利用语言描述事件、表达思想并与人交流的能力。这种智力在记者、编辑、作家、演说家和政治领袖等人身上有比较突出的表现，如由记者转变为演说家、作家和政治领袖的丘吉尔。

2. 音乐智力

音乐智力是指感受、辨别、记忆、改变和表达音乐的能力，具体表现为个人对音乐美感反映出的包含节奏、音准、音色和旋律在内的感知度，以及通过作曲、演奏和歌唱等表达音乐的能力。这种智力在作曲家、指挥家、歌唱家、演奏家、乐器制造者和乐器调音师身上有比较突出的表现，如音乐天才莫扎特。

3. 逻辑—数理智力

逻辑—数理智力是指运算和推理的能力，表现为对事物间各种关系如类比、对比、因果和逻辑等关系的敏感，以及通过数理运算和逻辑推理等进行思维的能力。逻辑—数理智力在侦探、律师、工程师、数学家、物理学家、化学家等身上有比较突出的表现，如相对论的提出者爱因斯坦。

4. 空间智力

空间智力是指感受、辨别、记忆、改变物体的空间关系并借此表达思想和情感的能力，表现为对线条、形状、结构、色彩和空间关系的敏感，以及通过平面图形和立体造型将它们表现出来的能力。这种智力在画家、雕刻家、建筑师、航海家、博物学家和军事战略家身上有比较突出的表现，如画家达·芬奇。

5. 身体—动觉智力

身体—动觉智力是指支配肢体完成精密作业的能力，表现为能够较好地控制自己的身体，能有效地组织协调四肢，从而达到有效的运动能量；对事件能够做出恰当的身体反应，以及善于利用身体语言表达自己的思想和情感的能力。这种智力在运动员、舞蹈家、外科医生、赛车手和发明家身上有比较突出的表现，如美国篮球运动员迈克尔·乔丹。

6. 自知智力

自知智力是指认识洞察和反省自身的能力，表现为能够正确地意识和评价自身的情感、动机、欲望、个性、意志，并在正确的自我意识和自我评价的基础上形成自尊、自律和自制的能力，以及选择自己生活方向的能力。人在对自我的主观认识上，时常是很模糊、很盲目的，而正是因为真知的逐渐形成，自知智力的不断发展，才会变得充满智慧与理性。这种智力在思想家、哲学家、小说家等人身上有比较突出的表现，如伟大的哲学家、革命理论家卡尔·马克思。

7. 人际智力

人际智力是指与人相处和交往的能力，表现为觉察、体验他人情绪、情感和意图并据此做出适宜反应的能力，也是情商的最好展现。人和人的交流就是靠语言、表情或肢体动作等方式来传递，人际智力高的人往往在这些方面有较好的洞察能力。同时，不少人际智力高的人还具有相当的蛊惑力或者煽动性，是组织的焦点、明星或政客等。这种智力在律师、推销员、公关人员、谈话节目主持人、管理者和政治家等人身上有比较突出的表现，如美国黑人领袖、社会活动家马丁·路德·金。

8. 认识自然的智力

认识自然的智力是指个体认识自然、辨别环境中各事物的特征并加以分类和利用的能力，表现为对不同种属的灵敏性，与生物敏锐交往的能力。

（二）多元智力理论的内涵

多元智力理论认为，智力是在某种社会或文化环境的价值标准下，个体用以解决自己遇到的真正难题或生产及创造出有效产品所需要的能力。

1. 每一个体的智力各具特点

根据加德纳的多元智力理论，作为个体，每个人都同时拥有相对独立的八种智力，但每个人身上的八种相对独立的智力在现实生活中并不是绝对孤立、毫不相干的，而是以不同方式、不同程度有机地组合在一起。正是这八种智力在每个人身上以不同方式、不同程度组合，使得每一个人的智力各具特点。

2. 个体智力的发展方向和程度受环境和教育的影响和制约

根据多元智力理论，个体智力的发展受到环境包括社会环境、自然环境和教育条件的极大影响与制约，其发展方向和程度因环境和教育条件不同而表现出差异。尽管各种环境和教育条件下的人们身上都存在着八种智力，但不同环境和教育条件下人们智力的发展方向和程度有着明显的区别。

3. 强调个体解决实际问题的能力和生产及创造出社会需要的有效产品的能力

多元智力理论认为，智力应该强调两个方面的能力：一是解决实际问题的能力；二是生产及创造出社会需要的有效产品的能力。根据加德纳的分析，传统的智力理论产生于重视言语智力和逻辑—数理智力的现代工业社会，智力被解释为一种以语言能力和数理逻辑能力为核心的整合的能力。

4. 多元智力理论重视的是多维地看待智力问题的视角

在加德纳看来，承认智力是由同样重要的多种能力而不是由一两种核心能力构成，承认各种智力是多维度地、相对独立地表现出来而不是以整合的方式表现出来，应该是多元智力理论的本质之所在。

六、三元智力理论

美国心理学家斯腾伯格也对传统智力理论提出挑战，于1986提出了三元智力理论。他采用了认知心理学的思想，认为个体智力上的差异是由于其对刺激情境的信息处理方式不同导致的。斯腾伯格主张，人类智力是相互连接的三边关系组合的智力统合体，各边可视为智力的三种成分，各边长度因人而异，从而形成智力的个别差异。这三种智力成分分别是：成分性智力、经验智力和情境智力。

（一）成分性智力

成分性智力是指个体在问题情境中，运用知识分析资料，经思考、判断、推理达到问题解决的能力。斯滕伯格认为，成分性智力中又有三种成分对信息加工是至关重要的：一是元成分，是指人们决定智力问题性质、选择解决问题的策略及分配资源的过程。元成分是成分性智力的核心，它决定人们解决问题的策略。二是执行成分，是指人实际执行任务的过程，如词法存取和工作记忆。三是知识获得成分，是指个人筛选相关信息并对已有知识加以整合，从而获得新知识的过程。

（二）经验智力

经验智力是指个人运用已有经验解决新问题时整合不同观念所形成的能力，它既包括处理新问题和面对新环境的创造能力，又包括信息加工过程自动化的能力。例如，一个有经验智力的人比无此智力的人能够更有效地适应新的环境，能较好地分析情况，结合已有经验解决新问题。经过多次解决某个问题之后，有经验智力的人就能不假思索、自动地启动程序来解决该问题，从而把节省下来的心理资源用在别的工作上。

（三）情境智力

情境智力是指个人在日常生活中应用学得的知识经验解决日常生活实际问题的能力。它包括对新环境或不同环境的适应能力、选择合适的环境及有效改变环境以适应自己需要的能力。在不同的文化中，人们应对日常生活实际问题的能力是不同的。例如，区分有毒和无毒植物是从事狩猎、采集的人们的重要情境能力，而求职面试或创业则是当代人们的一种重要情境智力。有时，情境智力被人们称作"小聪明"或"商业头脑"。也可以说，具有较高情境智力的人，一般是社会化比较好的人。研究还表明，没有较高 IQ 值的人，也可以有较高的情境智力。

斯滕伯格的理论得到了某些神经生理学的研究结果的支持。例如，有一位以前很成功的物理学家，因为偶然的事故使他的前额叶受损，痊愈后他虽然仍有很高的智商分数，却不能继续他的工作。他能按指示程序进行工作（如开车），但缺乏适应环境的能力。显然，这种人的行为缺少了智力中的一些重要成分，而这些成分却不能被大多数智力测验测量出来。

三元智力理论是当代智力理论的代表之一。它与当代认知心理学的发展相结合，扩大了传统智力理论中的智力概念。传统智力测验所测的智商只是智力三元论中的成分性智力。三元智力理论从静态地分析智力包括哪些成分，转到动态地把个体放到环境中，把智力看作必须经过经验积累并适应其所生活的文化背景，才能看出他的智力究竟怎样。该理论更贴近生活实际，从而有助于更全面地看待一个人的智力状况。

拓展阅读

成功智力

1999 年，斯滕伯格在其《成功智力》一书中集中阐述了成功智力理论的内容。他所谓的"成功"意味着个体在现实生活中达成了自己的目标。成功智力就是用以达成人生主要目标的智力，它能导致个体以目标为导向并采取相应的行动，是对现实生活产生重要影响的智力。在斯滕伯格看来，成功智力包括分析性智力、创造性智力和实践性智力，三者彼此相互联系而构成一个有机的整体。

分析性智力用来解决和判定思维成果的质量，它是指主体有意识地规定心理活动的方向，以发现问题的有效解决办法的能力。现代认知心理学对分析性智力的研究表明，最能体现分析性智力的活动主要有两种：问题解决和决策制定。在问题解决中，分析性智力的主要目的在于从特定情境出发，通过克服各种困难最终解决问题；而在决策制定过程中，分析性智力可以帮助人们从许多种可能中作出选择或对

机会进行评估。分析性智力是成功智力三要素中唯一与传统智力测验有所重叠的部分。但斯滕伯格明确地指出，分析性智力并不能简单地和智商划等号，传统智力测验仅仅测量出了分析性智力的一部分，而分析性智力的领域远远超出了学校的情境，它涉及现实生活的各个方面。

创造性智力可以帮助人们从一开始就发现问题并形成好的想法，它是一种超越已获得的知识和信息，产生出新异思想的能力。斯滕伯格以现实生活为背景，从成功的角度提出创造力的投资理论：如同善于在证券市场上呼风唤雨的成功者一样，具有成功智力的人总是能发掘出常人所不能发现或忽略的问题（低位买进），经过他们"既新异且有价值"的思考而产生卓有成效的成果，并为公众所接受（高位买出），他们挑战公众，而后又彻底地领导潮流。斯滕伯格认为，创造力不仅仅是形成思想的能力，还是一个使智力的三个基本方面——创造性、分析性和实践性——都得到均衡和运用的过程。创造力需要分析性智力对问题深刻的剖析，需要实践性智力将理论转化为实践，将创造思维转化为现实。斯滕伯格把创造性智力看成是一座沟通分析性智力和实践性智力的桥梁，认为一个人要想富于创造，就必须使智力的三方面达到平衡。

实践性智力是指个体在实际生活中获取经验知识和背景信息，定义问题实质及解决问题的一种能力，它可以较好地预测个体未来的工作表现。斯滕伯格认为，具有成功智力的人的显著标志就是容易获得和使用经验知识。所谓经验知识是指个体自己领会、体验得到的，而不是他人教会的或从书本上直接就能学到的知识，它不同于某种观念或抽象的理论思考，这类知识通常带有行动导向，利于个体解决问题、实现目标。譬如，一个母亲可能没有学过儿童发展心理学，却能在儿童发展的不同阶段采取不同方式将其养大成人。斯滕伯格将解决实际问题的能力作为实践智力的核心，认为经验知识是成功智力的一个方面，它可以帮助人们适应周围的环境。他进一步指出，成功智力并不应仅局限于适应环境，符合成功智力要求的实践性智力还应该可以帮助人们选择环境和塑造环境。

成功智力是一个有机的整体，只有在分析能力、创造能力和实践能力三方面协调、平衡时才最为有效。并强调在具备三方面素质的同时，要选择恰当的时机以适当的方式加以运用，才能获得成功。

七、智力的 PASS 模型理论

智力的 PASS 模型理论是由戴斯（J. P. Das）、纳格利尔里（J. A. Naglieri）和考尔比（J. R. Kirby）等人提出的。该理论建立在信息加工的认知心理学和鲁利亚的三个机能系统学说的基础上。PASS 是指人的一切智能活动，包括计划、注意、同时性加工和继时性加工四种认知过程，此四种认知过程又构成三级认知功能系统，即注意—唤醒系统、信息加工系统和计划系统。三个系统协调合作，保证了一切智力活动的进行。

PASS 模型中的三个系统在智力活动中各司其职：注意—唤醒系统的主要功能是使大脑处于一种适宜的工作状态，它处于心理加工的基础地位，其功能状态直接影响到另两个系统的工作。信息加工系统负责对外界输入信息的接收、解释、转换、再编码和贮存。这一系统在 PASS 模型中处于关键地位，因为智力活动的大部分的实际操作都在该系统发生。它又分为两种不同的加工方式：一是同时性加工方式，即若干个加工单元同时开始进行信息处理，如图形辨认、人物辨认、完行测验、图形组合等；二是继时性加工方式，即几个加工单元先后依次对信息进行加工处理，如数字背诵、动作模仿和系列记忆。计划系统处于 PASS 模型的最高层次，它负责执行计划、监控、评价等高级功能。

智力的 PASS 模型从智力的活动过程来分析，比起从静态的元素来分析智力更接近于心理机制的本质。但是，智力的 PASS 模型涉及的更多是智力的心理操作层面，而智力的本质是否仅限于此，也许还需后来者不断地探索与研究。

第三节　智力的测量

智力是一种心理特性，不同于人们的身高、体重，因而不能直接对其进行测量。但是，一个人智力的高低可以通过其行为活动表现出来，例如，可以通过完成任务的质量、取得的结果等来判断其智力的高低。如果一个学生每次在语文测验和英语测验中均能取得优秀的成绩，可以说该学生的语言智力较高；如果一个人无论与什么样的人相处，都能保持融洽的关系，就说他的人际智力较高。正是因为智力与人的行为活动之间的内在联系，使得间接测量智力变得可能。

智力测量是指依据智力的理论和测量学理论，编制相应的测量工具、选择合适的测验方法来衡量一个人智力水平高低的一种科学方法。当前比较有影响力的智力测验量表均是依据传统的智力因素理论编制的，因此，它们都偏重于个体的语言智力、逻辑—数理智力和空间智力等方面，更多反映的是认知分析能力，与人的学业成就关系较大，但不能反映人具有的其他潜能。

智力的测量可以分为不同的种类。依据测验同一时间施测对象的多寡不同，可以分为个别测验和团体测验；依据测验的内容不同，可以分为文字测验和非文字测验。

一、个别测验量表

（一）比纳智力量表

世界上最早系统地测量人的智力的法国心理学家比纳（A. Binet）和医生西蒙（T. Simon），1905 年受法国教育部委托，为了便于按智力分班，他们研究缺陷儿童，并于同年编制了世界上第一个智力测验量表，称为比纳—西蒙量表。这个量表共包括 30 个测验项目，适用于 3~11 岁的儿童。此后，比纳和西蒙不断对该量表进行修订与完善，相继出现了 1908 年和 1911 年版的比纳—西蒙量表。

比纳—西蒙量表问世后不久，美国斯坦福大学心理学家推孟（L. M. Terman）将量表引进美国。为了更适用于美国儿童，他于 1916 年第一次修订了比纳—西蒙量表，被称为斯坦福—比纳量表。该量表有 90 个测验项目，适用于 3~14 岁的儿童，每个年龄组有 5~

6个测验项目，每一个测验项目代表2个月龄。随着年龄的增加，测验项目的难度也增加。该量表的最大革新在于采用智商这一概念作为智力测量的指标。智商即被试的智力水平，它表示智力年龄与实际年龄的比率，也称为比率智商，计算公式为：

$$智商（IQ）= \frac{智力年龄（MA）}{实际年龄（CA）} \times 100$$

其中，智力年龄取决于被试通过的测题数目及其所属的年龄水平。比率再乘以100是为了消除小数，没有实际意义。

此外，经过推孟和其他心理学家的进一步研究，斯坦福—比纳量表还有1937年、1960年、1972年及1986年等多个修订版，成为当代应用广泛的智力测验。中国学者陆志韦1924年以1916年的斯坦福—比纳量表为基础，修订了《中国比纳—西蒙智力测验》，1936年又与吴天敏进行了第二次修订。1982年，吴天敏再次修订，称为《中国比纳测验》，该测验共51个项目，每岁3个项目，适用于2~18岁被试。

比纳智力量表开创了智力测验的先河，能反映个体总的智力水平。但是，智力不是一种单一的能力，它没能够反映个体智力的不同侧面。比纳智力量表最早采用比率智商来度量个体的智力水平，但是，比率智商有个缺陷：个体的实际年龄逐年增加，而智力发展到一定阶段却可能稳定在某个水平上，这时，就会出现人的智商随着年龄不断下降的情况，这与智力发展的实际情况不一致，因此比率智商尤其不适用于成人和老年人。

（二）韦克斯勒智力量表

斯坦福—比纳智力量表是对个体智力状况的综合测量，不能反映个体在特定智力结构成分上的得分。现实生活中，往往一个人智力的各个成分之间的发展不均衡。有的人可能在智力的某一成分上有较突出的表现，而在另一些成分上表现较差；有的人可能相反，尽管他们总的智力水平相当，却有着不同的能力优势。因此，为了能更具体和真实地反映一个人的智力状况，韦克斯勒（D. Wechsler）于1939年编制了韦克斯勒—贝勒维智力量表，用于测量16~60岁的成人，而后他又分别编制了三套智力量表：韦克斯勒儿童智力量表（WISC）（1949）及其修订本（WISC-R）（1974），适用于6~16岁的儿童；韦克斯勒成人智力量表（WAIS）（1955）及其修订本（WAIS-R）（1981），适用于16岁以上成人；韦克斯勒学前和初小儿童智力量表（WPPSI）（1967），适用于4~6.5岁的儿童。韦克斯勒的各套智力量表之间有着诸多一致性，每套量表均包含两大分量表，即言语量表和操作量表，而每个分量表包含5~6个项目类别，而且它们的项目类别大同小异，当然，项目内容的难度不同。

1. 韦克斯勒智力量表的内容

1981年版的韦克斯勒成人智力量表（WAIS-R）包含11个项目类别。其中，言语量表包含6个项目，即常识、理解、心算、类同（两物相似）、背数和词汇；操作量表包含5个项目，即图像组合、填图、图片排序、积木拼图和译码。

（1）常识

该测验包括33个一般性知识的测题，测题的内容很广，如"谁发现了美洲""某个国家的首都在什么地方"等。韦克斯勒认为，人们在日常社会生活中接触到常识的机会应基本相同，但由于智力水平不同，每人所掌握的知识就有所不同。智力越高，兴趣越广泛，好奇心越强，所获得的知识就越多。常识也可以反映长时记忆的状况；常识还与早期疾病有关，自幼患病会减少人们与外界接触的机会，获得的常识就较少。有情绪问题的被试，常表现出对常识分量的夸大和贻误，因而常识测验具有临床的意义。常识测验能够测量智力的一般因素，不易引起被试的紧张和厌恶，因此通常将此测验安排为第一项。常识测验的缺点是容易受文化背景和被试熟悉程度的影响。

（2）理解

该测验包括 18 个测题，主试把每个问题呈现给被试，要求他说明每种情境。例如，"如果你在路上拾到一封贴上邮票、写有地址但尚未寄出的信，你应该怎么办？"理解测验主要测量实际知识、社会适应能力和组织信息的能力，能反映被试对于社会价值观念、风俗、伦理道德是否理解和适应，在临床上能够鉴别脑器质性障碍的患者。该测验能较好地反映智力的一般因素，与常识测验相比，受文化教育的影响较小；缺点是评分标准难以统一掌握。

（3）心算

该测验包括 15 个测题，被试在解答测题时，不能使用笔和纸，而只能用心算来解答。算术测验主要测量最基本的数理知识及数学思维能力。该测验能够较快地测量被试运用数字的技巧，缺点是被试容易焦虑和紧张，且易受性别影响。

（4）类同（两物相似）

该测验包括 14 组成对的词汇，要求被试概括每一对词义相似的地方在哪里。例如，"桌子和椅子在什么地方相似？""树和狗在什么地方相似？"该测验主要测量逻辑思维能力、抽象思维能力、分析能力和概括能力。类同测验简便易行，评分不太困难，在临床上有鉴别脑器质性损害和精神分裂病方面的意义。

（5）背数

该测验包括 14 个测题，主试读出一个 2~9 位的随机数字，要求被试顺背或倒背，两者分别进行。顺背从 3 位数字至 9 位数字，倒背从 2 位数字到 8 位数字。总分为顺背和倒背两者的总和。该测验主要测量瞬时记忆能力，但分数也受到注意广度和理解能力的影响。韦克斯勒认为，该测验对智力较低者可以测其智力，而对智力较高者实际测量的是注意力，智力高者在该测验上得分不一定会高。该测验能够较快地测验记忆力和注意力，不会引起被试较强的情绪反应，也不受文化教育程度的影响，且简便易行。但其可靠性较差，测验受偶然因素的影响较大，一定程度上能测量智力的一般因素。

（6）词汇

该测验包括 37 个词汇，每个词汇写在一张词汇卡片上。通过视觉或听觉逐一呈现词汇，要求被试解释每个词汇的一般意义。例如，"'美丽'是什么意思？'公主'是什么意思？"词汇测验用来测量被试的词汇知识和其他与一般智力有关的能力。韦克斯勒认为，生活在同一文化环境中的人基本上共同地接受这种文化。年龄大的人所接受的文化相对多一些；同年龄者中，智力较高者相

对接受的较多；经历丰富、受教育程度高的人，接受的也多些。研究表明，该测验是测量一般智力因素的最佳测验，可靠性也较高；缺点是评分较难，测试时间较长，受文化背景及教育程度影响较大，有些人仅凭记忆力好也能得到高分。

（7）图像组合

该测验包括4个测题，把每套零散的图形拼板呈现给被试，要求他拼配成一个完整的物件。物体拼配测验主要测量思维能力、工作习惯、注意力、持久力和视觉综合能力。该测验与其他分测验的相关性相对较低，但在临床上可以测出被试的知觉类型及其对尝试错误方法的依赖程度。该测验任务单纯，但可靠性较低，施测时间较长。

（8）填图

该测验包括27张图片，每张图上都有意缺少一个主要部分，要求被试在规定的20秒钟内，指出每张图上缺少了什么。该测验用来测量视觉敏锐性、记忆和细节注意能力。韦克斯勒认为，人们在心理发展过程中对所接触的日常事物形成完整的印象，这对于人们适应外界环境是十分重要的。该测验能够测量智力的一般因素，在临床上也有意义。具有病态观念的患者往往将自己的思想投射到测验中去；智力落后患者填图的成绩很差。该测验的缺点是易受个人经验、生长环境的影响。

（9）图片排序

该测验包括10套图片，每套由3~5张图片组成。在每道题中，主试呈示一套次序打乱了的图片，要求被试按照图片内容的事件顺序，把图片重新排列起来，使它们成为一个有意义的故事。该测验用来测量被试的分析综合能力、观察因果关系的能力、社会计划性、预期力和幽默感等。被试对测验有兴趣，可用于各种文化背景的人士，在临床上还具有投射测验的作用，但易受视觉敏锐性的影响。

（10）积木拼图

该测验包括10个测题，要求被试用4块或9块积木，按照图案卡片来照样排列积木。每块积木两面为红色，两面为白色，另两面为红白各半。该测验用来测量视知觉和分析能力、空间定向能力及视觉—运动综合协调能力，它与操作量表的总分和整个测验的总分的相关均很高，因此被认为是最好的操作测验。该测验效度很高，在临床上能帮助诊断知觉障碍、分心、老年衰退等症状。比较而言，该测验受文化影响较少；缺点是手指技巧有时可能会提高分数。

（11）译码

该测验共有93对数字符号，要求被试在规定时限内，依据规定的数字符号关系，在数字下部填入相应的符号。该测验主要测量注意力、简单感觉运动的持久力、建立新联系的能力和速度。该测验评分快速，较少受文化背景的影响；缺点是不能很好地测量智力的一般因素。

2. 对韦克斯勒智力量表的评价

韦克斯勒量表相对完整地反映了个体的智力实况，不仅能反映出个体的综合智力状况，还能具体反映个体智力的不同侧面：言语能力及其各个成分的水平和操作能力及其各个成分的水平。因此，它能够促使个体对自身智力的认识更加清晰，也为家庭教育和学校教育提供了一定的依据，使教育者能更好地做到因材施教。

韦克斯勒的贡献还在于，他革新了智商的计算方法，首次提出了"离差智商"的概念。

离差智商是采用统计学上标准差的观念来表示智商的高低，他提出离差智商的依据是，人的智力测验的分数是按常态分布的，大多数人的智力处于平均水平，离平均数越远，其人数分布越少，即智力绝对高和绝对低的人在人群中比例很少。因此，他把智力测验结果的原始分数转换成标准分数，假设人的平均智商分数为100、智商分布的标准差为15，即

$$离差智商 = 100 + 15Z（Z 为标准分数）$$

$$Z = \frac{X-M}{SD}$$

其中，X 表示个体的测验分数；M 表示团体的平均分数；SD 表示团体分数的标准差。这样，就可以根据测验结果来推算个体的智商在群体中居于什么位置。例如，某个年龄组的平均测验分数为 70 分，标准差为 10 分。甲生测验得 80 分，代入公式计算得到，他的标准分数为 1（即 +1σ），离差智商是 115，说明他的智力比 84% 的同龄人要高，见图 11-3。

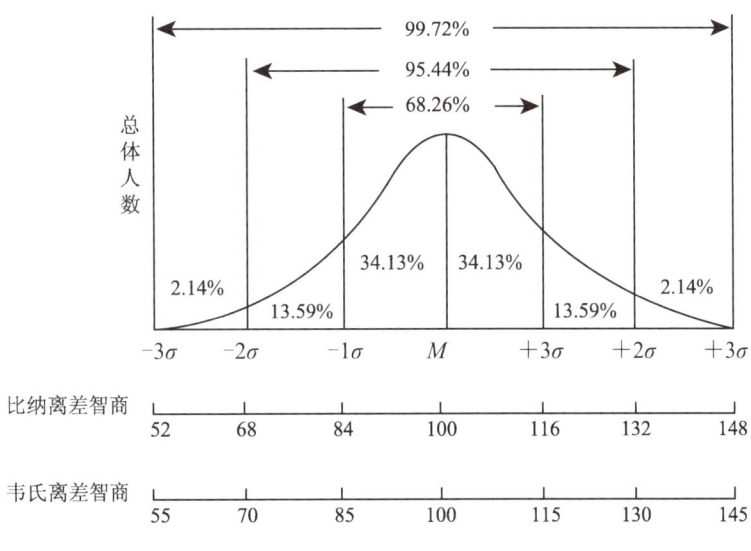

图 11-3　离差智商的正态分布

相对于比率智商而言，离差智商有其特殊的优越性。但是，离差智商代表的是个体智力的相对水平，即相对于特定群体所处的位置，而非个体智力的绝对水平。例如，一个人可能在 85 岁和 25 岁时，其离差智商都是 110，但是，他 85 岁时的绝对智力一般要比 25 岁的绝对智力低些。

二、团体智力测验量表

（一）瑞文推理测验

瑞文推理测验简称瑞文测验，是由英国心理学家瑞文（J. C. Raven）于 1938 年设计的一种非文字智力测验，主要通过图形的辨别、组合、系列关系等测量人的智力水平，主要测量个体解决问题的能力、观察力、思维能力、发现和利用自己所需的信息及适应社会

生活的能力。瑞文测验具有跨语言、跨文化应用的优势，是目前国际上非常流行的智力水平测量量表之一。瑞文测验发展到现在，共有标准型（SPM）、彩色型（CPM）、高级型（APM）和联合型（CRT）四种形式。

1. **标准型**

瑞文标准推理测验编制于 1938 年，之后有多次修订，最新版本为 1996 年版，适用于 5.5～70 岁的智力正常的个体。该测验共分成 A、B、C、D、E 五组，其难度逐渐增加，每组都有一定的主题，题目的类型略有不同。A 组主要测知觉辨别力、图形比较、图形想象力等；B 组主要测类同比较、图形组合等；C 组主要测比较推理和图形组合；D 组主要测系列关系、图形套合、比拟等；E 组主要测互换、交错等抽象推理能力。测验通过评价被测者的这些思维活动，来研究他的智力活动能力。每一组中包含 12 道题目，也按逐渐增加难度的方式排列。每个题目由一幅缺少一小部分的大图案和作为选项的 6～8 张小图片组成。测验中，要求被测者根据大图案内图形间的某种关系，分析小图片中的哪一张填入（在头脑中想象）大图案中缺少的部分最合适，见图 11-4。

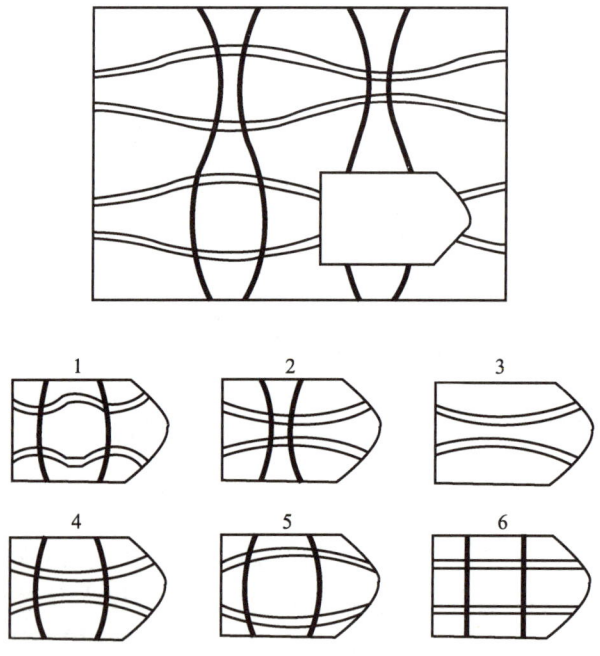

图 11-4　瑞文标准推理测验样例

2. **彩色型**

瑞文彩色推理测验编制于 1947 年，最新版本为 1990 年版，它是为了适应测量幼儿、80 岁以上老人及智力低下者而设计的。将原有黑白标准型的 A、B 两个单元加上彩色，再插入一个彩色的 AB 单元，共 3 个单元、36 道题，见图 11-5。

3. **高级型**

瑞文高级推理测验编制于 1947 年，最新版本为 1994 年版，适用于智力超常的青少年和成人，见图 11-6。

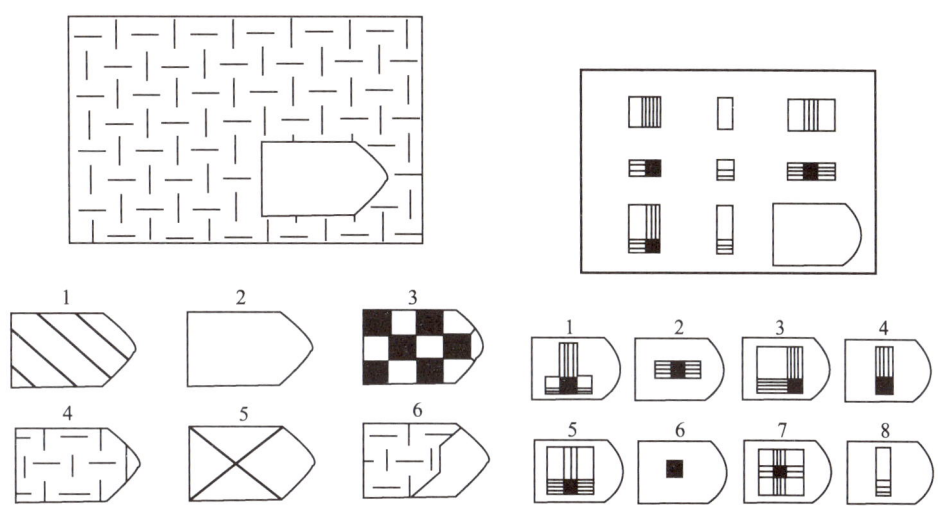

图 11-5　瑞文彩色推理测验样例　　　　图 11-6　瑞文高级推理测验样例

4．联合型

瑞文联合推理测验是由标准型和彩色型联合而成，包含六个单元，前三个单元为彩色，后三个单元为黑白色，每个单元又包含 12 道题，共有 72 道题目，适用于 5～75 岁的个体。

由于瑞文推理测验是非文字测验，不受文化、种族、语言及生理缺陷等因素的限制，施测方法简便，既可个别测量，又可团体测量，而且结果简单、直观，所以，瑞文推理测验是一种公认的较为有效的智力测验。许多国家对其进行翻译和修订，在世界各国被广泛运用。我国于 1985 年在张厚粲教授的主持下对瑞文标准推理测验进行了修订，不过，当时的被试仅包含城市人口。1987 年，华东师范大学心理系李丹教授等人对瑞文推理测验联合型进行了修订。

（二）陆军甲种测验和乙种测验

第一次世界大战期间，为了迅速且有效地选拔士兵和军官，当时的美国心理学会主席耶克斯（R. M. Yerks）及桑代克（E. L. Thorndike）等人将欧提斯（A. S. Otis）尝试性编制的团体智力测验运用于军队，修订后即成为陆军甲种测验，这是第一个团体智力测验。它包括 8 个分测验，即指使测验、算术测验、常识测验、异同测验、语句重组并辨真假测验、填数测验、类比测验和句子填充测验。

陆军乙种测验是为母语为非英语及文盲编制的非文字测验，是适用于军队的团体智力测验。它包括 7 个分测验，即迷津、立方体分析、补足数列、数目符号、数字校对、图画补缺和几何分析。

陆军甲种测验和乙种测验在当时对战争的贡献颇大，从 1917 年 9 月到 1919 年 1 月，其受测人数超过 170 万人。但是，目前这两种测验已经很少再被运用，现在美国军队采用军队资格测验（简称 AFQT）来选拔军人和分兵种。

除了上述团体智力测验外，还有不少被广泛运用的团体智力测验，其中较有名的是 1994 年版的美国学业能力测验（SAT）和 1989 年版的美国院校测验（ACT），美国大多数高等教育机构都要求其申请者通过其中一种测验,作为选拔的参考标准。此外,我国的高考和国家公务员考试等在某种程度上也算是团体智力测验,它们在一定程度反映了人的智力的某些方面,尤其是言语能力和数理—逻辑能力。

第四节　智力的发展

人的智力是不断发展的,并呈现出一定的规律,但是,智力的发展又存在个体差异,这些差异既来源于不同的遗传素质,也源自不同的生活环境、教育和个体自身的主观努力。

一、智力发展的一般趋势

关于人一生中智力发展的趋势,研究者们做过不少研究,很多研究结果基本趋于一致,尽管有些方面并未完全达到共识。归纳起来,智力发展的一般趋势表现为以下几方面。

(一) 少年期以前是人智力发展的关键期

20几岁时,人的智力发展到顶峰,之后维持一个稳定的水平,直到40岁左右,随后智力开始衰退,随着年龄的不断增加,衰退更为迅速。

美国心理学家贝利(Bayley)用贝利婴儿量表、斯坦福—比纳智力量表和韦氏成人智力量表等为工具,对同一群被试从其出生开始进行了长达36年的追踪测量,把测得的分数转化为可以互相比较的"心理能力分数",绘制成了智力发展曲线,见图11-7。从图中可以看出,智力在11~12岁以前是快速发展的,其后发展放缓,到20岁前后达到顶峰,随后即保持一个相当长的水平状态直至36岁,之后开始出现衰退迹象。也有研究者根据五种主要能力对成人进行测量,发现一般人的智力到35岁左右发展到顶峰,以后缓慢下降,到60岁左右迅速衰退。此外,对脑电波的研究发现,人脑的发育在5~6岁和13~14岁存在两个加速期。

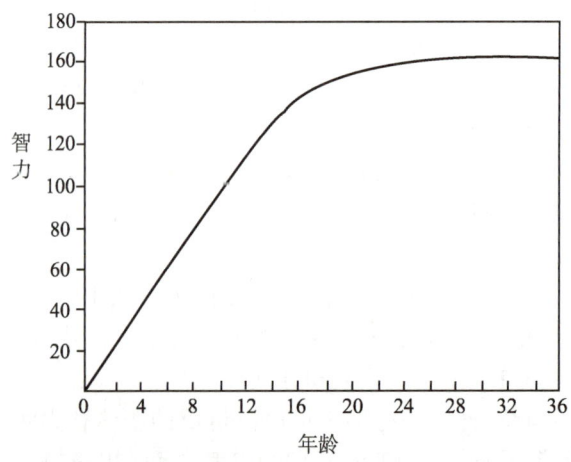

图11-7　智力发展曲线

（二）智力的不同成分的发展速度不同

瑟斯顿（Thurstone）考察了不同智力因素的发展情况，结果发现，12 岁时智力的知觉速度已发展到成人水平的 80%，而推理能力、词的理解力和词语运用能力等则要到 14 岁、18 岁和 20 岁以后才分别达到同一水平。

（三）晶体智力和流体智力的发展趋势

对晶体智力和流体智力的发展研究表明，流体智力在中年以后开始下降，而晶体智力则在人的一生中都有稳定上升的趋势，见图 11-8。

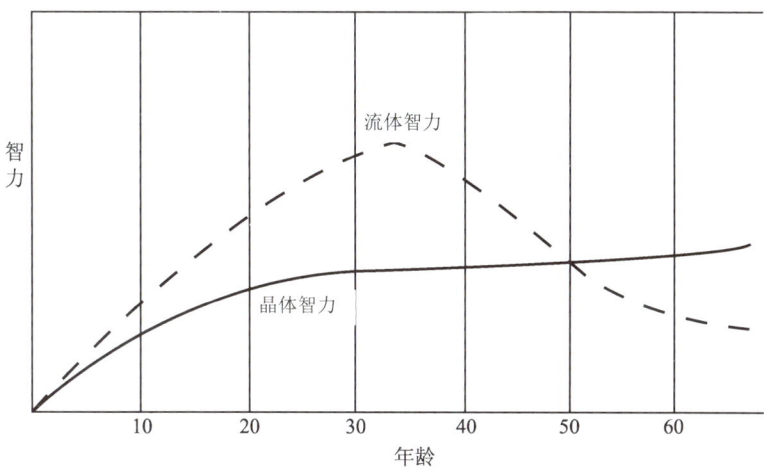

图 11-8　晶体智力与流体智力的发展趋势

（四）智力优异者与智力落后者的发展趋势

研究显示，智力优异者不仅发展速度快，而且延续发展的时间也长，而智力落后者发展缓慢，并且有提前停止发展的倾向。

此外，德国解剖学家赫伯特·豪格对 160 具 20～111 岁的尸体进行研究，发现大脑的神经细胞几乎不随年龄的增长而衰亡，只是细胞体缩小，这种缩小一般在 60 岁以后开始，90 岁前只缩小 7%～8%。

二、智力发展的个体差异

（一）智力发展水平的差异

智力发展水平的差异是指智力在量上的差别。最早西方心理学家们运用心理测验的方式获得每个人的智力商数，以比较人们智力水平的差异。心理学家通过大量研究得到一个共同的结论：智力的个别差异在一般人中呈正态分布，即两头小、中间大，大多数人的智力处于中间水平，而智力极高或极低的人口比例较小。大约 68% 的人的智商在 85～115 之间，即 Z 分数为 -1～+1 之间，属于中等水平；而智商低于 70 或高于 130 的比例约为 2%，见图 11-9。智商低于 70 的人属于智力低下；智商超过 130 的人属于智力超常。在现实生活中，智力低下者会略多于智力超常者，因为智力除了按常态变异规律分布外，许多疾病会损害人脑，导致智力低下。例如，遗传性疾病、先天性代谢性疾病、甲状腺功能低下、颅脑畸形及宫内疾病等均会影响智力的发展。另外，妊娠并发症、难产及产后中枢神经系统疾病等也是影响智力发展的常见因素。

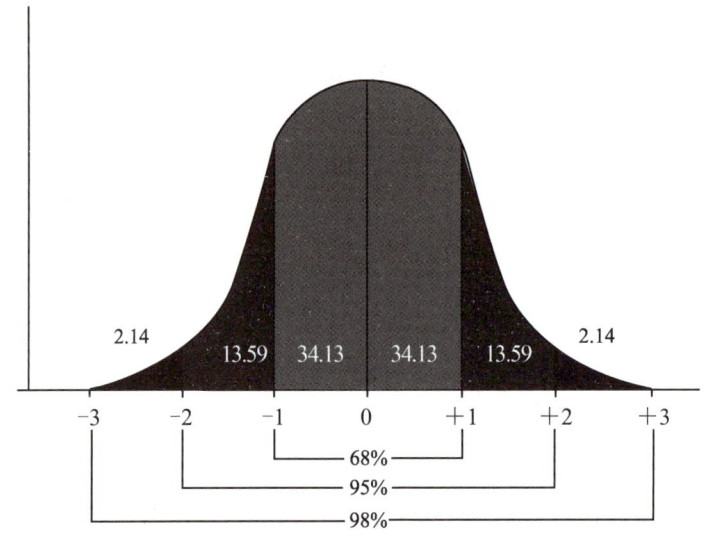

图 11-9　智力发展水平的正态分布

拓展阅读

智力异常儿童的特点

1. 智力低下儿童的特点

据研究，智力低下的儿童的心理活动有如下特点：感知觉发展缓慢，知觉范围比较狭窄，视觉、听觉表象贫乏而笼统，对类似事物不易分化，且不稳定；记忆力很差，学过的东西不能很好地保持，回忆困难，意义识记和有意识记能力很差；思维上，他们不善于比较，进行抽象和概括特别困难，抽象思维能力差；想象力也很贫乏。但在特殊教育条件下，配合直观因素进行教学，或者与多样化的实际活动和劳动密切联系起来，他们的思维也能得到明显的改变。他们的语言表达能力差，词汇贫乏，常常语无伦次，对语言的理解和运用能力均有缺陷。

智力低下儿童在个性特征和行为上也与众不同。在个性上，他们比正常儿童更易沮丧，对成人常抱敌意，情绪紧张、压抑，缺乏自信，他们常以失败的心情对待学习和成人交给的任务，思想方法也较绝对化。其个性特征的根本特点是缺乏灵活性，难于适应新的事物，这一切当然都与成人及周围人对他的态度和教育有关。

2. 智力超常儿童的特点

国内外心理学者对智力超常儿童的研究发现，智力超常儿童有多种类型的表现。有的幼年大量识字，三四岁已掌握汉字 2 000 余个，能津津有味地阅读儿童读物；有的五岁开始写作，文笔通顺、生动；有的数学才华早露，四五岁已掌握了加减乘除的混合运算；有的擅长外语，七岁时就能掌握 3 000 个以上英语常用词汇，可以阅读英文读物，并能自如地与外宾进行英语会话；有的是小画家、小歌手，有的擅长书法……

尽管智力超常儿童心理发展的类型和程度都不一样，然而，在不同年龄的智力超常儿童中，也有一些共同的心理特点，主要表现在以下几方面：① 有旺盛的求知欲和广泛而强烈的兴趣；② 有敏锐的观察力和高度集中的注意力；③ 有较强的记忆力；④ 进取心强，有突出的探索精神和顽强的意志；⑤ 思维敏捷，理解力强，有独创性；⑥ 有丰富的想象力，有幸福感，情绪稳定。

（二）智力表现早晚的差异

人的智力表现有早有晚。有些人在年少期就显露出非凡的智力，即"人才早熟"，这种情况古今中外均有所见。例如，奥地利作曲家莫扎特 5 岁就创作了他的第一首乐曲，8 岁时举办独奏音乐会；唐初四杰之一的王勃 10 岁能作赋，13 岁写出著名的《滕王阁序》。

另外，也有些人的智力在年龄较大时才表现出来，即"大器晚成"。这些人在年轻时并未显示出众的智力水平，到中年才崭露头角，表现出惊人的才智。例如，我国的画家齐白石本来长期做木匠，40 岁才显露绘画才能，成为著名的国画家；我国明代医学家李时珍在 61 岁时才写成《本草纲目》；英国生物学家、进化论的奠基人达尔文，年轻时被认为智力低下，50 岁才有研究成果《物种起源》。

（三）智力结构的差异

智力结构差异主要是指由于构成智力的基本因素不同而产生的不同的智力类型。有的学者将人的智力结构依据不同标准，分为以下几种典型的类别。

1. 分析型、综合型与分析—综合型

这是根据人们在知觉过程中的特点而划分的类型。属分析型的人，在知觉过程中具有较强的分析能力和对物体细节感知清晰的特点，但概括性和整体性不够；属综合型的人，具有综合整体知觉的特点，但缺乏分析性，对细节不太注意；属分析—综合型的人，兼有上述两种类型的特点，既具有较强的分析性，又具有较强的综合性，是一种较理想的智力结构类型。

2. 视觉型、听觉型、运动觉型与混合型

这是根据人们在记忆过程中某一感觉系统记忆效果最好而划分的类型。视觉型的人视觉记忆效果最好；听觉型的人听觉记忆效果最佳；运动觉型的人有运动觉参加时，记忆效果最好；混合型的人用多种感觉通道识记时效果最显著。在日常生活中，有人（艺术家）需要高度发展的形象记忆，而另一些人（数学家）需要高度发展的抽象数字符号记忆。有人记忆敏捷、准确，保持长久，提取运用方便；有人则记忆迟钝，遗忘得快，再认与回忆的效果差；还有的人虽然记得慢，但记得扎实，保持时间长。

3. 艺术型、思维型与中间型

这是根据人的高级神经活动中两种信号系统谁占优势而划分的类型。艺术型的人，第一信号系统（除语词外的各种刺激物）在高级神经活动中占相对优势。他们在感知方面具有印象鲜明的特点；在记忆方面，易于记忆图形、颜色、声音等直观材料；思维富于形象性，想象丰富；情绪容易被感染。思维型的人，则第二信号系统（语词）在高级神经活动中占相对优势。他们在感知方面，注重对事物的分析、概括；在记忆方面，善于语词记忆、概念记忆；在思维方面，倾向于抽象、分析、系统化，善于逻辑构思和推理论证等。中间型的人两种信号系统比较均衡，具有两者的特点。

智力的结构差异除了表现为不同智力类型以外，根据加德纳的多元智力理论，可以更直观地看出人们智力结构的差异。依据加德纳的观点，智力由八种不同元素构成，每个人很少会在每一个智力元素上都能发展得一样好，相反，可能不同的人，其总的智力水平相当，但却有着不同的优势智力元素。这种智力结构的差异主要表现为各自优势智力成分的不同。例如，有的人有着较高的音乐智力，如音乐家、歌唱家；有的人有着常人不及的身体—动觉智力，如出色的运动员、优秀的舞蹈家等；而有人可能具备出色的人际智力，如政治家、外交家、推销人员等。

（四）智力的性别差异

20世纪30年代以来的许多研究发现，男女在总的智力水平上没有性别差异，但男女在智力的不同方面显示出一定的差异。

1. 尽管男女智力的总体水平大致相同，但在智力分布上有显著的差异

男性比女性的离散程度大，也就是说，智力超常的男性和智力低下的男性都要比女性多。男女智力的这种分布差异在学业成绩上的反映很显著。国内外的一些调查的结论大致相同，无论是中学还是大学，学习成绩优异的和学习成绩较差的男生均多于女生，成绩中等的女生多于男生。

2. 男女的智力结构存在差异，各自具有自己的优势领域

男性在算术理解、空间关系、抽象推理等方面较占优势，女性在语言、记忆、知觉速度等方面较占优势。具体来说，在感知觉方面，男性的视知觉能力一般较强，尤其是空间知觉能力，男性明显优于女性。女性的听觉能力较强，特别是对声音的辨别和定位，明显优于男性。在注意力方面，一般男性的注意定向更多指向于物，喜欢摆弄事物并探索物体的奥秘，对物的注意具有稳定性。女性的注意则较多指向于人，喜欢注意人的外貌、举止、内心世界和人际关系，对人的注意的稳定性较好。在思维方面，男性偏于抽象思维，女性偏于形象思维。男性一般喜欢数学、物理、化学等学科，女性一般喜欢语文、外语、历史等学科。

3. 男女智力表现早晚存在一定差异

有研究发现，在小学阶段，女生的语言能力和计算能力均高于男生，但随着年级的升高，女生的这种优势不再明显，甚至可能发生反转的现象。有研究表明，从10岁以后，男生的数学成绩超过女生，高于同龄女生0.2个标准差；从10岁以后，男生逐渐显示出更强的空间视觉能力，高于同龄女生0.4个标准差。

三、智力发展的影响因素

智力的形成与发展受多方面因素的影响，遗传、环境、教育、实践经验及个人主观努力，都对智力的形成和发展具有不同作用。

（一）遗传因素

关于遗传对智力形成和发展影响的研究，主要从三个方面进行：一是血缘关系不同的人在智力上的相似程度（以相关系数表示）的研究。研究发现，血缘关系越密切的人，智力越相似（即相关系数越高）；无血缘关系者，其智力的相关系数近似为零；但无血缘关系的兄弟姐妹若生活在同一家庭中，其智力存在一定的相关。二是双生子智力的相关研究。由于同卵双生子是由一个受精卵分裂成两个个体，所以，认为二者的遗传基因基本相同。异卵双生子分别由两个受精卵发育而成，因此，在遗传基因上二者的差异远比同卵双生子大。研究发现，同卵双生子不论是在相同环境中抚养（一起抚养），还是在不同环境中抚养（分开抚养），其智商的相似程度很高，且均高于异卵双生子。异卵双生子智商的相似程度仅略高于普通的兄弟姐妹。三是子女与养父母和亲生父母之间智力的相关研究。研究发现，排除环境因素的影响，子女与亲生父母之间智力的相关高于他们与养父母的相关，见图11-10。

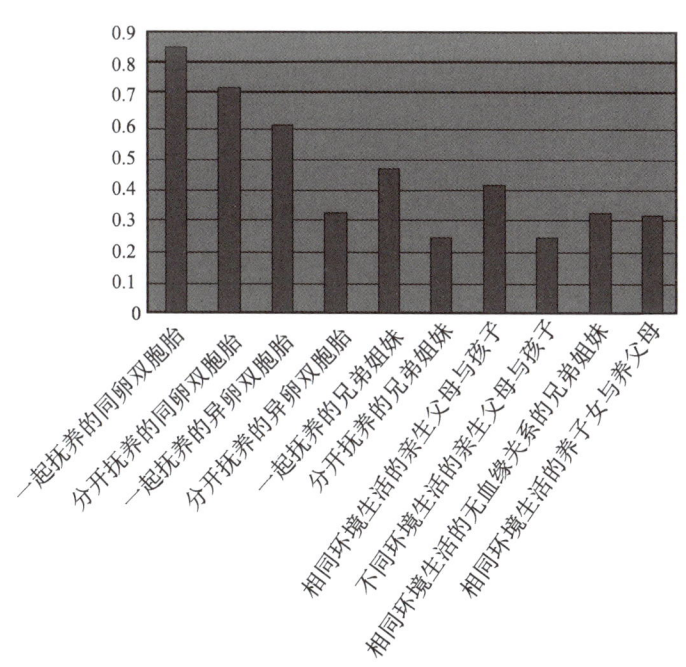

图11-10 不同血缘关系者智力的相关系数

遗传素质是智力发展的生物前提，良好的遗传素质是智力发展的基础和自然条件。不少研究发现，遗传关系越密切，个体之间的智力越相似。但是，遗传只为智力发展提供了可能性，要使智力发展的可能性变成现实性，还需要社会、家庭与学校教育等许多方面的共同作用。

（二）环境因素

1．产前环境

母体环境对胎儿的成长发育及出生后智力的发展均有重要影响。因此，母亲自身的因素对孩子之后的智力发展至关重要，这些因素主要包括母体所受的环境污染、营养状况、疾病与药物、母亲的年龄等。

母体所受的环境污染包括水源污染（重金属属汞、铅等）、空气污染（汽车尾气、缺氧、吸烟等）、放射污染（X射线、微波等）、噪声污染、水质缺碘等，这些都会导致胎儿智力发育障碍。

若孕妇孕早期的营养不良，会导致胎儿脑细胞及神经系统发育障碍；孕晚期的营养不良，则会使胎儿脑细胞数量增长不足，脑皮质沟回发育障碍，从而影响胎儿的智力。也有研究发现，叶酸、蛋白质的补充不足或缺乏，直接影响脑细胞的形成，而糖分过量则不利于智力的发展。麻省理工学院（MIT）的研究发现，糖分和精制碳水化合物摄入较少的人，比摄入较多的人智商高出25%。

遗传性疾病、孕早期病毒感染性疾病和不恰当的用药都可能影响胎儿脑细胞的发育。母亲的生育年龄也是影响孩子智力发展不可忽视的因素。如年龄过大（35岁以上）、过小（20岁以下）均是导致唐氏综合征发生的危险因素，尤其是高龄产妇。唐氏综合征患者大多智力低下，其智商一般低于50。研究发现，产妇年龄低于29岁时，唐氏综合征的发病率只为1/3 000；当产妇年龄在35~40岁时，其发病率为1/70；而当产妇年龄在45~49岁时，其发病率为1/40。

2．早期经验

人的智力发展的速度是不均衡的。不少研究发现，人生的早期是智力发展最迅速的时期，甚至把学龄前称为智力发展的一个关键期。因此，早期阶段获得的经验越多，对智力发展就越有利。布鲁姆提出了一个重要假设，把5岁前视为智力发展最迅速的时期，如果17岁的智力水平为100%，那么从出生到4岁就获得50%的智力，其余30%是4~7岁获得的，另外20%是8~17岁获得的。当然，儿童早期经验的多寡与其家庭因素和学校教育息息相关。

3．教育

智力不是天生的，学校教育和教学对智力的发展起着主导作用。教育和教学不但使儿童获得前人的知识经验，而且促进儿童心理能力的发展。例如，教师在运用分析和概括的方法讲授课程内容时，不仅使学生获得有关的知识，还掌握了把这种方法作为思维的手段，如果把这种外部的教学方法和学习方法逐渐转化为内部概括的思维操作，这方面的能力便形成了。经过长期的学习和训练，学生的智力也慢慢得以发展。

4．社会实践与主观努力

人的智力是人在认识和改造客观世界的实践中逐渐发展起来的。社会实践不仅是学习知识的重要途径，也是智力形成与发展的重要基础。"施用累能""科用累能""熟能生巧"等词汇很好地表述了能力与社会实践之间的关系，即人们的能力是在社会实践中不断积累和发展的，不同的职业领域或不同的社会实践成就了人类不同的能力，而智力作为人的一种综合性的心理能力，其形成与发展同样离不开社会实践这一重要基础。例如，爱迪生的启蒙教师是其母亲，但实验是他创造发明的基础，也是他才智形成的重要条件。

> "施用累能"和"科用累能"是我国汉代唯物主义哲学家王充提出的。前者是指能力是在使用中积累的；后者是指从事不同职业活动，可以积累不同的能力。

遗传为智力发展提供了先天的因素，环境和教育为智力发展提供了现实的条件，但是，不论是先天的因素，还是现实的条件，它们都只是为智力的发展提供了一种可能，而只有主观努力才能使智力的发展由可能转化为现实，因此，主观努力是一个人智力形成和发展的决定性因素。如果没有主观努力，要想获得事业的成功和能力的发展是根本不可能的。

世界上许多杰出的思想家、科学家、艺术家，无论他们所从事的事业多么不同，但他们都具有共同点，即醉心于自己的事业，长期坚持不懈，刻苦努力，顽强地与困难作斗争。如果没有这些，他们也只能是平庸的人，既不可能取得成就，能力的提高也无从谈起。所以，现实生活中那些智力得到高度发展的人，往往不是因为他们有着比常人更好的遗传素质或教育、环境条件，更重要的是他们的主观努力程度超出常人，这种主观努力不仅表现为艰苦奋斗的意志品质、对事物的兴趣与热爱，同时也表现为他们对自我的正确认知。他们习惯于不断地探索和反思自我以及自我的行为，以认识自身和自己行为的不足，并通过主观努力不断发展和完善，而智力在这一过程中便得到进一步发展与提升。

思考与练习

一、名词解释

1. 智力
2. 非智力因素
3. 智力测量

二、单项选择题

1. 以下选项中，（　　）不属于流体智力。
    A．瞬时记忆　　　　　　　　B．学习能力
    C．反应速度　　　　　　　　D．知觉的整合能力
2. 根据吉尔福特的智力三维结构模型，以下选项中，（　　）不属于产物维度。
    A．认知　　　　　　　　　　B．单元
    C．关系　　　　　　　　　　D．转换

3. （　　）在思想家、哲学家、小说家等人身上有比较突出的表现。
   A．音乐智力　　　B．空间智力　　　C．人际智力　　　D．自知智力
4. 根据斯腾伯格的三元智力理论，（　　）被人们称作"小聪明"或"商业头脑"。
   A．成分性智力　　B．经验智力　　　C．情境智力　　　D．言语智力
5. 世界上第一个智力测验量表是（　　）。
   A．比纳—西蒙量表　　　　　　　B．斯坦福—比纳量表
   C．韦克斯勒智力量表　　　　　　D．瑞文推理测验
6. 在韦克斯勒智力量表中，（　　）属于言语量表。
   A．图片排序　　　B．心算　　　　　C．积木拼图　　　D．译码

三、简答题

1. 简述智力因素与非智力因素的关系。
2. 简述多元智力理论的内涵。
3. 简述智力的性别差异。

四、分析题

有些有关狼孩或猪孩的报道显示，当小孩出生后，被狼或野猪等叼走，在狼群或野猪群中长大，等他们被解救出来以后，他们的智商比正常环境中长大的同龄孩子低得多。请用心理学知识分析这种现象。

第十二章

人　格

内容提要

"人格"是日常生活中经常使用的词汇。例如,"人格高尚或低下",这是道德意义上的人格;读书时,能感受到作者所刻画的各种人物的心理特征,有的人英勇、有的人懦弱,这是文学意义上的人格;在现实生活中,也能觉察到周围人各不相同的特征,有的人勤奋、有的人懒惰,这是社会意义上的人格……那么,心理学中所说的人格到底是什么呢?

学习目标

知识目标

- 理解人格的概念、特征、结构,熟悉影响人格形成的因素
- 熟悉各种人格理论
- 熟悉各种人格测验量表

能力目标

- 能简单描述各种人格理论
- 能进行人格测验

第一节 人格概述

一、人格的概念

人格是指构成一个人思想、情感及行为的独特模式，这个独特模式包含一个人区别于他人的稳定而统一的心理品质。

通俗地说，人格就是让个人在不同情境中和不同时期都保持一贯的心理品质。在一些心理学书中，经常运用"个性"一词表达人格的概念，如《中国大百科全书·心理学》中就有"人格即个性"的提法。

 知识链接

人格面具

人格一词来自拉丁文"Persona"，意指舞台上演员所戴的面具，它代表了演员在戏里所扮演的角色与身份，类似于我国京剧表演中根据剧情需要所画的脸谱，体现了剧中人物的性格特点，如红脸代表忠心、白脸代表奸佞、黑脸代表刚强……

心理学中沿用其含义，转意为人格。这其中包含两层含义：一是指一个人在人生舞台上所表现出来的种种言行，即人遵从社会文化习俗的要求而做出的反应。也就是说人格所具有的"外壳"，就像舞台上根据角色要求所戴的面具，表现出一个人外在的人格品质。二是指一个人由于某种原因不愿展现的人格成分，即面具后的真实自我，这是人格的内在特征。

二、人格的特征

人格是一个具有丰富内涵的概念，其中反映了人格的多种本质特征。

（一）独特性

人格是千差万别、千姿百态的。一个人的人格是在遗传、环境、教育、社会文化等先后天因素的交互作用下形成的。人们在不同的遗传、生活环境及教育环境中，形成了各自独特的心理特点。人生而不同，每个人都具有独特的人格，并成为独特的生命最显著的特征。

但是，人格的独特性并不意味着人与人之间的个性毫无相同之处。人格作为一个人的

整体特质，既包括每个人与其他人不同的心理特点，也包括人与人之间在心理上相同的方面，如每个民族、阶级和集团的人都有其共同的心理特点。例如，中国人勤劳、勇敢，英国人矜持，法国人浪漫，日本女子柔顺等，这里的"勤劳、勇敢、矜持、浪漫、柔顺"等品质就是共同的人格特征。

（二）功能性

一个人的人格决定了他的生活方式，也能够影响他的命运，所以说，人格是人生成败的根源之一。面对挫折，坚强者能奋发拼搏，懦弱者却一蹶不振，这就是人格功能性的表现。同样，因为人格的功能性，每个人能让自己更好地认识自身的不足而加以改变，让自己能够更好地抓住命运的指向，其实也就是让命运掌握在自己的手中。也正是因为人格的功能性，人们能够明确自身对待人生的态度，让自己在人生道路中不迷失自我，勇往直前。

（三）稳定性

"三岁看大，七岁看老""江山易改，禀性难移"，都说明人格具有稳定性。例如，一个性格内向的成年人，在各种不同的场合都会表现出沉默寡言的特点，这种特点在后来的生活中不会有太大的变化。当然，强调人格的稳定性，并不意味着它在人的一生中是一成不变的。随着生理、心理的成熟以及环境的改变，人格也会产生或多或少的变化。例如，性格内向的人突然认识到自己的这种人格特质不利于将来的发展，便会改变自己的内向性格，让自己变得善于交际。

（四）统合性

人格是由多种成分构成的一个有机整体，各个成分不是孤立存在的，而是具有内在的一致性，受自我意识的调控。当一个人的人格结构在各方面彼此和谐一致时，他的人格就是健康的。否则，会出现适应的困难，甚至出现人格障碍或人格分裂。这就说明，人格的统合性是心理健康的一个重要指标。

三、人格的结构

人格是一个复杂的结构系统，是构成一个人的思想、情感及行为的特有的统合模式。它包括许多成分，其中主要有气质、性格、认知风格、自我调控系统等。

（一）气质

气质是指在人的认识、情感、言语、行动中，心理活动发生时力量的强弱、变化的快慢和均衡程度等稳定的人格特征。它与日常生活中人们所说的脾气、性格、性情等含义相近，主要表现在情绪体验的快慢、强弱，表现的隐显及动作的灵敏或迟钝方面，因而它为人的全部心理活动表现染上了一层浓厚的色彩。气质是由人的生理素质或身体特点反映出的人格特征，是人格形成的原始材料之一，在新生儿期即有表现，如有的婴儿安静、有的婴儿好哭。

人的气质差异是先天形成的,受神经系统活动过程的特性所制约。孩子刚出生时,最先表现出来的差异就是气质差异。气质是人的天性,无好坏之分,因此不能决定一个人活动的社会价值和成就的高低。它使人的心理活动染上某些独特的色彩,却并不决定一个人性格的倾向性和能力的发展水平。所以,气质相同的人可以成为对社会做出重大贡献、品德高尚的人,也可以成为一事无成、品德低劣的人;可以成为先进人物,也可以成为落后人物,甚至反动人物。反之,气质极不相同的人也都可以成为品德高尚的人,成为某一职业领域的能手或专家。

(二) 性格

性格是指表现在人对现实的态度和相应的行为方式中的比较稳定的、具有核心意义的个性心理特征。性格表现了人们对现实和周围世界的态度,并表现在个人的行为举止中。

性格主要体现在对自己、对别人、对事物的态度和所采取的言行上,表现了一个人的品德,受人的价值观、人生观、世界观的影响。这些具有道德评价含义的人格差异,称为性格差异。性格是在后天社会环境中逐渐形成的,如腼腆、暴躁、果断和优柔寡断等,是人的最核心的人格差异。性格有好、坏之分,能最直接地反映出一个人的道德风貌。

 知识链接

性格与气质的比较

性格与气质是人格结构中既有区别且又密切联系的两个概念。

1. 性格与气质的区别

(1) 内涵不同。气质是心理活动的动力特质;而性格是一种对现实稳定的态度和与之相适应的习惯化了的行为方式。

(2) 影响因素不同。气质是神经活动特征的心理表现,更多地受先天生物因素的制约;性格是在实践中形成的心理特征,受社会生活条件的制约。

(3) 社会意义不同。气质无好坏之分,性格有好坏之分。

(4) 气质与性格不是一一对应的。气质不同的人性格可以相同,相同气质的人性格也可以不同。

(5) 作用不同。气质具有调节作用,性格具有整合作用。

2. 性格与气质的联系

性格与气质的关系密切,二者互相渗透、互相影响。不同气质类型的人,都可以形成爱国、勤奋、乐于助人等性格,并且可以使性格带上个人色彩。例如,同样乐于助人的性格,不同气质的人表现是不同的:胆汁质的人带有满腔热情的特点,抑郁质的人带有怜悯的特点。气质是性格形成的自然基础,性格对气质具有一定的制约作用。

(三) 认知风格

认知风格也称认知方式,是指个体在认知过程中所表现出来的习惯化的行为模式。例

如，有人喜欢与别人讨论问题，从别人那里得到启发；有人则喜欢自己独立思考。认知风格与智力无关或相关不显著，大多是自幼所养成的在知觉、记忆、问题解决过程中的态度和表达方式。认知风格是认知过程中的个体差异，是一个过程变量而非内容变量，具有跨时间的稳定性和跨情境的一致性，并且具有两极性和价值中性等特点。认知风格种类繁多，如场独立型与场依存型、思索型与冲动型等。

1. **场独立型与场依存型**

知觉信息不仅来自外部环境，也来自身体内部。事实上，知觉过程始终表示一种身体内部过程与外界信息输入之间的微妙平衡，这种平衡的性质决定了认知风格的一个方面。美国心理学家威特金为探索这种认知现象付出了毕生的精力。威特金等在垂直视知觉的一系列研究中，发现了认知方式的个体差异，他把受环境因素影响大者称为场依存型，把不受或很少受环境因素影响者称为场独立型。前者是"外部定向者"，后者是"内部定向者"，这种差异主要表现在人对外部环境（"场"）的不同依赖程度上。场独立型的人在信息加工中对内在参照有较大的依赖倾向，他们的心理分化水平较高，在加工信息时，主要依据内在标准或内在参照，与人交往时也很少能体察入微。而场依存型的人在加工信息时，对外在参照有较大的依赖倾向，他们的心理分化水平较低，处理问题时往往依赖于"场"，与别人交往时较能考虑对方的感受。

用隐蔽图形或镶嵌图形测验可以有效地测量场独立型和场依存型的人格差异。现在心理学家更多地采用"镶嵌图形测验"的实验方法，见图 12-1。图右上角是一个简单的几何图形，要被试从其他复杂图形中辨认出这一简单图形。有些人几乎立即能指出这个图形，不会为周围的线条而分散精力；而有些人则需花费较长的时间才能辨别出来。这说明，人们在知觉过程中确实存在场依存型与场独立型的差异。但实验也表明，除了一些明显的场依存型者和场独立型者外，大多数人都处于这两端之间的某一点上。

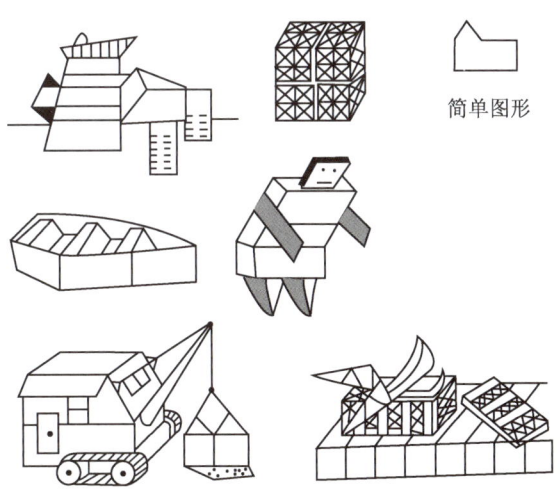

图 12-1　镶嵌图形测验

场独立型与场依存型这一人格差异，表现在心理活动的许多方面，如知觉、思维、学习和人际交往等方面。在学习上，一般说来，场依存型者对人文学科和社会学科更感兴趣；

而场独立型者在数学与自然科学方面更擅长。所以,学生在与自己认知风格相符合的学科中,成绩一般会好些。此外,场依存型者较易于接受别人的暗示,他们学习的努力程度往往受外来因素的影响;而场独立型者在内在动机作用下学习,时常会产生更好的学习效果,尤其明显地表现在数学成绩上。在人际交往方面,场依存型者比场独立型者更多地注意他人的脸色。他们往往力图使自己与社会环境相协调,因而在形成自己的观点与态度时会更多地考虑所处的社会环境。而场独立型者一般都有很强的个人定向,且比较自信,自尊性较强。一项研究结果发现,场独立型强的六年级男生比场依存型强的男生具有更强的领导能力。因此,尽管场依存型者看来更为社会定向,但这并不能保存他们具有领导的素质。

2. 冲动型与沉思型

卡根等人根据学生寻找相同图案和辨认镶嵌图形的速度和成绩,对学生的认知风格作出区分。图12-2是一个寻找相同图案测验的例子,左边是样本图案,右边两个是复杂图案。实验者要求学生尽可能快地作出回答,但在每次错误反应后,还要再作尝试,直到找到正确答案为止。测验成绩是根据作出反应的时间和错误反应的数量来决定的,学生在这种情境中会形成正确反应与迅速反应之间竞争的焦虑感。

样本图形
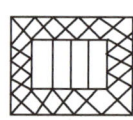
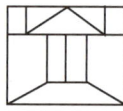

图12-2 寻找相同图案测验

卡根经过一系列实验后发现了两种不同的认知风格,即冲动型与沉思型,它们的差异主要表现在对问题的思考速度上。冲动型思维的学生往往以很快的速度形成自己的看法,在回答问题时很快就作出反应;沉思型思维的学生则不急于回答,他们在作出回答之前,倾向于先评估各种可替代的答案,然后给予较有把握的答案。

冲动型的特点是反应快,但精确性差。具有这种认知风格的人面对问题时总是急于求成,不能全面细致地分析问题的各种可能性,不管正确与否就急于表达出来,有时甚至没有弄清楚问题的要求,就开始解答问题。他们使用的信息加工策略多为整体性策略,当学习任务要求做整体性解释时,成绩较好。

沉思型的特点是反应慢,但精确性高。具有这种认知风格的人,总是把问题考虑周全以后再做反应,他们看重解决问题的质量,而不是速度。但是,当他们回答熟悉的、比较简单的问题时,反应也比较快。这种人在加工信息时多采用细节性策略,在需要对细节进行分析时,他们的学习成绩较好。

(四)自我调控系统

自我调控系统是人格中的内控系统或自控系统,包括自我认知、自我体验、自我控制三个子系统,其作用是对人格的各种成分进行调控,保证人格的完整、统一、和谐。

1. 自我认知

自我认知是对自己的洞察和理解,包括自我观察和自我评价。自我观察是指对自己的感知、思想和意向等方面的觉察,自我评价是指对自己的想法、期望、行为及人格特征的判断与评估,这是自我调节的重要条件。如果一个人不能正确地认识自我,而只看到自己的不足,觉得自己处处不如别人,就会产生自卑心理,丧失信心,做事畏缩不前。相反,如果一个人过高地估计自己,则会骄傲自大、盲目乐观,导致工作的失误。因此,恰当地认识自我,实事求是地评价自己,是自我调节和人格完善的重要前提。

2. 自我体验

自我体验是伴随自我认知而产生的内心体验,是自我意识在情感上的表现。自尊心、自信心是自我体验的具体内容。当一个人对自己作积极的评价时,就会产生自尊感,作消极的评价时,会产生自卑感。自我体验可以使自我认识转化为信念,进而指导一个人的言行。自我体验还能伴随自我评价,激励适当的行为,抑制不适当的行为。例如,一个人在认识到自己不适当的行为后果时,会产生内疚、羞愧的情绪,进而制止这种行为的再次发生。

3. 自我控制

自我控制是自我意识在行为上的表现,是实现自我意识调节的最后环节,它包括自我检查、自我监督、自我调节等。例如,一个学生意识到学习对自己发展的重要意义,会激发起努力学习的动机,在行为上表现出刻苦学习、不怕困难的精神。

四、影响人格形成的因素

(一)生物遗传因素

许多心理学家认为,双生子研究是研究人格遗传因素的最好方法。因而,曾有心理学家从学前儿童中选取 139 对出生后共同生活的同性别孪生子为对象(年龄为四岁半),以情绪(稳定或激动)、活动(爱动或好静)、社会(活泼或羞怯)三方面的人格特质为范围,采取观察评定法,分析遗传因素对人格形成的影响,见表 12-1。

表 12-1 孪生子间人格特质的相似度

人格特质	男生间的相关		女生间的相关	
	同卵孪生	异卵孪生	同卵孪生	异卵孪生
情绪	0.68	0.00	0.60	0.05
活动	0.73	0.18	0.50	0.00
社会	0.63	0.20	0.58	0.06

从表 12-1 中可以看出,同样是孪生子,出生后又生活在同一个家庭,其环境因素的影响应该大致相同,然而,在同卵者之间,不论男女,均显示出极大的不同。从这个意义上说,遗传因素对人格特质的形成具有相当大的影响作用。

艾森克的研究发现,在同一环境下成长的同卵双生子,其外向性的相关为 0.42,而分开在不同环境下成长的同卵双生子,其外向性的相关为 0.61;异卵双生子的外向性相关为 -0.17。在神经质方面也有同样的发现,在相同环境中成长的同卵双生子的相关为 0.38,在不同环境中成长的同卵双生子的相关为 0.53，而异卵双生子的相关为 0.11。同卵双生子在外向性和神经质方面的相关显著高于异卵双生子，说明遗传因素在人格形成中有重要作用。同样，由于在不同环境下成长的同卵双生子，其外向性和神经质的相关均高于在同一环境中成长的同卵双生子，说明环境在人格的形成中也起重要的作用。

遗传对人格的作用是一个有重要理论意义和实践意义的复杂问题，目前还难以得出明确的结论。根据现有的研究，心理学家对遗传作用的看法是：遗传是人格不可缺少的影响因素；遗传因素对人格的作用程度随人格特质的不同而异。通常在智力、气质这些与生物因素相关较大的特质上，遗传因素的作用较重要，而在价值观、信念、性格等与社会因素关系紧密的特质上，其形成则受环境的影响较大；人格的发展是遗传与环境两种因素交互作用的结果。

（二）社会文化因素

每个人都处在特定的社会文化环境中，文化对人格的影响是极为重要的。社会文化塑造了社会成员的人格特征，使其成员的人格结构朝着相似性的方向发展，这种相似性具有维系社会稳定的功能，又使得每个人能稳固地"嵌入"在整个文化形态里。

社会文化对人格的影响力因文化而异，这要看社会对顺应的要求是否严格。越严格，其影响力越大。影响力的强弱也要看行为的社会意义，对于社会意义不大的行为，社会允许有较大的变异；而对社会意义十分重要的行为，就不允许有太大的变异。如果一个人极端偏离其社会文化所要求的人格特质，不能融入社会文化环境中，就可能被视为行为偏差或患有心理疾病。

（三）家庭环境因素

家庭是社会的细胞，家庭成员间不仅有其自然的遗传因素，也有其社会的"遗传"因素，这种社会遗传因素主要表现为家庭对子女的教育作用。俗话说"有其父必有其子"，是有一定道理的。父母按照自己的意愿和方式教育孩子，使他们逐渐形成某些人格特质。

研究人格的家庭成因，重点在于探讨家庭的差异和不同的教养方式对人格发展和人格差异的影响。心理学家根据不同的家庭教养方式对孩子人格特征的影响，把家庭教养方式归纳为三种类型，即专制型教养方式、民主型教养方式和放任型教养方式。

采用专制型教养方式的父母，把孩子作为附庸，过多地干预孩子的行为。要求孩子绝对遵循父母所定的规则，不鼓励孩子提问、探索、冒险及主动做事。较少对孩子表现出温情，并严格执行对孩子的处罚。这种家庭的孩子从小缺乏思考，又未从父母那儿得到温情，他们不懂得如何恰当表达自己的情绪、想法，在人际关系方面可能会碰到较多困难，他们始终处于被领导的地位，没有竞争意识，表现出焦虑和喜怒无常等，甚至形成不诚实的人格特征。

采用民主型教养方式的父母，以合理、温和的态度对待孩子，他们站在引导和帮助的立场，设下合理的标准，并解释道理，既高度控制孩子又积极鼓励孩子独立自主。这种家庭的孩子易形成稳定的依恋，与同伴能建立良好的关系，形成一些积极的人格品质，如活泼、快乐、直爽、自立、彬彬有礼、善于交际、富于合作、思想活跃等。

采用放任型教养方式的父母，对孩子过于溺爱，让孩子随心所欲，父母对孩子的教育有时处于失控状态。在这种家庭环境中长大的孩子，多表现为任性、幼稚、自私、野蛮、无理、独立性差、唯我独尊、蛮横无理、胡闹等人格特征。由此可见，家庭确实是"人类性格的工厂"，它塑造了人们不同的人格特质。

（四）早期经验

人生早期所发生的事情对人格的影响，历来为人格心理学家所重视。斯毕兹（Spitz）对孤儿院里的儿童进行研究，发现这些早期被剥夺母亲照顾的孩子，长大后在各方面的发展均受到影响。许多孩子表现出哭泣、退缩、表情木然等症状。彼得森等人的研究也指出，在儿童早期，父母的忽视和虐待对子女的心理有明显不良的影响。鲍尔毕受世界卫生组织的委托，对在非正常家庭中成长的儿童和流浪儿做了大量的调查，他得出的结论是，儿童心理健康的关键在于婴儿、年幼儿童与母亲建立的一种和谐而稳定的亲子关系。

总之，人格发展的确受到早期经验的影响，幸福的童年有利于儿童发展健康的人格，不幸的童年也会使儿童形成不良的人格。但二者不存在一一对应的关系，溺爱也可能使孩子形成不良的人格特点，逆境也可能磨炼出孩子坚强的性格。早期经验不能单独对人格起决定作用，它与其他因素共同决定着人格的形成与发展。

（五）学校教育因素

学校是一种有目的、有计划地向学生施加影响的教育场所。教师、同学、班集体等都是学校教育的元素。

教师对学生人格的发展具有指导定向的作用。教师既是学校宗旨的执行者，又是学生评价言行的标准，教师的言传身教对学生有着巨大影响。同时，学校又是同龄群体聚集的场所，同伴对学生人格具有巨大的影响。班集体是学校的基本团体组织，班集体的特点、要求、舆论和评价对于学生人格的发展具有"弃恶扬善"的作用。

（六）自然物理因素

生态环境、气候条件、空间拥挤程度等物理因素都会影响到人格的形成和发展。巴理（Berry）关于阿拉斯加州的因纽特人和非洲的特姆尼人的比较研究，说明了生态环境对人格的影响。因纽特人以渔猎为生，夏天在船上打鱼，冬天在冰上打猎；主食为肉，没有蔬菜；过着流浪生活，以帐篷遮风避雨。这个民族以家庭为单元，男女平等，社会结构比较松散，除了家庭约束外，很少有持久、集中的政治与宗教权威。在这种生存环境下，父母对孩子的教养原则是能够适应成人的独立生存能力。男孩由父亲在外面教打猎，女孩由母亲在家里教家务。儿女教育环境比较宽松、自由，使孩子逐渐形成了坚定、独立、冒险的人格特征。而特姆尼人生活在灌木丛生的地带，以农业为主，种田为生。居住环境固定，形成 300~500 人的村落。社会结构紧固，有比较分化的社会阶层，建立了比较完整的部落规则。在哺乳期内，父母对孩子很疼爱，断奶后孩子就要接受严格的管教。这种生活环境使孩子形成了依赖、服从、保守的人格特点。

总之，自然环境对人格不起决定性的作用，但在不同的物理环境中，人可以表现出不同的行为特点。

（七）自我调控因素

上述各因素体现的是人格形成的外因，而外因是通过内因起作用的。人格的自我调控系统就是人格发展的内部因素。具有自知之明的人，能够客观地分析自己，不会把遗传或生理方面的局限视为阻碍个人发展的因素，而会有效地利用个人资源，发挥个人长处，努力地改善自己和完善自我。自我调控具有创造的功能，它可以使个体变革自我、塑造自我，不断完善自己，将自我价值扩展到社会中去，并在对社会的贡献中体现自己的价值，把实现自我的个人价值变为实现自我的社会价值。

综上所述，人格是遗传与环境交互作用的结果。在人格的形成过程中，各个因素对人格的形成与发展起到了不同的作用。遗传决定了人格发展的可能性，环境决定了人格发展的现实性，其中教育起到了关键性作用，自我调控系统是人格发展的内部决定因素。

第二节　人格理论

人格是研究个体心理差异的领域，有着异常复杂的心理结构。研究者是如何描述人格结构的呢？下面介绍的人格理论从不同的角度描述了人格的结构，其中最有代表性的就是人格特质理论和人格类型理论。

一、人格特质理论

人格特质理论起源于 20 世纪 40 年代的美国，主要代表人物是美国心理学家奥尔波特和卡特尔。该理论认为，人格特质是决定个体行为的基本特性，是人格的有效组合元素，也是测评人格所常用的基本单位。有代表性的人格特质理论有以下几种。

（一）奥尔波特的人格特质理论

美国心理学家奥尔波特（G. W. Allport）是人格特质研究的先驱者，于 1937 年首次提出了人格特质理论。他把人格特质分为两类：一类是共同特质，指在某一社会文化形态下，大多数人或一个群体所共有的、相同的特质；另一类是个人倾向，指特定个体独有的特质。奥尔波特认为，个人特质并不对一个人的人格起相同的影响和作用。他进而把个人特质按其对人格的不同影响和作用，区分为三个重叠交叉的层次，即首要个人倾向、中心个人倾向和次要个人倾向，见图 12-3。

首要个人倾向是一个人一生中普遍存在并且作用显著的特质，它在人格结构中处于支配地位，具有极大的弥散性和渗透性，影响到一个人的各方面的行为。有些人因具有单个首要特质而成为著名人物。例如，创造是爱迪生的首要个人倾向，多愁善感是林黛玉的首要个人倾向，狡猾奸诈是曹操的首要个人倾向等。中心个人倾向是内容较丰富的特质，每个人都有几个彼此相联系的重要特质构成其独特的人格。每个人身上有5~10个中心特质。例如，为学生写操行评语时，代表某个学生人格的那些特质（准时、整洁、勤奋、诚恳等），即属于其个人的中心个人倾向。次要个人倾向包括一个人独特的偏爱（如对某些食物、衣着的偏爱）、一些片面的看法和由情境所制约（如某人有恐高症）的特质等。例如，一个人可能偶然间乐于助人，时不时幽默，偶尔非常夸张，这些现象都是次要个人倾向的表现。

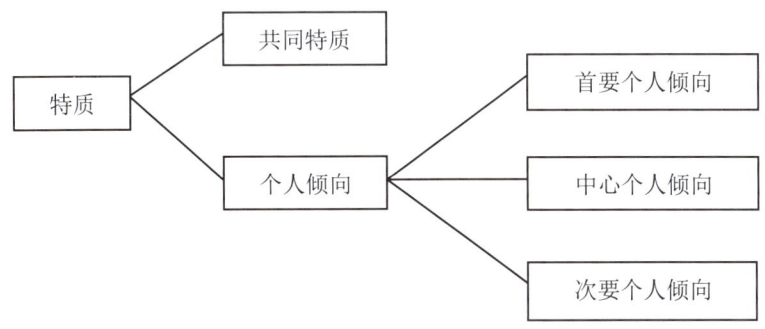

图12-3　奥尔波特的人格特质模型

（二）卡特尔的人格特质理论

美国心理学家卡特尔（J. M. Cattell）把人格特质视为人格的基本要素，用因素分析的方法对人格特质进行了分析，提出了基于人格特质的一个理论模型。该模型分为四层，即共同特质和个别特质，表面特质和根源特质，体质特质和环境特质，动力特质、能力特质和气质特质。各层之间用连线表示它们的关系。

1. **共同特质和个别特质**

共同特质是一个社区或一个集团的成员所具有的特质；个别特质是某个人所具有的特质。共同特质在个别人身上的强度和情况并不相同，在同一个人身上也随时间的不同而各异。

2. **表面特质和根源特质**

表面特质是通过外部行为表现出来，能够观察到的特质；根源特质是人格的内在因素，是人格结构中最重要的部分，对人的行为具有决定作用，即一个人行为的最终根源。表面特质是从根源特质中派生出来的，每一种表面特质都源于一种或多种根源特质；一种根源特质可以影响多种表面特质，所以，根源特质使人的行为看似不同，却具有共同的原因。

尽管每个人所具有的根源特质相同，但其程度并不相同。一个人身上根源特质的数量或强度会影响他各个方面的表现。卡特尔还提出，有些特质是关于人格的动力的，它们是促使人朝着一定目标去行动的动力特质，这些特质是人格中的动力因素。

为探究人格的基本特质，1949年卡特尔运用因素分析法对35个表面特质进一步加以分析,获得 16 个相互独立的根源特质,从而编制了"卡特尔 16 种人格因素调查表",见表 12-2。

表 12-2 卡特尔的 16 种人格特质

编号	人格因素	低分者特征	高分者特征
A	乐群性	缄默、孤独、冷漠	外向、热情、乐群
B	聪慧性	迟钝、学识浅薄	聪明、富有才识
C	稳定性	情绪激动、易生烦恼	情绪稳定而成熟
E	恃强性	谦逊、顺从、通融、恭顺	好强固执,独立积极
F	兴奋性	严肃、审慎、冷静、寡言	轻松兴奋,随遇而安
G	有恒性	苟且敷衍	有恒负责,做事尽职
H	敢为性	畏怯退缩,缺乏自信心	冒险敢为,少有顾忌
I	敏感性	理智,着重现实	敏感,感情用事
L	怀疑性	依赖随和,易与人相处	怀疑,刚愎,固执己见
M	幻想性	现实,合乎成规,力求妥善合理	幻想的,狂放不羁
N	世故性	坦白、直率、天真	精明能干、世故
O	忧虑性	安详、沉着,有自信心	忧虑抑郁,烦恼自扰
Q1	实验性	保守,尊重传统观念与行为标准	自由,批评激进
Q2	独立性	依赖,随群附众	自立自强,当机立断
Q3	自律性	矛盾冲突,不顾大体	知己知彼,自律谨严
Q4	紧张性	心平气和,闲散宁静	紧张困扰,激动挣扎

卡特尔认为,每个人都具备这 16 种特质,只是在不同人身上的表现有程度上的差异,所以,他认为,人格差异主要表现在量的差异上,可以对人格进行量化分析。用这个调查表所确定的人格特质,可以预测一个人的行为反应。

3. 体质特质和环境特质

根源特质又可以分为体质特质和环境特质两类。体质特质由先天的生物因素决定,如兴奋性等;而环境特质则由后天的环境决定,如有恒性等。卡特尔还提出了"多元抽象变异分析",以确定各种特质中遗传与环境因素分别影响的程度。

4. 动力特质、能力特质和气质特质

卡特尔人格特质模型的最下层就是动力特质、能力特质和气质特质。它们同时受到遗传和环境两方面的影响。动力特质是指具有动力特征的特质,它使人趋向某一目标,包括生理驱动、态度和情操;能力特质是表现在知觉和运动方面的差异特质,包括流体智力和晶体智力;气质特质是决定一个人情绪反应速度与强度的特质。

(三)现代人格特质理论

近年来,一些研究者在人格特质理论的基础上形成了比较一致的认识,提出了以下几

种有代表性的现代人格特质理论。

1. 三因素模型

英国学者艾森克（H. J. Eysenck）依据因素分析方法提出了人格的三因素模型。这三个因素是：外倾性，它表现为内、外倾的差异；神经质，它表现为情绪稳定性的差异；精神质，它表现为孤独、冷酷、敌视、怪异等偏于负面的人格特征。三因素模型可以分为四个层次，由下到上依次为：特殊反应水平，即日常观察到的反应，属于误差因子；习惯反应水平，即由反复进行的日常反应形成的，属于特殊因子；特质层，即由习惯反应形成，属于群因子；类型层，即由特质构成，属于一般因子。艾森克依据这一模型编制了艾森克人格问卷（简称EPQ），这个量表在人格评价中得到了广泛的应用。

2. 五因素模型

塔佩斯（Tupes）等运用词汇学的方法对卡特尔的特质变量进行了再分析，发现了五个相对稳定的因素。以后许多学者进一步验证了五种特质的模型，形成了著名的大五因素模型。这五个因素是：① 外倾性，表现出热情、社交、果断、活跃、冒险、乐观等特质；② 宜人性，表现出信任、直率、利他、依从、谦虚、移情等特质；③ 责任心，表现出胜任、公正、条理、尽职、成就、自律、谨慎、克制等特质；④ 神经质或情绪稳定性，表现出焦虑、敌对、压抑、自我意识、冲动、脆弱等特质；⑤ 开放性，表现出想象、审美、情感丰富、求异、创造、智能等特质。这五个特质的首字母构成了"OCEAN"一词，代表"人格的海洋"（John）。

3. 七因素模型

特里根（Tellegen）等人用不同的选词原则，率先提出了人格的七个维度，即人格的七因素模型。这七个因素是：① 正情绪性（PEM），标定词包括抑郁的、忧闷的、勇敢的、活泼的等；② 负价（NVA），标定词包括心胸狭窄的、自负的、凶暴的等；③ 正价（PVAL），标定词包括老练的、机智的、勤劳多产的等；④ 负情绪性（NEM），标定词包括坏脾气的、狂怒的、冲动的等；⑤ 可靠性（DEP），标定词包括灵巧的、审慎的、仔细的、拘谨的等；⑥ 适宜（AGR），标定词包括慈善的、宽宏大量的、平和的、谦卑的等；⑦ 因袭性（CONV），标定词包括不平常的、乖僻的等。

二、人格类型理论

人格类型理论是20世纪30～40年代在德国产生的，主要用来描述一类人与另一类人的心理差异，即人格类型的差异。根据生理差异和生活经历的差异，把人格类型理论归纳为气质类型理论和性格类型理论。

（一）气质类型理论

气质类型说起源于古希腊医生希波克里特（Hippocrates）的体液说，他从人体的体液出发，认为人体内有四种体液：黏液、黄胆汁、黑胆汁和血液，这四种体液的不同组合（配合比率）最终决定了人的本性，形成了四种不同类型的人。

大约500年后，罗马医生盖伦（Galen）根据希波克里特的体液说进一步确定了气质类型，提出人的四种气质类型是胆汁质、多血质、黏液质、抑郁质，见表12-3。

表12-3 高级神经活动类型与气质类型

高级神经活动过程	高级神经活动类型	气质类型
强、不平衡	不可遏制型	胆汁质
强、平衡、灵活	活泼型	多血质
强、平衡、不灵活	安静型	黏液质
弱	抑制型	抑郁质

巴甫洛夫用高级神经活动类型学说解释气质的生理基础。他依据神经过程的基本特性，即兴奋过程和抑制过程的强度、平衡性和灵活性，划分了四种类型。兴奋过程和抑制过程的强度是大脑皮质神经细胞工作能力或耐力的标志，强的神经系统能够承受强烈而持久的刺激。

现代的气质学说仍将气质分为四种典型的类型：

（1）胆汁质。这种人情绪体验强烈、爆发迅猛、平息快速，思维灵活但粗枝大叶，精力旺盛、争强好斗、勇敢果断，为人热情直率、朴实真诚、表里如一，行动敏捷、生气勃勃、刚毅顽强；但这种人遇事常欠思量，鲁莽冒失，易感情用事，刚愎自用。

（2）多血质。这种人情感丰富、外露但不稳定，思维敏捷但不求甚解，活泼好动、热情大方，善于交往但交情浅薄，行动敏捷、适应力强；弱点是缺乏耐心和毅力，稳定性差，见异思迁。

（3）黏液质。这种人情绪平稳、表情平淡，思维灵活性略差但考虑问题细致而周到，安静稳重、踏踏实实、沉默寡言、喜欢沉思，自制力强、耐受力高、内刚外柔，交往适度、交情深厚；但这种人的行为主动性较差，缺乏生气，行动迟缓。

（4）抑郁质。这种人情绪体验深刻、细腻持久，情绪抑郁、多愁善感，思维敏锐、想象丰富，不善交际、孤僻离群，踏实稳重、自制力强；但他们的行为举止缓慢，软弱胆小，优柔寡断。

在现实生活中，单一气质类型的人并不多，绝大多数人是四种气质互相混合、兼而有之的。

 课堂讨论

请判断张飞、王熙凤、沙和尚、林黛玉分别属于哪种气质类型，并说明理由。

（二）性格类型理论

1. T型人格类型理论

T型人格理论是由美国心理学家弗兰克·法利提出来的。这种理论认为，人格类型是依据一群人是否具有某一特殊人格来确定的。

法利认为，T型人格是一种好冒险、爱刺激的人格特征。根据冒险行为的性质，可将

T型人格分为T＋型和T－型。T＋型人格表示冒险行为朝向健康、积极、创造性方向发展，有这种人格的人喜欢赛车、探险等。而T－型人格表示冒险行为朝向破坏性质方向发展，有这种人格的人喜欢酗酒、吸毒、暴力等反社会行为。在T＋型人格中，根据活动特点又可进一步分为体格T＋型和智力T＋型。例如，极限运动员就代表了体格T＋型，这种运动员通过身体运动（如攀岩、飞车等）来实现追求新奇、不断刷新纪录的动机；而一些科学家或思想家则是智力T＋型的代表，他们对科学技术的探索需要很强的冒险精神。

2. A—B人格类型理论

福利曼（Friedman）和罗斯曼（Rosenman）描述了A—B人格类型。近年来，人们在研究人格和工作压力的关系时，常使用这种人格类型。这种理论认为，人格类型包含了某一人格维度的两个相反的方向。A型人格的主要特点是性格急躁，缺乏耐性，成就欲高，上进心强，有苦干精神，工作投入，有时间紧迫感和竞争意识，动作敏捷，说话快，生活处于紧张状态，社会适应性差，属于一种不安定性人格。B型人格的特点是性情温和，举止稳当，对工作和生活的满足感强，喜欢慢节奏的生活，可以胜任需要耐心和谨慎思考的工作。美国20世纪60年代进行的一次纵向调查表明，在257位患有冠心病的男性病人中，A型人格的人数是B型人格人数的两倍多。

3. 内—外向人格类型理论

瑞士著名人格心理学家荣格（C. GJung）根据力比多（心理能量）的流向或心理倾向来划分人格类型，最先提出了内—外向人格类型学说。荣格认为，当一个人的兴趣和关注点指向外部客体时，就是外向人格；而当一个人的兴趣和关注点指向主体时，就是内向人格。外向型人格的人重视外在世界，情感表露在外，活跃，自信，勇于进取，热情奔放，当机立断，独立自主，善于交往，行动快捷，容易适应环境的变化，但有时轻率；内向型人格的人重视主观世界，做事谨慎，经常内省，沉默寡言，容易害羞，疑虑困惑，交往面窄，较难适应环境的变化。在荣格看来，任何人都具有外向和内向这两种特征，但其中一种可能占优势，因而可以确定一个人是内向还是外向。

荣格认为，人的心理活动有思维、感情、感觉和直觉这四种基本功能。结合两种心理倾向可以构成八种人格类型，即外向思维型、外向感情型、外向感觉型、外向直觉型、内向思维型、内向感情型、内向感觉型和内向直觉型。

（三）价值取向人格类型理论

德国心理学家斯普兰格（Spranger）根据人类社会文化生活的六种形态，将人划分为六种性格类型。他认为，不同性格类型的人格具有不同的价值观成分。这六种类型分别是：

- ➢ **经济型**：这种人注重实效，追求利润。
- ➢ **理论型**：这种人喜欢探究世界，追求真理。
- ➢ **审美型**：这种人富于想象，追求美感，对现实生活不太关注，以感受事物的美作为人生的价值。
- ➢ **权力型**：这种人支配性强，追求权力。其全部的生活价值和最高的人生目标在于满足自己的权力欲望，得到某种权力和地位。
- ➢ **社会型**：这种人乐于助人，以奉献社会作为人生追求的最高目标。
- ➢ **宗教型**：这种人信奉宗教，相信神灵，把信仰视为人生的最高价值。

（四）霍兰德人格类型理论

美国职业指导家霍兰德（John L. Holland）于20世纪60年代创立了人格类型理论。他把人格划分为六种类型，即实际型、研究型、艺术型、社会型、企业型和常规型，认为六种类型反映了人们对职业经历的总取向。

1. 实际型（R）

其基本的人格倾向是喜欢以物、机械等为对象，从事有规则的、明确的、有序的、系统的活动。因此，这类人偏好的是以机械和物为对象的技能性和技术性职业。为了胜任此类职业，他们需要具备与机械、电气技术等有关的能力。他们的性格往往是顺应、朴实的，社交能力比较缺乏。

2. 研究型（I）

其基本的人格倾向是分析型的、智慧的、有探究心的和内省的，喜欢根据观察而对物理的、生物的、文化的现象进行抽象的、创造性的研究活动。因此，这类人偏好的是智力的、抽象的、分析的、独立的、带有研究性质的职业活动，如科学研究人员、医生、工程师等。

3. 艺术型（A）

其基本的人格倾向是具有想象、冲动、直觉、无秩序、情绪化、理想化、有创意、不重实际等特点，他们喜欢艺术性的职业环境，也具备语言、美术、音乐、演艺等方面的艺术能力，擅长以形态和语言来创作艺术作品，而对事务性的工作则难以胜任。文学创作、音乐、美术、演艺等职业特别适合于他们。

4. 社会型（S）

其基本的人格倾向是合作、友善、助人、负责任、圆滑、善于社交言谈、善解人意等。他们喜欢社会交往，关心社会问题，具有教育能力和善于与人相处的能力。适合这一类人的典型职业有教师、公务员、咨询员、社会工作者等。

5. 企业型（E）

其基本的人格倾向是喜欢冒险、精力充沛、善于社交、自信心强。他们喜欢从事为获得利益而操纵、支配他人的活动。由于具备优秀的主导性和人际交往能力，这一类型的人特别适合从事领导工作或企业经营管理的职业，如政府官员、企业领导、销售人员等。

6. 常规型（C）

其基本的人格倾向是顺从、谨慎、保守、实际、稳重、有效率、善于自我控制。他们喜欢从事记录、整理档案资料、操作办公机械、处理数据资料等有系统、有条理的活动，适合他们从事的典型职业包括秘书、办公室人员、会计师、银行职员等。

三、弗洛伊德的精神分析人格理论

弗洛伊德的精神分析人格理论主要包括意识层次理论、人格结构理论和人格发展理论。

（一）意识层次理论

弗洛伊德认为，人的精神活动，包括欲望、冲动、思维、幻想、判断、决定、情感等，会在不同的意识层次里发生和进行。不同的意识层次包括意识、前意识和潜意识三个层次，好像一座冰山，露出水面的只是一小部分意识，但隐藏在水下的绝大部分前意识和潜意识却对人的行为产生重要影响。意识为能随意想到、清楚觉察到的主观经验，有逻辑性、时空规定性和现实性。前意识虽不能即刻回想起来，但经过努力可以进入意识领域。潜意识包括原始的冲动和各种本能、通过遗传得到的人类早期经验、个人遗忘了的童年时期的经验和创伤性经验、不合伦理的各种欲望和感情。人格的核心是人内在的心理事件，这些心理事件发动了行为，或构成了行为的意图。人的行为的动机来源在于心理能量，这些能量来自先天的驱力和本能。

（二）人格结构理论

弗洛伊德认为，人格由本我、自我和超我构成。

本我是人格结构中最原始的部分，从出生日起算即已存在。构成本我的成分是人类的基本需求，如饥、渴、性。本我中的需求产生时，个体要求立即满足，故而从支配人性的原则来说，支配本我的是快乐原则。例如，婴儿感到饥饿时要求立刻喂奶，决不考虑母亲有无困难。

自我是个体出生后，在现实环境中由本我中分化发展而产生的。由本我而来的各种需求，如果不能在现实中立即获得满足，就必须迁就现实的限制，并学习如何在现实中获得需求的满足。从支配人性的原则来说，支配自我的是现实原则。此外，自我介于本我与超我之间，对本我的冲动与超我的管制具有缓冲与调节的功能。

超我是人格结构中居于管制地位的部分，是由个体在生活中接受社会文化道德规范的教养而逐渐形成的。超我有两个重要部分：一为自我理想，是要求自己行为符合自己理想的标准；二为良心，是规定自己行为免于犯错的限制。因此，超我是人格结构中的道德部分，从支配人性的原则来说，支配超我的是完美原则。

人格结构中的三个层次相互交织，形成一个有机的整体。它们各行其责，分别代表着人格的某一方面：本我反映人的生物本能，按快乐原则行事，是"原始的人"；自我寻求在环境条件允许的情况下让本能冲动能够得到满足，是人格的执行者，按现实原则行事，是"现实的人"；超我追求完美，代表了人的社会性，是"道德的人"。

在通常情况下，本我、自我和超我处于协调和平衡状态，从而保证了人格的正常发展。如果三者失调乃至遭到破坏，就会导致神经病，危及人格的发展。

（三）人格发展理论

弗洛伊德按人格发展的顺序，依次将人格发展分为五个时期，即口腔期、肛门期、性器期、潜伏期、性征期。他用口腔期、肛门期、性器期、潜伏期、生殖期，以及认同、恋母情结等概念解释个体心理发展的历程。弗洛伊德的人格发展理论中，总离不开性的观念，所以，他的发展分期解释就被称为性心理发展期。

四、人格的自我理论

20世纪50年代以后，人本论在人格心理学上正式成为一流理论，主要代表人物有马斯洛和罗杰斯。

（一）马斯洛的人格自我实现理论

美国心理学家马斯洛将整体论、动力论和对文化因素的强调三者结合起来，通过对一些杰出人物（被他称为"自我实现"的人）的研究，而形成一种比较全面的人格理论。马斯洛通过对这些人及其习惯、特点、个性和能力的研究，得出了精神健康的定义，并提出了动机理论。动机理论是马斯洛自我实现理论的重心和精髓，他的人格理论是建立在他的需要和动机学说基础之上的，需要是人格的核心，故他的人格理论又称为"人格需要层次说"或"人格需要层次理论"。

马斯洛为论证自我实现的理论，又详细分析了自我实现者的人格特征。这些特征包括：有良好的自我实现知觉；对己、对人、对大自然表现出最大的认可；自发性、单纯性、自然性较强；对工作、对事业以问题为中心，而不是以自我为中心；有独处和自立的需要；有较强的自主性，不受环境和文化的支配；具有永不衰退的欣赏力；周期性的、神秘的或"高峰的"体验；关心社会，喜欢和所有人打成一片；仅和为数不多的人发生深厚的个人友谊；具有深厚的民主性格；具有强烈的审美感；有富有哲理的、非敌意的幽默感；有创造性；不受社会现存文化规范的束缚，进行独立思考和行动。

（二）罗杰斯的健康人格理论

罗杰斯是美国人本主义心理学的主要创建者之一，是人格自我理论取向的最重要的代表。罗杰斯的人格理论是探讨人格本质、结构、形成和发展的理论。它是以自我为中心，以自我实现倾向为动力，以成为充分发挥机能的人为目的的人格理论。

其中，自我实现倾向是其人格理论的基本假设，即有机体具有一种天生的自我实现的动机，它表现为一个人力图最大限度地实现自己各种潜能的趋向。罗杰斯以人际关系的体验和心理治疗的实践论证潜能实现的自我指导原理。在罗杰斯看来，"人类行为的动机已经不再是盲目地为生涯或事业，而是在人际关系中人对人的一种承诺"，"人类对他人的关怀的自然趋势已经不是我关怀你只因为你与我相同"，而是"我赞赏你，珍爱你，因为你与我不同"。罗杰斯的自我实现是指人类有机体的一种核心的动机，其他动机如求食或艺术创造都是自我实现需要的不同表现形式。罗杰斯把自我实现看作人类有机体的"中心能源"、自我理论的基本前提,并为自我实现注入了"自由选择"的思想。

罗杰斯把充分发挥机能者作为他所倡导的人格模式。在他看来,"能够充分发挥机能的人不会做假,他们展现真实的自我"。他认为,"充分发挥机能者不是指人的发展状态和终点,而是指人的发展趋势和过程。自我实现是不断变化的过程,它永远不是完成的或固定的状态。这个目标和方向引导着个体向前,进

一步分化和发展自我的各个层面"。他认为,"充分发挥机能者是一个困难乃至痛苦的过程。快乐本身不是目标,而是努力自我实现的副产品,自我实现的人使生活过得丰富多彩,有挑战性,而且富有意义,但他们并非任何时候都是快乐的"。他认为,"充分发挥机能者确实是实现他们的真实自我,绝不隐藏在假面具或者门面的后面。自我是人格的主人,方向的选择、行为的表现不是依赖于别人的规范和习俗的约束,而是完全由他们自己独立抉择"。

人格自我发展是指个体自婴儿到成年的人格成长的机制和过程,也是罗杰斯人格自我心理学的重要内容之一。在罗杰斯看来,"个体自我概念的发展有三方面的内容:自我认定,即能认定自我的存在;自我评价,即个人对自己价值的判断;自我理想,即个人对未来自我的期望"。由此可见,自我发展是一个使有机体倾向于更分化或者更复杂的实现倾向的重要形式。实现倾向在自我形成前,它表现了有机体的总体特征。在自我形成之后,它也表现了自我的特征。

在影响儿童自我发展的问题上,罗杰斯认为,影响它的因素很多,其中自我发展的主要机制有:① 条件性积极关注。罗杰斯认为,条件性积极关注既是个体自我发展的普遍需要,又是促进自我发展的外在价值条件。自我发展除了先需要他人的积极关注外,还需要自己对自己的关注。② 无条件性积极关注。他认为,即使自我行为不够理想时,他觉得自己仍受到父母或他人真正的尊重、理解和关怀。他指出,如果个体体验只是无条件积极关注,那么就不会形成价值条件,自尊也将是无条件的,关注的需要和自尊的需要就不会与机体骨架过程相矛盾,因而个体就会不断地获得心理上的调节,成为一个机能完善者。总之,罗杰斯认为,用理性的、民主的方法来处理行为问题是最好的方法。价值条件是一切人出现适应不良问题的中心,因而应当千方百计避免它们。罗杰斯建议,处理不轨行为的儿童应掌握无条件积极关注的策略。

同时,罗杰斯也指出了心理顺应不良的起因和健康人格的特点。罗杰斯认为,心理顺应不良的全部原因在于自我和经验之间的不协调,即一个人知觉到的自己与他实际经验有了差距。不协调的根源在于价值条件的作用。健康人格的特点是机能完善的人,要具有自我经验的开放态度、自我的协调、机体评估过程、无条件性积极关注等。

第三节　人格的测验

人格差异表现在许多方面，心理学家们设计了人格测验来鉴别人格差异。人格测验的方法有很多，主要有以下几种方法。

一、自陈量表式人格测验

自陈量表通常都是由一系列问题组成，一个问题陈述一种行为，要求被试按照自己的真实情形来回答。自陈量表中的题目所陈述的均为假设性的行为或心理状态，陈述方式多采用第一人称。自陈量表式人格测验可以用来测量单一的人格特质，也可以用来测量多个人格特质。下面介绍几种测量多个人格特质的测验。

（一）明尼苏达多相人格测验

明尼苏达多相人格测验（MMPI）是20世纪40年代初由美国明尼苏达大学教授哈撒韦（S. R. Hathaway）和麦金利（J. C. Mckinley）编制的，广泛应用于人类学及医学的研究。本测验对每个被试的个性特点提供的客观评价，是临床医师与心理学工作所关注的。

该测验采用问卷测验法，共有566个采用自我陈述语形式的题目，题目内容范围很广，包括身体各方面的情况、精神状态以及对家庭、婚姻、宗教、政治、法律、社会等问题的态度等26类问题。包括14个分量表，其中10个为临床量表，它们是疑病（Hs）、抑郁（D）、癔病（Hy）、精神病态（Pd）、男子或女子气（Mf）、妄想症（Pa）、精神衰弱（Pt）、精神分裂症（So）、轻躁狂（Ma）、社会内向（Si）；4个为效度量表，它们是疑问分数（Q）、说谎分数（L）、诈病分数（F）、校正分数（K）。所有题目采用"是"与"否"回答，若确实不能判定，则不作答。

这个测验所重视的是被试的主观感受，而不是客观事实。这些题目供被试根据自己的实际情况对每个题目做出判断。然后，根据被试的答题情况计算分数并进行分析，每个被试均可从各分量表的得分而获得一个人格剖面图。该量表的最大优点是较为客观和系统，不足之处是对疾病的辨别力较差，并且受被试教育和文化背景的限制。

（二）爱德华个人兴趣量表

爱德华个人兴趣量表（EPPS）主要用于测量个体的需要和动机，是由美国心理学家爱德华1959年基于默里的人格理论而编制的。该量表共15个分量表，分别测量自责、成就、接近他人、攻击、自主、求变、关注他人、支配、执着、表现、异性恋、内省、养育、求秩序和帮助他人这15种需要和动机。15个分量表包括成就需求、顺从需求、秩序需求、表现需求、自主需求、亲和需求、内省需求、求助需求、支配需求、自贬需求、助人需求、变化需求、持久需求、异性需求、攻击需求。每个分量表15题，共225个题目。每个题目包含两种自我描述性的陈述，施测时要求被试从每题中选出一个最能描述自己的陈述。通过被试对题目的选择，鉴别其在15种心理需要上的倾向，从而了解被试的人格特质。

自陈量表式人格测验采用标准化测试的形式，可操作性强，简单易行，解释比较容易，且测验结果客观、全面，应用非常广泛。但是，由于个人的行为随时间而有所改变，所以，个性测试所测量的行为比能力测试的稳定性差。此外，测试中的问题明显，稍有头脑的被试往往可以不费吹灰之力就能使自己看起来非常适合于某项需要。在录用考核（或入学许可）中进行该类测试时，被试往往偏向好的一面，即选择社会所期望的答案，所以预测效度不太理想。

二、人格投射测验

投射测验是一种结构不明确的测验，它的制定依据下面一些假设：第一，人对外界刺激的反应是有潜在的原因的；第二，人们总是要把自己的动机、需要、个性投射到其所遇情境中，尤其是投射到那些意义含糊的情境中，因此，当一个人看图构思一个故事时，极有可能不自觉地把自己的需要、动机、个性转移到他讲的故事中；第三，一个人在图中所观察到的是他感兴趣的东西，是他平时所关心的主题，是有别于他人的，因而从一个人所编织的故事中可以洞察他的心理需要的缩影。

投射测验最初是以弗洛伊德心理分析的人格理论为依据的。这种理论认为，一个人的个性结构的主要部分和真实特征都存在于人的潜意识中，通过回答明意识到的问题，很难流露隐藏在内心中的问题。而当一个人面对一种不明确的刺激情景时，却常常无意识地把隐藏在意识中的欲望、动机、观念等"泄露"出来。投射测验包括多种形式，最常用的是罗夏克墨迹测验和主题统觉测验。

（一）罗夏克墨迹测验

罗夏克墨迹测验是由瑞士精神科医生、精神病学家罗夏克（Hermann Rorschach）于1921年设计编制的，是由10张经过精心制作的墨迹图构成的。这些测验图片以一定顺序排列，其中5张为黑白图片（1、4、5、6、7），墨迹深浅不一，2张主要是黑白图片，加了红色斑点（2、3），3张为彩色图片（8、9、10），见图12-4。这10张图片都是对称图形，且毫无意义。施测时每次按顺序给被试呈现一张，同时问被试："这看起来像什么？""这可能是什么东西？"或"这使你想到什么？"等，允许被试自己转动图片从不同的角度去看，目的都是为了诱导出被试的生活经验、情感、个性倾向等。被试在不知不觉中便会暴露自己的真实心理，因为他在讲述图片上的故事时，已经把自己的心态投射入情境之中了。

这种测验属于个别施测，每次只能施测一人。在施测时，主试要记录以下信息：① 反应的语句；② 每张图片出现到开始第一个反应所需的时间；③ 各反应之间较长的停顿时间；④ 对每张图片反应总共所需的时间；⑤ 被试的附带动作和其他重要行为等。

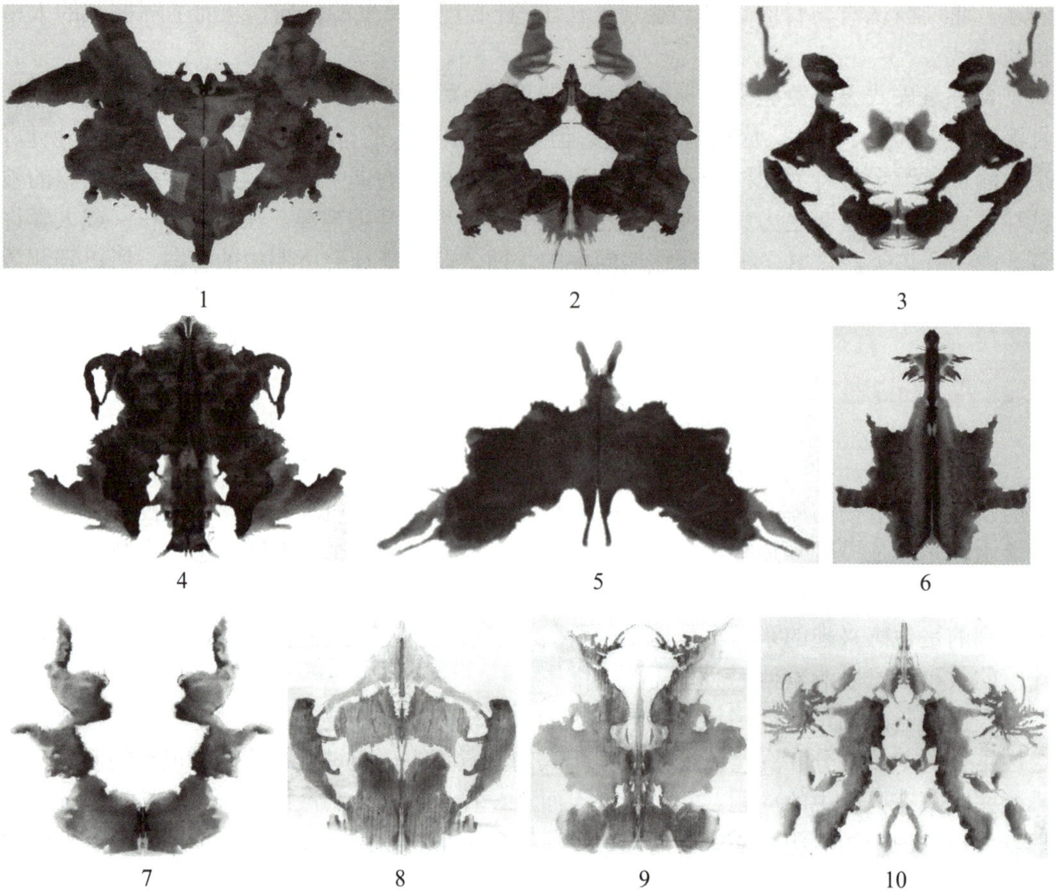

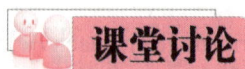

图 12-4　罗夏克墨迹测验图片

课堂讨论

从上面 10 张图片中，你分别看到了什么，想到了什么？

（二）主题统觉测验

主题统觉测验（TAT）是美国心理学家亨利·默瑞于 1935 年发明的为性格研究而编制的一种测量工具。TAT 通过素描图像激发被试投射出内心的幻想和精神活动，无意中成为呈现被试内心和自我的 X 光片。

全套测验共有 30 张比较模糊的人物图片及一张空白图片，其中有些是分别用于男人、女人、男孩和女孩的，有些是共用的，见图 12-5。每个测验用 20 张图片，分两次测量，每次用 10 张。测验时一次取一张呈现给被试，要求他根据图片的内容按一定要求讲一个故事。这些要求包括：① 图片描述了一个怎样的情境？② 图片中的情境是怎样发生的？③ 图片中的人物在想什么？④ 结局会怎样？被试在讲故事时会将自己的思想感情投射到图画中的主人公身上。第二次测验时，要求被试将故事讲得更生动形象，并带有戏剧性，然后出示一张空白图片，让被试想象上面有图画并根据"图画"的内容来讲故事。很多测验者认为，被试讲述的故事反映他的隐秘的需要、情绪、矛盾冲突及感受到的外界压力，并在各张图片中表现出一致的主题。

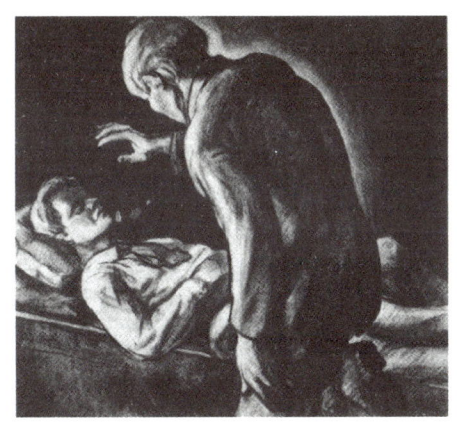 

图 12-5　主题统觉测验图片（部分）

主题统觉测验所依据的事实是：当一个人解释一个含义模糊的社会情境时，很容易像他所关注的现象一样暴露出他自己的内心状态。他完全倾心于解释那个客观的现象，变得非常天真，没有意识到他自己，也没有想到别人正在仔细地看他，这样一来，他也就毫无戒备，没有平日那么有警惕性……默里提出的方法是要从故事中分析一系列的"需要"和"压力"。他认为，需要可派生出压力，而且正是由于需要与压力控制着人的行为，影响了人格的形成和发展。因此，通过主题统觉测验，可以反映一个人的人格特点并诱导出被试的生活经验、情感、个性倾向等。

投射测验的优点是弹性大，被试可在不受限制的条件下随意做出反应。主试的意图目的藏而不露，这样创造了一个比较客观的外界条件，使测试的结果比较真实、客观，对被试的心理活动了解得比较深入。另外，投射测验使用的是墨渍图或其他图片，因而便于没有阅读能力的人进行测验。

投射测验也有缺点：首先，评分缺乏客观标准，测验的结果难以解释。同样的反应由于主试的判断不同，解释很可能不一样。因为分析比较困难，所以需要有经过专门培训的主试。其次，这种测验对特定行为不能提供较好的预测。如测验时发现某人有侵犯欲望，但是，实际上这个人却很少出现侵犯行为。最后，投射测验需要花费大量的时间。

思考与练习

一、名词解释

1. 人格
2. 认知风格

二、单项选择题

1. "江山易改，禀性难移"体现了人格的（　　）特征。
   A．独特性　　　　B．功能性　　　　C．稳定性　　　　D．统合性

2. 以下选项中，（　　）不属于场依存型的人的特征。
   A．加工信息时，对外在参照有较大的依赖倾向
   B．心理分化水平较低
   C．处理问题时往往依赖于"场"
   D．与人交往时很少能体察入微

3. 采用专制型教养方式的父母，不会（　　）。
   A．把孩子作为附庸　　　　　　B．要求孩子绝对遵循父母所定的规则
   C．让孩子随心所欲　　　　　　D．严格执行对孩子的处罚

4. （　　）是一个人一生中普遍存在并且作用显著的特质，它在人格结构中处于支配地位。
   A．共同特质　　　　　　　　　B．首要个人倾向
   C．中心个人倾向　　　　　　　D．次要个人倾向

5. 艾森克的三因素模型可以分为四个层次，其最高层次为（　　）。
   A．特殊反应水平　　　　　　　B．习惯反应水平
   C．特质层　　　　　　　　　　D．类型层

6. 根据霍兰德的人格类型理论，（　　）的人特别适合从事领导工作或企业经营管理的职业。
   A．实际型　　　　B．社会型　　　　C．企业型　　　　D．常规型

7. 根据弗洛伊德的人格结构理论，（　　）是人格结构中最原始的部分。
   A．本我　　　　　B．自我　　　　　C．超我　　　　　D．自我理想

三、简答题

1. 简述荣格的内—外向人格类型理论。
2. 简述人格投射测验的优缺点。

四、分析题

小娟生性柔弱，在一个宠爱她的家庭中成长起来。有一天，老师因为她做事磨蹭而批评了她。事后，小娟哭了很久，并不愿意上学。请分析小娟的人格及其形成的影响因素。

参考文献

[1] 付建中. 普通心理学（第2版）[M]. 北京：清华大学出版社，2017.

[2] 叶奕乾，何存道，梁宁建. 普通心理学（第5版）[M]. 上海：华东师范大学出版社，2016.

[3] 莫雷. 心理学 [M]. 北京：北京师范大学出版社，2014.

[4] 许德鸿，廖波. 普通心理学 [M]. 北京：航空工业出版社，2012.

[5] 郭黎岩. 心理学（第3版）[M]. 南京：南京大学出版社，2012.

[6] 梁宁建. 基础心理学（第2版）[M]. 北京：高等教育出版社，2011.

[7] 张林，徐钟庚. 心理学导论 [M]. 杭州：浙江大学出版社，2012.

[8] 王雁. 普通心理学 [M]. 北京：人民教育出版社，2011.

[9] 彭聃龄. 普通心理学 [M]. 北京：北京师范大学出版社，2011.

[10] 沈德立. 脑功能开发的理论与实践 [M]. 北京：教育科学出版社，2011.